零基预算

——相关知识与国内外实践

LINGJI YUSUAN

XIANGGUAN ZHISHI YU GUONEIWAI SHIJIAN

中国财政科学研究院财政与国家治理研究中心　著

中国财经出版传媒集团
中国财政经济出版社
·北京·

图书在版编目（CIP）数据

零基预算 ：相关知识与国内外实践 / 中国财政科学研究院财政与国家治理研究中心著. -- 北京 ：中国财政经济出版社，2025. 3. -- ISBN 978-7-5223-3769-2

Ⅰ. F812.3

中国国家版本馆CIP数据核字第2025AM0116号

策划编辑：高进水　　责任校对：张　凡

责任编辑：吕小军　　责任印制：张　健

封面设计：卜建辰

零基预算——相关知识与国内外实践

LINGJI YUSUAN——XIANGGUAN ZHISHI YU GUONEIWAI SHIJIAN

中国财政经济出版社 出版

URL：http：//www. cfeph. cn

E－mail：cfeph@ cfeph. cn

社址：北京市海淀区阜成路甲 28 号　邮政编码：100142

营销中心电话：010－88191522

天猫网店：中国财政经济出版社旗舰店

网址：https：//zgczjjcbs. tmall. com

涿州汇美亿浓印刷有限公司印刷　各地新华书店经销

成品尺寸：170mm×240mm　16 开　20. 75 印张　280 000 字

2025 年 3 月第 1 版　2025 年 3 月河北第 1 次印刷

定价：78. 00 元

ISBN 978－7－5223－3769－2

（图书出现印装问题，本社负责调换，电话：010－88190548）

本社质量投诉电话：010－88190744

打击盗版举报热线：010－88191661　QQ：2242791300

序　言

《礼记·中庸》中讲，“凡事预则立，不预则废”。“预”与“不预”、如何更好地“预”，对事情的成败至关重要。财政是国家治理的基础和重要支柱，预算之于财政乃至国家治理，至关重要。

党的二十届三中全会明确提出“深化零基预算改革”，将其作为健全现代预算制度、优化财政资源配置的重要举措。零基预算并非新生事物，国内外都有过实践探索，理念上相对清晰且容易把握，但实践如何有效推进并不容易。深化零基预算改革，不仅是预算编制方式的变革，更是参与主体思维理念的革新，涉及财政资源配置方式、部门利益格局与政府治理理念的深刻变革。

编写一本介绍和阐释零基预算基本概念与理论、相关实践与制度的专业知识普及读物，客观梳理国内外相关理论与实践做法，以促进大家对零基预算的理解和认识，目前来看，应该是很有必要的。

从国内外实践来看，零基预算的核心逻辑是“从零开始”，即对所有支出项目进行重新评估与优先级排序，打破支出固化格局，将有限的财政资金精准配置到民生亟需领域、重大改革任务和高质量发展关键环节，提升财政资金效率。零基预算是管理理念的革新，是对公共资源配置逻辑的重塑，以期打破固化的支出格局、提升资金绩效、做好重点保障、强化财政治理效能。对零基预算理论逻辑和实践逻辑是否把握到位，以及各地区各部门据此形成的共识状况，直接影响着零基预算改革的进程。

中国财政科学研究院财政与国家治理研究中心编写组立足国内外零基预算的理论与实践，对零基预算的理论内涵与渊源、实践思路与要点、编制流程与技术方法以及国内外的实践经验进行了精心梳理分析，编著成《零基预算——相关知识与国内外实践》这本小册子。总的来看，该书兼具专业理论性和实践操作性，力求凸显可读性和专业知识普及特色。该书的针对性比较强，紧扣零基预算管理和改革热点，力求回应零基预算改革实践中的专业知识关注，系统梳理了国内外的实践经验做法，客观呈现零基预算改革的核心要求和操作要点，为实际工作推进提供有价值的参考和借鉴。该书的可读性比较强，以简洁明了的语言介绍和阐释零基预算的理论内涵与实操逻辑，深入浅出，回应实际工作关切，服务预算编制实务。该书编写组在深入调研实践的基础上，收集我国部分省市已出台的改革方案和制度文件，并加以汇编，置于书中以方便读者查阅。

该书是零基预算方面的一本专业知识普及性读物，力求满足实务工作者的需要。财政工作者与预算编制人员可通过该书在较短时间内比较系统地了解零基预算的基本概念、实施步骤与国内外的经验做法，理解和认识零基预算改革的核心要求与操作要点。对零基预算改革感兴趣的社会公众也可以通过该书了解财政管理、支出效益等相关议题，理解零基预算改革如何打破支出固化、优化财政资源配置，增强对财政改革和财政工作的理解与支持。

深化零基预算改革是推进财政科学管理的一项重要内容。希望该书的出版会发挥一些积极作用。

是为序。

中国财政科学研究院 杨志勇

乙巳年新春

前　言

财政是国家治理的基础和重要支柱。科学的财税体制是优化资源配置、维护市场统一、促进社会公平、实现国家长治久安的制度保障。财政功能定位要发挥到位，预算是个重大问题，把握和遵循国家治理的规律，通过收入筹集和支出安排，实现财政资源的有效配置和财政治理效能，才能为国家长治久安奠定良好的基础。零基预算是财政紧平衡背景下优化资源配置、提升治理效能的重要举措，但要有效推进，需要谋划、策略、方案、组织实施等系列要素条件，才能使零基预算成功推进、收到实效，达到应对财政收支矛盾、优化资源配置、提升财政治理效能的预期。

一、遵循事物发展规律配置预算资源，是国家治理的重大问题

"国家预算是一个重大的问题。"预算管理制度是国家治理的基本制度和法治国家的基本要求。预算是对国家治理资源配置优先顺序的确定和取舍，反映着国家政策、政府活动范围和方向，是财税体制的核心内容和重要治理工具，对于财政治理效能发挥具有举足轻重的作用。毛泽东同志讲过："国家预算是一个重大的问题，里面反映着整个国家的政策，因为它规定政府活动的范围和方向。"[①] 邓小平同志讲过："数字中有政策，决定数字就是决定政策"，"数字内包括轻重缓急，哪个

---

① 《有困难，有办法，有希望》（1949 年 12 月 2 日），《毛泽东文集》第六卷，人民出版社 1999 年版，第 24 页。

项目该办，哪个项目不该办，这是一个政治性的问题。”[①]项目该不该办，是预算的核心问题，也是发展的核心问题，既取决于财力水平，更取决于财政统筹能力，因此，“一个国家的治理能力及水平很大程度上是取决于它的预算能力的”，[②]这是国家治理和高质量发展的重要问题。

预算资源优先排序须与事物发展规律高度契合。发展是永恒的主题，它贯穿人类社会发展的始终，推动着社会的进步与繁荣。唯有发展，特别是高质量发展，才能解决当前我们面临的现实问题和挑战，在瞬息万变的世界中立于不败之地。预算之于高质量发展，在于优化资源配置，能够与时俱进地保障战略性和重点支出，使之符合事物发展的需要，实现国家持续健康发展。唯物辩证法的发展观认为，发展是旧事物消亡和新事物产生，是新事物取代旧事物的过程，发展具有普遍性，发展的实质是事物的前进与上升，发展就是新事物的产生和旧事物的灭亡。新事物因为符合事物发展的必然趋势，具有强大的生命力和远大发展前途，而旧事物因为不符合事物发展的必然趋势，所以必然会被新事物所代替。适应发展，特别是高质量发展的需要，预算管理也需要与时俱进，充分适应新事物产生和旧事物消亡的规律性要求，对资源配置进行优化调整，不能固化、僵化。借用《礼记·大学》的一句话，“物有本末，事有终始，知所先后，则近道矣”，科学的预算管理恰恰在于按照事物发展的规律性要求进行财政资源配置，保障新事物对旧事物替代的顺利进行，才能贴近事物发展之道，使发展呈现蓬勃生机，为高质量发展和国家的长治久安奠定坚实的基础。

二、深化零基预算改革是优化资源配置、提升治理效能的重要举措

有限的财政资源（钱）与无限的事业发展需要（事）有效匹配，

---

① 《邓小平文选》第一卷，人民出版社 1994 年版，第 193 页。

② Schick. A. Capacity to Budget Washington：The Urban Institute Press. 1990.

是高质量发展的重要保障。通过预算优化资源配置，将部门的“事”与财政的“钱”有机统一，将部门林林总总的无限的“事”的需求，放到有限的财政资源“钱”的约束之下，按照国家治理效能的要求确定轻重缓急的优先序，确保有限的“钱”花在刀刃上，既要应保尽保，又不能低效浪费或累积风险，最大限度地实现国家的治理效能。财政是国家治理的基础和重要支柱，重要的体现就是“事”和“钱”有机统一，凸显“钱”的基础性约束作用。“事”与“钱”协同得好，我们的事业就会蓬勃发展；“事”与“钱”背离错配，无论是“事”多于“钱”，还是“钱”多于“事”，都会成为发展的制约。当“事”多“钱”少时，容易出现两种问题：一是当前重要事项得不到有效保障会影响事业发展；二是透支财力超越财政保障能力而影响财政可持续发展。最终约束和挑战都会从“事”和“钱”两个方面凸显出来，这种态势发展超过一定临界点，财政乃至整个国家就会陷入螺旋式下行的恶性循环当中，国家发展受阻，长治久安受损，最终难逃败亡的命运。当“钱”多“事”少时，则会存在宝贵的财政资源未能被充分利用，发展空间没有用足，高质量发展效果会大打折扣。因此，要切实发挥国家治理效能，就必须做到“事”与“钱”的有机统一，使财政资源配置与国家治理现代化和高质量发展的要求高度契合，提升“事”与“钱”的匹配性，以有限稀缺的财政资源为基础，尽可能优化配置，最大限度满足事业发展的无限需求，使财政对高质量发展的战略性重点支出做到“应保尽保”，又能凸显财政资源稀缺性的约束，不会因透支未来“寅吃卯粮”而埋下危及财政可持续发展的隐患。

预算方法需因时因事制宜，并无一成不变的模式。预算功能的实现，有赖于预算能力和预算方法，以及基于预算成本效益考量的权衡和取舍。基数预算和零基预算是两种重要的预算方法，前者以基数为基础编制预算；后者则与前者相对，是打破基数，一切从零开始，基于理性安排编制预算。从满足高质量发展的需要看，基数预算要有效运行，前提是要有充分的增量预算空间，确保在不触动存量资源分配格局的前提下，通过增量资源优化配置，保障发展中的新事物、新需求和战略性重点支出。基数预算在过去相当长的一段时间之所以能够有效运行，核心原因在于我国社会主义市场经济体制和分税制财政体制改革红利的释放，极大地激发了市场主体和地方政府的发展积极性，带来了经济和财政收入的高速增长。财政收入较大的增量调节空间满足了新事物发展保障的需要，在过去经济高速发展的阶段，GDP 增长约在 10%，财政收入增速曾高达近 20%。但是，随着形势变化，经济增速换挡，财政收入增速下降，增量调节的空间不断收窄，而支出的刚性不断增加，收支矛盾日益突出。“基数”体现了发展的连续性，预算基数有其合理性，随着增量空间收窄而发展中的新事物成分越来越得不到保障，支出格局僵化、利益固化的弊端日益显现。如仍沿用固化的支出结构保障，战略和重点支出的保障将成为无源之水，发展中代表新事物的成分将难有充分的财力保障，发展将陷入僵化局面，高质量发展更会面临约束和挑战。

运用零基预算破局当前财政紧平衡压力，提升治理水平被寄予厚望。零基预算是一切从零开始，对全部预算开支都要审核，为决策者提供信息充分的方案选择。决策者基于优先排序和财力约束选择具体方案，并逐级汇总完成编制预算。国外零基预算实践大致有两个阶段，早期的零基预算是一种理性而全面的设计，最先在企业得以成功实践，后被引入公共支出领域。其核心是对支出事项全面审核，通过“化整为零”的审核和“化零为整”的综合，形成预算编制，对项目削减或预算控制具有积极作用。但在实践中因费时、费力及政治考量等诸种因素，实施不久又被舍弃。后随着新公共管理运动的兴起和绩效预算管理的深化，零基预算理念通过融入预算绩效管理理念而重新登上历史舞台，被称作零基预算新实践（或新零基预算）。

我国的零基预算也有两个阶段的探索。借鉴国外零基预算的理念，我国早期也进行过零基预算的实践探索，但是由于当时经济和财政收入高速增长，财政有较大的增量调节空间，导致实践中地方和部门缺少推进改革的动力，零基预算改革的实质性进展有限。当前，我国发展步入新阶段，财政紧平衡压力不断凸显，通过零基预算打破固化，优化预算资源的宏观配置，保障战略和重点支出，提升国家治理效能，成为破局的希望。零基预算核心要素包括核心理念和关键节点的内容把握：核心理念就是不考虑基数影响，一切从零开始，按照实际需要来编制预算，在范围上体现为重点支出审核，在取舍上基于优先排序；零基预算的关键节点在于，确定预算主体与项目、确定优先目标和排序、确定审查范围与方法、明确基准保障程度水平。零基预算不仅是对预算“基数”的打破，更是对其代表或隐含的既定分配渠道、结构和利益格局的打破，做到按实际需要配置公共资源，灵活应对内外环境的变化，更贴近预算期经济活动需要，为决策者了解预算项目提供更多和更高质量的信息，有利于预算控制。同时，零基预算也具有局限性，如预算编制工作量大、成本高，对预算主体和制度基础以及预算沟通的要求高，以及基于国家治理效能的宏观资源配置能力、宏观绩效评价能力不足，体现为项目预算相对到位，部门预算乃至政府预算层面的宏观资源配置能力不足，制约零基预算有限排序的基础等。鉴于零基预算的特点，统筹考量，因时制宜、因事制宜地推进零基预算改革，破除预算资源配置结构僵化、利益格局固化，成为当前形势破局的重要选择。

从既有实践看，零基预算改革，既是一种预算方法的改革，也是一种预算治理理念的革命。就方法而言，零基预算要打破过去以基数为基础的预算编制方法，从零开始考虑财政支出优先序的安排，实现财政资源的优化配置，更好地实现财政支出保障和治理效能。但从另一个角度看，预算方法改革的推进需要人来推动，更需要调动各方参与者的积极性和内生动力，改变业务部门缺乏提质增效动力，只是简单“等靠要”或“一钱了之”的惯性思维。通过实施零基预算改革，不仅是方法的改革，更是理念的改革，达到各方参与者形成合力的目的。有机协同的理念思维要深入人心、不断潜移默化，将财政部门和业务部门的博弈关系变为合作关系，形成一盘棋格局，提升财政治理效能，实现方法改革和人员理念提升的良性互动，并进一步推进治理理念的完善，多因素形成叠加共振，共同推动零基预算改革和财政资源配置效能提升。

三、有效推进零基预算，需要相应的策略选择和组织保障

策略选择决定了改革的广度和深度，组织保障决定着改革推进的力度。

从策略选择的角度，一是全面推进零基预算。财政紧平衡的现实最需要的是全面的零基预算，将所有的支出事项都纳入零基预算的范畴，基于国家治理需要安排优先序。既要体现统筹发展和安全的考量，也要体现发展中“五位一体”要求，以及更进一步细分领域的需要。增强地方基于国家治理体系和治理能力现代化的要求来安排财政资源的能力，保障经济社会健康可持续发展。广东珠海的“大刀队”在这方面实践中发挥资源统筹的作用比较彻底。但是这里对全面资源配置的“道”能认识和把握到什么程度，能否驾驭得了，特别是在不同领域之间对资源优先排序，这些问题都是对地方执政能力的挑战。二是分领域推进零基预算。实际上，基于零基的要求全面统筹财政资源的分配，由于受到既有理论、现实能力、惯性思维及部门本位主义思维等的局限和制约，全面推开有难度，可以循序渐进，可缩小统筹决策的单元。如安徽零基预算的探索，分十几个领域进行支出安排的优先排序，在各自的决策单元（领域）内分轻重缓急安排支出，待条件成熟时再逐步拓展改革。三是正负面清单。有的地方在探索中尚不具备实行零基预算的条件，但是为了解决财政紧平衡的压力，也对财政必须保障的支出（正面清单）和财政不能保障的支出（负面清单）予以明确，用以指导预算编制，从一定意义上讲也是有限零基的内涵。也有的地方尚难从正向提出资源配置的优先序，而是基于绩效评价、预算执行等问题进行统筹，以问题为导向在一定程度上推进预算的零基管理。

从组织保障看，一是零基预算需要地方主要领导重视和支持。主要

领导的重视和支持是地方推进零基预算的前提，财政是国家治理的基础和重要支柱，财政是社会各方利益的交汇点。财政预算权的统一和财政统筹需要触及不同部门、不同群体的利益，仅靠财政部门恐怕是孤掌难鸣，甚至陷入寡不敌众的不利局面，导致改革探索陷入停滞。因此，只有站在财政是国家治理的基础和重要支柱的高度，体现财政代表党委、政府理财的站位，体现地方主要领导的意志和职责，才能使财政部门在执行中能够有序推进工作。从地方实践的情况看，主要领导重视是首要的条件。二是地方进行零基预算的能力要提升和保障。零基预算既是预算编制方式的改进，更是预算编制能力的提升，如果空有想法而没有能力落实，地方零基预算实践也没有办法落地。因此，推进零基预算改革，不能仅满足“要我怎么做”，更应在实施改革过程中深入领会零基预算的核心要义，并同步总结以提升预算编制能力。三是地方自主权要有一定的保障。地方的事要由地方作主决策，避免在体制上形成对地方预算安排自主性的干预和干扰。比如上级部门红头文件部署任务，但是没有充分的财力匹配，就会形成对地方的干扰。因此，这就要求在体制安排上，上级对要保障的重点任务要提前下达，让地方在零基预算编制过程中心中有数，增强地方预算管理的确定性。

总之，零基预算有一个完美理性的理念体系，有一套独特的、明确界定的术语和程序，但这无法掩盖其程序方法上的先天不足以及现实的不适性[①]，这也是在国内外公共和私营部门中，零基预算能得到采纳，又被舍弃或改良的主要原因。多年来，不同国家在实践中对零基预算进行了新的改进，大大促进了零基预算的运转效率和应用空间。相对于国外，我国有党的领导和集中力量办大事的制度优势，具有推进零基预算的有利条件。党的二十届三中全会关于财税体制改革的要求中，预算改革是重要的内容，明确指出：“健全预算制度，加强财政资源和预算统筹……强化对预算编制和财政政策的宏观指导……深化零基预算改革。

---

① Judson L. James. Review Essay on Zero - Base Budgeting [J]. policy studies journal. 1978 (3).

统一预算分配权，提高预算管理的统一性、规范性，完善预算公开和监督制度。”通过系列举措稳妥有序推进零基预算改革，可以为当前突破财政紧平衡压力做好重点支出保障，有效发挥财政治理效能，推进高质量发展和实现国家长治久安奠定坚实基础。

目　　录

第一章

零基预算的相关概念

零基预算是一种科学的预算编制方法，是预算制度的创新，在理论体系上已经相当完善。但零基预算在理论上的发展与实践上的成就并不是同步的，国内外的实践表明，零基预算的早期改革实践不能算成功，尤其零基预算对于预算主体过于理性和理想化的要求，难以适应复杂的预算关系与实际。但近些年，零基预算在国内外政府与企业部门的应用依旧比较广泛，原因在于：零基预算从方法和理念上都非常契合现代预算理性化、责任化的需求；预算支出标准、预算绩效评价、项目库管理等财政管理技术的成熟，也成为零基预算得以重新焕发生命力的前提条件；零基预算理性、科学、灵活的特征也契合国家治理的需要，所要求的预算能力反映政府对国家治理要素配置的平衡能力，即财政促进社会经济可持续发展和实现国家治理效能的能力。当前，预算制度的发展与改革已进入深化攻坚阶段，需要大刀阔斧式地推进零基预算改革。

零基预算改革着力打破预算基数，重视支出审核与优先排序，在国内外都显示出了其优势和必要性。国外的最新实践摒弃了早期零基预算过于烦琐的形式，以优化支出结构为目的，通过支出审查、绩效预算、聚焦关键部门和程序控制等形式，保留其内在理念和核心策略。国内的最新实践以安徽、江苏、广东、天津、贵州等地为代表，从早期的制定预算标准、控制规模为主，演化到提出排序指引和优先原则、清理整合支出政策、分级分类实施预算管理与控制等，落地模式更加强调程序控制和部门协同，对深化零基预算改革有重要借鉴意义。在财政紧平衡压力不断加大的背景下，各级政府推进零基预算改革的力度不断增大，因地制宜加强前瞻谋划、排序优化、支出审查，形成一定经验与成效。党的二十届三中全会《中共中央关于进一步全面深化改革、推进中国式现代化的决定》提出，“健全预算制度，加强财政资源和预算统筹”。关键词包括强化对预算编制和财政政策的宏观指导、绩效管理、事前功能评估、零基预算改革、统一预算分配权、预算公开和监督制度等。对于深化零基预算改革，可从建立现代预算制度高度来认识，通过改进现存问题，优化资源配置。

第一节　零基预算的概念

预算制度的建立，使政府征收和使用财政资源的方式发生了根本性的转变。资源的分配与有效利用，是国家、政府及公众共同关心和关注的焦点，预算制度的建立即源于此。预算管理是财政管理的核心职能，在国家治理中发挥越来越重要的作用，预算管理制度成为财政制度的核心。预算制度的改革与演进，在于寻求一个使预算资源配置最有效率的理想制度。早期占据主导地位的是基数加增长的预算编制方式，但随着国家财政紧平衡压力的加剧，传统基数加增长的预算管理模式面临挑战，不适应国家治理现代化的要求。零基预算的兴起和发展顺应形势需要，是预算模式创新，是理性预算改革浪潮的一大成果。

一、预算

预算是经过法定程序批准的国家年度财政收支计划，体现着财政收支的规模和结构，反映着国家政策、政府活动范围和方向。财政是国家治理的基础和重要支柱，预算是财政治理的重要工具。“财者，为国之命而万事之本”。作为控制权力的手段，预算之重要，以致其“是任何国家不可缺少的，一个国家没有预算，就如同一个国家没有领土、没有政府一样不可想象”。毛泽东同志讲过，“国家预算是一个重大的问题，里面反映着整个国家的政策，因为它规定政府活动的范围和方向”。[①]邓小平讲过，“数字中有政策，决定数字就是决定政策”“数字内包括轻重缓急，哪个项目该办，哪个项目不该办，这是一个政治性的问题”。[②]

（一）国家治理需要围绕预算能力的提升来展开

艾伦·希克（Schick）指出：“毫不夸张地说，一个国家的治理能力及水平很大程度上是取决于它的预算能力的。”[③] 无论我们如何定义国家能力，预算能力都是国家能力最基本的支撑。没有预算能力，国家能力就不可能存在。如果预算缺乏规范公共财政的能力，就不可能有强有力的政府，预算作为国家治理能力强弱的外在表征，其本身可凝练为一种能力的概括表达，重点指向完成或实现既定目标或意志的能动力量，可视为检测和衡量一个预算体系作用成效的集中表达。预算问题虽是“老生常谈”，却有着广阔的研究空间与重大的现实意义。作为国家的“账本”，政府的“钱袋子”，财政的“水龙头”，“预算”这根控制政府支出的“缰绳”，如何才能驾驭好政府开支这匹“骏马”？近年来打破传统的局限在单一财政部门、仅服务于经济领域等降低预算治理定位的狭隘思维，预算跃升形成由国家权力机关、行政机关以及社会公众等多元共治格局，真正发挥治理的效能，更好地发挥财政作为国家治理基础和支柱作用。

① 《有困难，有办法，有希望》（1949 年 12 月 2 日），《毛泽东文集》第六卷，人民出版社 1999 年版，第 24 页。

② 《邓小平文选》第一卷，人民出版社 1994 年版，第 193 页。

③ Schick. A. Capacityto Budget Washington：Th eUrban Institute Press. 1990.

（二）在所有财政问题中，预算处于核心位置

国家预算制度改革实为国家制度现代化的根本大计。“在人类创设和运作的制度体系中，公共预算制度在权力与资源领域的角色和作用都是关键性的。”预算体现国家的战略和政策，反映政府的活动范围和方向，是推进国家治理体系和治理能力现代化的重要支撑，是政府宏观调控的重要手段。[①] 预算编制过程，不仅是自然人和法人行为选择的过程，是政治达成共识的过程，还是经济秩序博弈过程，更是社会多方融合过程。财政本质上都是围绕着预算资金的分配而进行的，各种行为选择、资源配置、政治冲突和社会融合最终都会反映到预算的全过程。现代预算制度就是在此基础上建立的，它始终在国家治理现代化和治理能力提升中发挥着基础性、制度性、保障性作用。国家预算制度的改革和建设，实际是对现行预算法规制度的突破和超越，是中国财政制度现代化的根本大计。只有管住政府预算收支，实现国家治理体系的现代化，才能形成优化资源配置、提升财政治理效能的基础制度，才能建立起根治政府官员腐败的制度机制。通过这些年对我国政府财政收支的事实和制度的观察，结合对现代民主政治理念的理解，中国现代国家治理体系的建设应从国家预算管理制度的建设着手。

（三）预算功能的实现，有赖于预算能力和预算方法

预算是一个在不断变革着的管理思维、管理战略、管理方式与管理理论。环境在变，实践在变，理论在变。关于预算功能作用的看法、关于预算应当是什么的理论、关于进行预算决策的理念、关于政府应当如何运用预算为其活动筹集与分配资金的观点等，都处于不断变化之中。

现代预算是全面规范透明、标准科学、约束有力的财政制度。国家治理模式的全方位转变要求预算的全方位转变。由统治管理模式向治理模式的转变，是现代国家发展过程中不可避免的“哥白尼式转向”，而被认为是国家治理的基础和重要支柱与动力传导的公共预算，从理论到

---

① 肖鹏：“零基预算改革与财政资源配置能力提升”，《中国财政》2024 年第 20 期。

实践也面临着一次全方位的转变。

二、零基预算

近代预算制度的改革与演进，在于寻求一个使预算资源配置最有效率的理想制度，几乎每隔一二十年就会产生新的制度结构。起初占据主导地位的是渐进主义的基数加增长制度，但随着国家经受严重财政困难，人们对传统预算管理模式的不满加剧，于是出现了形形色色的预算制度改革模式。尤其随着政治、经济、社会环境的变迁，整个改革进程中的民主化与理性化程度逐渐加深，在实现财政资源用于公共目的这一基本目标的基础上，为了应对财政危机以及社会公众对于削减政府支出和改善公共服务的社会压力，各国都在不断地改革预算制度，创新预算管理模式，改进财政资源的配置效率，零基预算就是其中的典型代表。

（一）传统零基预算

零基预算的思想源于凯伊（V. O. key）在1940年提出的这一疑问："在编制公共支出预算时，根据什么标准或方法来确定把一定数额的资金分配给部门A，而不是分配给部门B?" 预算资源的稀缺性与支出需求的无限性之间的矛盾，决定了公共预算的本质是一个关于预算资源的选择与取舍的过程。要实现资源向公民权利领域的优化配置，需要预算在行动者之间、项目之间及受益人之间进行科学权衡与分配，以实现资源的有效配置。凯伊在 *The Lack of Budgetary Theory* 一文中提出：在编制公共支出预算时，根据什么标准或方法来确定把一定数额的资金分配给部门A，而不是分配给部门B？分配给部门A而不分配给部门B可能产生什么不一样的结果？他的结论是，预算并非"科学"或具有"逻辑"，公共预算是一个价值选择的问题。但尽管如此，凯伊仍然希望建立政府预算的规范性理论，将预算理性化。

1952年，美国人维恩·刘易斯在他的文章《预算编制理论新解》中提出了一个预算编制中的新论点。他认为只有通过"非传统的编制方法”才能解决这一问题。这种“非传统的编制方法”就是后来形成的零基预算编制法。之后，他又提出了一个可以解决这个问题的办法，建议各机构在预算中提出相当于基数预算的80%、90%、100%、120%的几个可供选择的预算，以确定各种不同预算分配的边际好处。刘易斯虽没有给这一方法命名，但其内涵和主要内容与之后的零基预算方法大致一样。1964年，美国联邦农业部提出在编制预算时要用一种新的概念，要实行一种综合性的预算编制方法，对全部计划都重新进行审核，而不仅是审核在预算年度有所变化的部分。1969年，美国联邦储备局主席最早在公开场合提出“零基预算”这一术语，认为零基预算将是控制政府支出的重要改革，每一个政府机构每一年都应对全部拨款重新进行审核。

零基预算的创始人彼得·派尔（1970）对零基预算的描述是，“得州仪器公司不是不断地修改现有的基数预算，而是从零基数开始，重新审视所有的活动和优先事项，为即将到来的预算年度创造一套新的、更好的拨款”。1970年、1976年，彼得·派尔在先后发表的《零基预算编制法》《运用零基法做政府预算》等论文中提出，零基预算方法要求每个机构系统评估和检查所有的项目和活动（已经做的和新开始的），包括制定目标、评估项目、作出运筹决定以及编制预算等工作。这是通过对组织内支持组织目标的所有流程和活动的严格分解和分析来实现的。重点是对大多数组织自然存在的预算做限制，以及使这些组织的资源以最有效的方式做安排和分配。从质疑组织内每一项活动的合法性中尽可能地获取和提供信息，是为了使管理人员更清楚地了解在分配有限的资源时应优先考虑的地方和优先事项。这确保了组织有限的资金从很少创造价值的项目转移到承诺更大利益的项目中。[①]

美国前总统卡特认为，“零基预算”是一个旨在实现效率和有效性

---

① Peter A. PyBrr. Zero - Base Approach to Government Budgeting [J]. public Administration, 1977 (37): 1-8.

的管理过程。零基预算（Zero - Base Budgeting，ZBB），意味着不受以往预算安排影响，一切从实际需要出发编制预算。正如其名字所体现的，零基预算宣告往事如烟、从“零”开始，对所有部门的预算逐笔重新进行评价审查，根据项目的重要性来确定预算安排的优先性，并只重当下、不顾既往。

中国财政部预算司（1997）提出，零基预算是指在编制年度预算时，一切从零开始，每个部门的负责人对新的预算年度中想做的所有事情进行审核，而不仅是修改上年预算或检验新增部分。①

德勤咨询有限公司（2016）认为，零基预算是一个基于项目效率和必要性而不是预算历史来分配资金的预算过程。在零基预算中，预算人员在每个预算周期开始时审查每个项目和支出，并必须证明每个项目的合理性，以获得资金。由于零基预算需要在效率、有效性和组织优先级方面对每个支出提案进行谨慎的论证，这就节省了不必要的成本，并与当前的商业战略保持一致（迪尔史密斯和贾布伦斯基，1979）。通过对零基础预算的挑剔使用，它可以提供一种实现组织价值创造的手段，同时消除不必要的支出和优先考虑战略需求。

杨斌（2021）提出，零基预算是预算单位以预算期（通常是一年）实际资金需要为基础，而不是简单地以上一个预算期的基数为主要依据编制预算，形象比喻一切从“零”开始，对申请的决策案经过目标任务分析、替代方案考察、成本效益比较、优先性排序等过程，选择在财力约束下最契合战略和政策目标的决策案，汇总形成预算。②

马骏（2005）认为，从理论上讲，零基预算是一个由下到上对支出进行逐级排序并层层合并排序的过程。牛美丽（2010）认为，零基

① 财政部：《零基预算》，经济科学出版社1997年版。

② 杨斌：“论借鉴零基预算理念应遵循的原则及其路径和方法”，《财政研究》2021年第3期，第17－27页。

预算是一种决策理性的回归。[①] 马骏（2005）认为，零基预算是一种改变传统预算过程的规划和决策方法。吕青等（2016）认为，零基预算是在预算编制环节的一种预算编制“新”方法，从字面来理解，就是一切预算支出归零开始，从现实经济业务情况出发，注重现在，注重新的发展方向，在编制预算的过程当中逐步剔除过往的非合理与非必要的支出而不必考虑过往账管时期所发生的用度名目、数额，逐步通过审议编算过程，使支出对象与当前资金使用需要相符，提升资金的使用效率，它的出现就是在改革过程中要逐步成为增量预算的替代方法，注重预算编制对预算执行、预算平衡、预算监督和预算效果的影响。

总而言之，零基预算是一种关于国家治理目标、活动范围以及资源运用等先后顺序安排的思维方式；是指不受以往预算安排影响，一切从实际需要出发，逐项审核预算年度内各项费用内容及其开支标准，基于自身的财力和目标的轻重缓急原则，在综合平衡优化排序的基础上编制预算的一种方法。从字面理解的零基预算，是以零为基数编制的预算，是控制、削减预算支出的一种工具。从实践来看，零基预算从现实经济业务情况出发，注重现在，注重新的发展方向，在编制预算的过程当中逐步剔除过往的非合理与非必要的支出，而不必考虑过往账管时期所发生的用度名目、数额，注意力主要集中于评估项目的效率与效益，评估努力的不同水平，是一个注重实效的预算编制好方法，也是一个非常灵活的预算编制工具。需要注意的是零基法需要遵循一个完整的、经过认真制订的预算过程计划。

（二）新零基预算

随着各国不断地总结预算改革的经验与教训，预算管理在改善公共治理、促进国家政策规划与实施、支持宏观经济调控中的功能和作用越来越受到重视，预算管理也进入了一个新的发展阶段。零基预算理念随

---

① 牛美丽：《中国地方政府的零基预算改革：理性与现实的冲突和选择》，中央编译出版社2010年版。

着新公共管理运动的兴起和绩效预算管理的深化，通过融入预算绩效管理理念而重新登上历史舞台，称作新零基预算或零基预算新实践。

Lauth（2014）通过对美国佐治亚州预算改革的研究，提出了新零基预算（New Zero－Base Budgeting）的概念，即通过回顾以前年度的预算，使用绩效评估技术，以期找出本期预算中重复、浪费和需要淘汰的部分，从而减少政府开支。从事前预测分析转向事前和事后的绩效评价，是新型零基预算与运用零基预算理念的支出审查在新时期开展实施的重要变化。佐治亚州的新零基预算每年重点抽查年度预算一定比例（约占当年项目总数的10%）的项目，实现了重点目标支出审查。从投入转向产出、从抽象的简单成本效益分析转为具象的综合评价（Lauth，2014；郑德琳，2016）。[①]

李成威、杜崇珊（2020）提出，新零基预算都是嫁接于绩效预算之上，支出审查得以迅速推广并取得明显成效。每年对选定的支出方案进行有针对性的审查，并调整有限范围内的支出优先次序。英国则每隔几年进行一次全面审查，根据政策重点和财政目标在整个政府范围内调整预算，以将资源重新分配给优先项目。

Likhtin 和 kutergina（2016）认为，新的零基预算编制被理解为一个公共当局在不依赖预算历史依据的情况下修订并决定预算方案的综合努力。新方法的一个重要区别是，对方案活动的审查采用不同的方法来分析方案的有效性。

Deloitte（2012、2013）认为，新的实践阶段，零基预算作为一种限制性预算，是一个通过积极降低成本以支持增长，同时重新评估短期和长期战略，来降低风险的机会。

郑涌（2024）认为，预算支出审查作为一种确定财政支出优先次序的工具，既可以说是绩效预算管理的重要做法，也可以说是零基预算

---

① Lauth，T. P. zero－Base Budgeting Redux in Georgia：Efficiency or Ideology?［J］. public Budgeting & Finance，2014，34（spring）：1－17.

的升级版。预算支出审查主要是通过特定程序，对现有预算支出的实施机构和部门、实施方案、业务流程等进行审查评估，对提供无效或不必要公共产品的支出政策进行削减，有针对性地制定节约支出和优化支出顺序方案，从而将有限的政府资源重新分配至最佳效益的项目上，最终降低公共财政的规模和增长水平。①

刘翠微（2021）认为，南非财政部的新零基预算一直在审查政府支出，以零基预算原则为指导中期支出框架程序，借用零基预算的原则进行支出审查以解决浪费和不可持续的支出增量的负面影响。

廖逸儿、王湘宇（2024）认为，新一轮零基预算本质是以项目为审查重点而进行项目库优化和支出增减决策的绩效预算，并非“绩效预算”的替代品，也不是“另起炉灶”的零基预算，零基预算始终未能显著削减预算总额，而主要服务于打破与优化固有预算支出结构，能否取得主要领导的持续性政治支持和能否严控工作量决定了零基预算能否持续推行。②

林颖（2023）认为，新零基预算特点包括四个。第一，与绩效预算、中期预算等现有的程序方法相结合。与绩效预算程序相配合，加强项目审查与项目库管理，将重点放在寻找本期预算中重复、浪费和需要淘汰的部分；与中期预算程序相配合，起到平衡和释放预算资源的重要作用。第二，摒弃零基预算过于烦琐的预算形式，保留其内在理念和核心策略。通过支出审查、绩效预算、风险导向、聚焦关键部门、程序控制等形式，实现优化支出结构的目的。第三，零基预算体系与程序的体现方式是着力于零基方法在重要节点的应用与控制。新发展阶段中，中国零基预算实践从早期的制定预算标准、控制规模为主，演化到多维度、多方式的实践探索，提出排序指引和优先原则，打破“基数”，清

---

① 郑涌：“深化零基预算改革 筑牢财政科学管理根基”，中国财政微信公众号，2024－08－22/2024－08－23.

② 廖逸儿、王湘宇：“零基预算：美国实践、地方探索与经验启示”，《财经智库》2023年第8期，第119－134＋143－144页。

理整合支出政策，分级分类实施预算管理与控制。第四，强调程序控制和部门协同。相较于传统方法，当前零基预算的落地模式更加强调程序控制和部门协同，这都较大地促进了管理方式和理念的创新。[①]

总而言之，新零基预算或零基预算新实践，没有追求建立完整的零基预算体系与程序，主要特点是着力于零基方法在重点节点的应用与控制。零基预算新实践仍然在运用零基预算打破“基数”固化的一些具体做法，放弃的是零基预算编制法中一些烦琐的程序和名称，主要服务于打破与优化固有预算支出结构，取消预算基数对资金配置的影响，而基于预算项目的优先性配置预算资源；预算支出标准、预算绩效评价、项目库管理等财政管理技术的成熟，也成为零基预算得以重新焕发生命力的前提条件。在国外，应对后危机时代财政可持续性的挑战，是零基预算再度兴起的重要时代背景。为削减财政赤字、给新增支出创造财政空间，各国纷纷将预算管理关注重点从增量支出转向存量支出，预算支出审查成为预算编制过程的常规做法，如为确保将有限的预算资源配置到最迫切需要或运营最有效的公共领域，采取一个多年期的全面支出审查计划取代渐进性预算制度，以重新优化分配预算资源、消除不必要财政开支来提高公共服务质量。近年来，中国经济发展增速换挡，进入新常态。由于中国特殊的税制结构，财政收入增速降幅远超过经济增速降幅，财政收支矛盾凸显。优化财政支出结构、提高资金使用效率，成为纾解财政压力的重要路径。在这种形势下，2012 年以来我国开启了新一轮财税制度改革，零基预算因其有利于缓解财政压力、“均衡”财政收支，又重新被纳入政府视野，多个地方政府开启全面的零基预算改革。中国零基预算新实践更加强调运用零基预算理念，打破支出固化格局，提高预算编制的科学性和准确性，在优先排序原则、支出政策和项目清理、项目库建设、预算支出标准建设上有新突破。尤其在专项资金预算中通过尝试归并同类专项、取消低效或无效项目、清理到

① 林颖：“零基预算的理论与实践辨析”，《财政科学》2023 年第 6 期，第 64－79 页。

期项目和过时项目，实现项目的更新、取消和开支压减等目的，部分实现了打破支出固化格局，优化财政资源配置，提升财政资金使用绩效的目标。

第二节 零基预算理念逻辑

零基预算优势首先体现在其核心理念上，包括战略指引、支出审查、优先排序和风险控制等。这些特点使零基预算法成为一种有效的预算管理工具，有助于优化资源配置，提升资金使用效率，从而更好地应对环境变化和实现组织目标。

一、战略指引预算理念

零基预算要求预算过程要以战略优先顺序为指导。在零基预算编制过程中，如何判断哪些项目属于优先，哪些项目属于一般或需要削减，不是简单地看基数即看过去的工作，而是要结合政府或部门提供公共服务的战略目标和政策目的。传统基数预算的问题就是没有随着政府战略目标的变化进行相应的财力配置，容易导致财政资金的安排和使用无法契合政府战略意图，降低了财政资金使用效果。零基预算可以克服这一问题。零基预算编制过程会迫使有关人员深入思考经济社会发展和公共产品提供的战略重点，认真分析各项财政活动的资金需求、成果与要达到目标（包括短期和长期目标）的关联度，研究每项财政开支对达到政府或部门目标的作用和影响，保证财政活动、财力分配对准战略目标、围绕战略目标，以确保每一分钱都能服务于战略，从而让资金发挥更大、更有效的作用，达到事半功倍的战略效果，形成促进社会经济进步的合力。

二、全面评估审查理念

对支出内容的定期评估和重新排序是零基预算实现支出结构优化目标的核心策略，也是其影响深远的主要理念。全面评估审查理念不仅要求评估所有预算项目，而且要求预算提供决策所需的全面信息。这些全面信息包括决策单位的目标、对部门或项目所进行活动的描述、各种定义和统计数据、所需人力和费用的来源、成本和效益分析、从事决策单位的活动的不同方法、拨付不同数额资金的不同后果等。支出审查将零基预算所倡导的支出优先性这一核心策略与现实执行进行了较好的融合，从而能够有效地协助政府将有限的资源重新分配给社会效益大和公共风险较为集中的项目。

三、优先性排序选择理念

从本质上讲，零基预算是一种关于组织机构的目标、活动范围以及资源运用等先后顺序安排的思维方式。优先性排序选择理念要求以战略优先顺序为指导，通过确定轻重缓急原则，将重点着眼于“需要优先”，根据资源（财力）可能，进行排序筛选来安排预算。“关键性的优先顺序”包括了战略结果领域和优先顺序、宏观目标、指导公共部门政策、关键性的政府绩效目标等。通过将战略优先顺序详细分解到各级各部门的预算安排中去，能够使职能集中化，辨别和去掉重复职能。

四、风险控制理念

零基预算要求在任何一个预算期内，每一项支出都必须重新论证其必要性和合理性，以确保资源配置的最优性和灵活性。强调从零开始，依据实际编制预算，具有适应不确定性的灵活管理特性。零基预算以其独有的理念基础优势、组织程序优势和技术方法优势，同时能够从宏观和全局来分析问题，能够及时识别系统性风险、揭示重要的风险领域，能够灵活应对内外环境的变化，按照风险防控的目标和需求做出预算反馈，及时调整财政收支，进而为防范化解整体性系统性风险、维护国家安全和经济可持续发展提供科学的决策参考。同时，零基预算过程中追求灵活管理带来的不确定性，往往需要强化控制来平衡，通过支出审查控制预算，而控制预算就是控制政府。

第三节　零基预算与基数预算的比较

“零基预算”与“基数预算”是两个相对的预算编制概念，核心的差异是对“基数”的不同假定和参考方式以及由此形成的不同理念、方法和预算程序。预算“基数”由历史经济活动形成，但不是单纯的历史支出数据，代表既有的分配渠道、结构和利益格局。

一、基数预算及其方法

传统的“基数预算”，也称“增量预算”“渐进主义预算”，一般以上年财政支出为基数，在“稳定可预测的”基础上适当考虑一定增长比例分配资金。

19 世纪开始，预算以年度性与渐进性为原则进行编制，形成年度性、全面性、一致性、约束性等经典预算管理原则，并以分项列支的形式表现出来，故而预算是“稳定可预测的”。预算管理的主要任务是建立一套有效的监督控制体制，通过建立各种预算控制约束政治家、政府官员以及每个公共管理者的活动，确保所有的财政资源都用于公共目的，同时减少各种浪费。相应设计的预算管理流程和规则，鲜明地反映了这种监督控制取向，更加强调预算管理的“合规”。1921 年美国通过的《预算和会计法案》赋予总统在“预算编制中的正式角色”，并加强了对财政支出的控制。国家通过“预算增长”汲取财政收入，并在立法与行政的互动博弈中形成了基本的预算约束能力。然而，此时的国家预算是一个以基数增长为导向的自下而上的微观预算活动，更多适用于持续增长的经济环境，如果经济增速放缓则极易出现财政危机。

传统的基数预算编制方法可归纳为三个步骤：①以外推法将过去的支出趋势（或上年支出额）延伸至下一年度。②将数额酌情予以增加，以适应工资提高和物价上涨引起的人工成本和原材料成本的提高。③将数额再予提高，以满足修改原计划和修改原设计方案所需追加的预算支出，通常这方面能达到原预算的 30% 或更多。

基数预算的优势和合理性体现在，以现有业务活动和各项活动的开支水平确定预算期各项活动的预算数。因为预算事项前后的连贯性强，基数法有其一定的合理性。按照这样的步骤、这样的假设所编制的预算必然存在弊端：①每届预算年度开始，各单位以上年实际支出为基础，再增列一笔金额，巧妙装饰后，作为新计划提交最高领导层审批。②主持预算审批的领导，明知预算中的“水分”，但因不能透彻了解情况，只能不分良莠，一律砍掉如 30% （或更多）。③这种不分青红皂白“砍一刀”的做法，使有经验的财务人员有意把预算造得大大超过实际需要，以便“砍一刀”后还能满足需要，而那些老老实实造预算者则叫苦不迭。不动存量、只分增量的模式在经济高速增长时期有一定合理性，但也容易导致部门利益固化、支出结构僵化，从而造成在经济下行时期支出刚性增长，预算平衡“压力山大”。

二、零基预算和基数预算关于“基数”的基本假定比较

“基数预算”的基本假定是：①现有业务活动是合理的，不需要进行调整；上年的每个支出项目均为必要，而且都是实现组织目标和任务

所必不可少的。②上年的每个支出项目在下一年度中仍有继续进行的必要，且均较别的新计划或新方案更为必要。现有各项业务的开支水平是合理的，在预算期予以保持。预算制定者必须依靠上年的预算作为制定明年预算的基础。③上年的每个支出项目均系以成本—效益最大的方式来实施的。上年的每个支出项目在下一年仍将需要，充其量只需对其中的人工成本和原材料成本做某些调整。

零基预算的基本假定是：①“基数”代表的既有分配渠道、结构和利益格局，都需要逐笔重新进行评价审查。②站在新预算年度的起点上，以预算可能性和国家治理的整体需求为自己的预算边界，然后在这个框架内使各方面的发展都能够得到兼顾。③根据项目的重要性来确定预算安排的优先性。

零基预算编制要求一个组织的所有活动都要经过定期审查。这是一种解决传统基数预算渐进主义问题的尝试，解决基数预算依赖于最后一个时期的预算作为形成任何未来预算起点的做法。虽然渐进主义以前一年的预算为起点简化了预算过程，但这种简化预算过程所节省的时间并不能弥补渐进预算制度特有的浪费性支出的继续，特别是在经济不确定时期。另外，零基预算采取了一种彻底的方法，通过每年重新审视所有项目和活动及提议的未来活动的优点和合理性，然后相应地做出正确的增加或删除支出项目的决策。因此，使用零基预算被认为是基数预算方法的优越替代方案，许多人认为这种方法改进了浪费性支出，因为预算的任何一部分、在某一特定预算期间内没有形成支出和绩效，在下一预算期间内都可能面临减少或取消。在这方面，零基预算被视为基数预算的一种更详细的替代方案。

三、零基预算的优缺点

（一）零基预算的优点

由于零基预算的目的是纠正基数预算的预算不足问题，加强了预算部门对项目的知情和决策权，提供了将财政资源分配给创造最大价值的项目的手段。在这方面，零基预算的好处是值得关注的，其中包括：功能优先排序后的有目的性支出，这有助于消除非必要的组织活动支出，识别重复的活动，并集中这些活动以实现有效的运作（米尔和赫曼森等，1976；罗斯，2018）。业务战略调整后的识别和消除冗余活动（德勤，2015），由于避免自动预算增加而可持续节省成本，确保问责制和所有权心态（Aggrwal 和 Amte，2016），增加一线管理人员对预算过程的参与（彼得·派尔，1977）；Rehfuss（1977）指出，有趣的是，零基预算编制的决策过程为管理人员提供了发展其管理技能的机会，特别是在建立最低水平的组织绩效方面及高度了解他们的业务需要和优先事项方面。这样，管理者就更熟悉组织流程和预算支出。

零基预算从其理念特性上来说，一是可避免历史期预算活动中的不合理因素影响；二是能够灵活应对内外环境的变化；三是预算编制更贴近预算期经济活动需要；四是为政府决策者了解预算项目提供了更多和更高质量的信息，有助于增加预算编制透明度，有利于进行预算控制。

（二）零基预算的缺点

零基预算并非没有缺点。虽然零基预算可以提供谨慎的支出，但其缺点已被描述如下。

预算编制工作量较大、成本较高；对预算主体和制度基础要求高，对预算沟通的要求也高；预算编制的准确性受管理水平和相关数据标准准确性影响较大。过程耗时长且昂贵，因为每年进行零基预算，要进行详细的审议，就需要人力资源的支持（Ross，2018）。显然，决策包的制定需要细致的数据收集和组织准备，同样，对这些决策包的系统评估也是非常耗时的，并且需要一个组织的总体视角（Suver 和 Brown，1977）。基于预算削减和被替代或消除的恐惧，工作人员可能会抵制执行工作，特别是在责任范围为零的情况下（At - rill 和 MCLaney，2015）。高层管理层可能不会完全支持零基预算，因为它可能会暴露组织的弱点，如组织萎缩（皮尔森、亨利和迈克尔，1981）。如果要求提供更高的预算或预算准备时间太短，也可能不会提供不利的资料（Rehfuss，1977）。因为决策过程涉及有效的管理，需要沟通，需要对参与识别和排序决策包的管理人员进行培训，如果收集的数据不完整，分析可能不全面（彼得·派尔，1977）。零基预算需要有一个严格的程序来审查每一项预算提案及其纳入理由，短时间的预算周期会使零基预算的良好效果相形见绌，因为准备过程可能会加快，或者更糟的是，无法实现零基预算的良好意图（Ahmad，2007）。然而，Duane（1982）认为，组织数字化可以改善耗时的数据收集过程。有趣的是，零基预算可以用来获得资金的既得利益，精明的管理者可以明智地操纵短期财务项目中的既得利益，或支持高级管理人员的优先事项。这样，各部门在部门的生存或发展方面变得更有竞争力，这可能会破坏组织中的团队精神。由于年度零基预算需要投入大量时间进行财务分析，因此，需要进行人员培训才能有效实施。因此，在审查过程中需要招募训练有素的工作人员。考虑到培训需求和对预算审查的时间承诺，组织需要解决这些新增的成本（MCNally，2017）。

第二章

零基预算改革的实践逻辑

目标是奋斗方向，问题是时代声音。纵观中国改革开放的历史，坚持目标导向和问题导向相结合是党在各项改革实践中始终秉持且行之有效的重要工作方法。深化零基预算改革，是进一步优化财政资源配置、提高财政资金使用效益的关键之举。零基预算改革是对现有财政支出格局的深度调整，是对长期以来“基数＋增长”预算编制方法的一次革命性变革。目标导向具有战略性和方向性，问题导向具有战术性和针对性。在推进零基预算改革走向深化的过程中，坚持目标导向和问题导向相结合是一种重要的思想方法和工作方法，既保证了改革的明确方向，又确保了改革措施能够精准地解决实际问题。

第一节　零基预算推进逻辑

我国零基预算改革正在逐步深入，目前仍处于探索阶段，尚未形成全国统一的改革模式和实施路径，仍需进一步明晰改革的基本路径。从各国的实践经验可以看出，现阶段全盘实施零基预算在操作上较为困难。深化零基预算改革应当充分认识不同地区、不同部门、不同支出项目的情况差异，要坚持实事求是，稳步推进改革。根据实际因地制宜、因时制宜、因事制宜地制订改革方案，而非追求“一刀切”的全面推进。

在具体操作程序上，推进零基预算改革走向深化必须首先明确改革目标、深入分析实际问题、制定精准施策措施、加强过程监督检查等方面的工作，不断总结经验教训，根据目标和问题的变化对改革措施进行动态调整和优化，以确保改革始终沿着正确的方向前进，并高效解决财政预算管理中的关键问题。

一、目标导向

对于零基预算改革而言，目标的明确涉及零基预算改革的价值观，这是根本性和方向性的问题。所谓目标导向，就是要以明确的目标为导向，制定改革策略和措施，确保改革始终沿着预定的方向前进。目标导向强调规划性和方向性，是改革的“指南针”。坚持目标导向，必须要有一个清晰的目标作为行动的指南。当前，我国积极推行零基预算的直接目标意义在于运用零基预算理念，打破支出固化僵化、预算安排只增不减的格局，盘活用好沉淀和闲置资金资产，为过“紧日子”提供制度保障。更深远的意义在于以预算编制改革为突破口，打破固有利益格局和路径依赖，提升预算管理的宏观指导职能、重塑优化预算分配权力结构等。在初期，需要明确改革的目标和方向，制订科学的改革方案，确保改革沿着正确的方向前进；在全面深化改革的过程中，需要加强顶层设计，从全局出发，统筹考虑各种因素，确保改革的系统性和整体性。

对于零基预算过程而言，目标导向就是通过合理确定目标来推进。“零基”就是不考虑基数或不以基数为主影响因素来安排预算，那以什么为主要考量因素来安排预算呢？首要的总体目标是国家治理现代化和治理效能的最大化，而要实现治理效能的最大化就需要明确国家治理要素及各要素之间的配置优先次序。这既要求对国家治理的框架要素及治理效能有深入的把握，也对相应的主体能力提出了很高的要求，需要打开国家治理的框架，看国家治理都由哪些框架要素构成，在我国现在包含发展与安全以及发展中的“五位一体”领域要素的配置，这些要素之间如何配比才能做到治理效能最大化，以此类推，进一步细分治理要素及相应配置比例。

党中央关于零基预算的决策部署和要求，关键词包括打破固化、预算编制的科学性和准确性、合理预算规模、预算统筹等。2020 年 5 月，第十三届全国人民代表大会财政经济委员会《关于 2019 年中央和地方预算执行情况与 2020 年中央和地方预算草案的审查结果报告》指出，运用零基预算理念，打破支出固化格局，提高预算编制的科学性和准确性。2021 年 4 月，《国务院关于进一步深化预算管理制度改革的意见》（国发〔2021〕5 号）明确了“积极运用零基预算理念，打破支出固化僵化格局，合理确定支出预算规模”的要求，再次强调未来预算管理制度改革中零基预算的重要性。2024 年，党的二十届三中全会《中共中央关于进一步全面深化改革、推进中国式现代化的决定》进一步提出：“健全预算制度，加强财政资源和预算统筹……深化零基预算改革。”推进零基预算改革，需以“治国理政”需求为基点，强调零基理念指导，树立风险分析框架，优化统筹、分层考量、突出重点、完善机制。

（一）明确零基预算改革的目标准则

预算管理的目标是实现资源的高效配置，并对准战略，调整优化支出的格局。零基预算的目标首先是提高资源配置和资金支出效益，促进国家治理效能最大化。就中国的财政现实而言，突出的着力点就是围绕减支与增效展开，两者之间的关系主要体现在通过减少不必要的支出来实现资源的优化配置和提高整体效率。主要是在总目标确定以后，如何确定选择实施目标和实施策略，将实施零基预算的总体目标转化到实施落实的层面。具体而言，实际操作中零基预算改革方案关于目标准则的选择，包含了一揽子关键的策略和实践方法，对减支与增效的作用效果各有侧重。零基预算鼓励根据实际需要和项目的重要性来分配资金，而不是仅基于过去的预算分配，这有助于提高资金的使用效率和效益。

从实施目标准则看，20 世纪 70 年代，美国前总统卡特主张零基数制定预算以实现高效支出，而始于 2012 年美国佐治亚州的新零基预算则主要强调削减支出规模（见图 2－1）。因此就具体操作，旧零基预算强调“由零开始”，以决策包为核心关注来编制预算，强调自下而上与自上而下结合的、非常细致的预算决策分析。而新零基预算则基于新的绩效预算机制，强调关键活动确定、厘清项目绩效目标与支出绩效审查。它将新绩效预算的结果导向与绩效评价同原来零基预算的决策包优先序管理结合起来，并将支出绩效审查结果作为优先序排名的依据。新零基预算是上下之间围绕绩效审查展开互动过程，分析过程适用于项目的绩效预算审查，与项目预算系统相融合，而非原来针对机构预算的审查（Lauth，2014）。新零基预算其本质是标准的绩效预算审查，从作用结果上来看发挥的是项目更新与清理的作用。

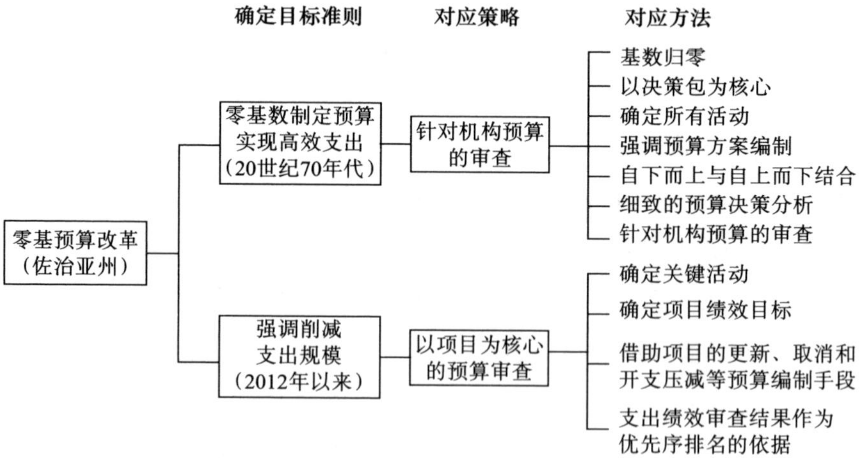

图 2－1　佐治亚州两次零基预算改革的目标准则及对应策略和方法

中国零基预算新实践的目标是探索建立能增能减、有保有压的预算安排机制，以提高预算编制的科学性和准确性、打破支出固化格局、增强预算统筹能力、优化财政资源配置、促进政策目标和项目执行等，这些目标共同旨在建立一个更加高效、透明和响应性的财政管理体系，以更好地服务于国家和社会的发展需求。改革旨在消除预算安排中的僵化和固定模式，允许根据实际需要和绩效结果灵活调整资金分配，从而优化财政资源配置。在改革策略上，围绕改革目标任务，统筹架构、把握核心节点，精心谋划、落实责任，积极发挥部门职能，不断深化各项改革措施的落地。在具体操作上，通过实施零基预算，政府能够更有效地控制和管理预算支出，确保资金用于最关键的领域和项目；通过明确的资金分配标准和严格的绩效评估，零基预算确保政府资源能够优先支持那些对实现政策目标和提高公共服务质量最为关键的项目。

1. 提效——把每一分钱花在刀刃上，办一定的事花更少的钱

零基预算改革把目标基准主要定位于提效，通过实施零基预算确保资金用于最关键的领域和项目，把每一分钱花在关键处、花在刀刃上、花出最大效益。局部的绩效改善，在消除预算安排中的僵化和固定模式的同时，关注现有支出或项目的实施方式、流程设计、组织实施等方面是否存在资金浪费、低效无效等问题，允许根据实际需要和绩效结果灵活调整资金分配，从而优化财政资源配置；而全面提效，意味着全面的革新，“以零为基”“以事定钱”“以效促用”，策略方法包括改变以往“预算过程与政策过程分离”的机制弊端，在财政资源配置源头发挥绩效目标对整体支出的引导约束和控制作用，取得掌握话语权的核心领导的持续性政治支持等。

做法一：加强“事”和“钱”统筹，编制年度重点保障事项清单，明确跨部门事项责任主体。针对政策聚焦不够、资金统筹不足的问题，通过大事要事保障机制的清单式管理，让业务主管部门和各级政府清楚“干什么事”，集中投入多少资金干事，引导部门提早谋划和储备项目。可借鉴安徽省做法。《安徽省人民政府关于印发安徽省全面实施零基预算改革方案的通知》提出，编制政府年度重点保障事项清单。围绕党中央、国务院及省委、省政府决策部署，编制具有战略性、全局性、基础性的公共服务、产业扶持、重点建设项目三类政府年度重点保障事项

清单，强化重大战略任务财力保障。安徽省要求省级政府重点保障事项清单一年一定，并出台了《安徽省省级政府年度重点保障事项清单项目竞争筛选工作指南（试行）》。明确多部门共同参与的科技创新、制造业提质扩量增效、战略性新兴产业发展等领域项目竞争筛选，由与该领域事权最密切的职能部门牵头，其他职能部门配合，共同组织开展。单个部门负责领域的项目竞争筛选，由各领域职能部门独立开展。

做法二：绩效目标和优先性指导促进预算和政策对标。将预算绩效目标编制和排序指导标准作为预算编制的前置条件。以目标导向为核心，加强政策前瞻谋划和排序指导，落实统筹兼顾要求；预算部门根据轻重缓急自主确定项目编预算，做实做细预算编制。强化整体支出和项目绩效目标对预算安排的约束和引导。甘肃省 2020 年省级部门共编报预算项目绩效目标 1025 个，涉及资金 947 亿元。广东省要求全部支出项目必须申报绩效目标，并通过绩效目标审批后才能纳入项目库管理。贵州省将绩效目标作为预算申请和安排的前提条件，对没有绩效目标或目标设置不合理、效果不好的项目坚决予以取消或调整优化。青岛 2020 年对 61 项市级专项资金三个层级共 1733 个项目全面编制绩效目标。2024 年制定《青岛市预算绩效目标指标体系（2024 年版）》，设置 26 类共性，20 类分行业、分领域绩效目标指标体系，根据各部门“三定”方案、工作职能、年度重点任务和预算安排，为每个市级预算部门量身定制一套绩效目标指标体系，包括部门通用共性指标、部门常用个性指标、往年编制错误案例三部分，指导部门高效、规范、准确地编制绩效目标；通过对 2103 个项目绩效目标开展三轮审改，指导部门找准项目实施重点内容，聚焦核心业务，提炼可量化、可评价的绩效指标。

2. 减支——支出管理上做减法，花一定的钱办更多的事

零基预算的支出审查包括有效性审查和必要性审查（战略审查），两者在不同改革阶段应有侧重和取舍。从中国当前改革的需求和如何取得最快实效的角度考量，零基预算首要面对的问题是，中国经历了持续多年经济的高速发展，在财政收入形势较好时，财政支出扩张过快，预

算编制过于激进，支出规模不断扩大，形成了相当规模的预算基数。基数大或者说不合理的原因，主要是存在很多不必要或必要性不那么强的项目，存在过于超前和超出现实需求或保障能力的支出政策和支出标准。事实上，需要通过零基预算，审核预算、审核支出、审核标准，削减非必要和优先级较低的支出政策、项目和标准，压减和优化支出。

零基预算改革，强化统筹，“减少开支”，控制预算规模，就对应零基预算借助项目的更新、取消和开支压减等预算编制手段来实现。若零基预算改革的目标基准主要定位于在支出管理上做“减法”，压减预算支出规模，问题的解决就可能变得相对容易得多，因为零基预算是实现压减规模最好的方法。通过零基预算政府能够更有效地控制和管理预算支出，有效减少非刚性支出，实现节本增效，不应开支或不必开支的事项一律不得开支。零基预算常用的预算削减支出技巧如下。

做法一：明确预算削减的目标和范围。在开始预算削减之前，首先需要明确削减的目标和范围。这包括确定需要削减的预算金额、削减的时间周期以及涉及的具体部门或项目。明确目标和范围有助于制定更具针对性的削减计划，并确保削减行动不会对企业或组织的正常运营造成过大影响。例如，美国阿灵顿县等尝试采用简易的零基预算法，主要特点是政府预算决策部门通过规定业务部门的预算上限，如比上年开支水平低10%—15%，或指出由于财政资源的制约，必须削减预算，将管理重点放在总预算决策上，而不必陷入各部门的具体事务之中。

做法二：审查和分析现有预算。对现有预算进行详细审查和分析是预算削减的关键步骤。这包括检查各项支出的合理性、必要性和效益性。通过对比历史数据、行业标准以及实际业务需求，可以发现预算中存在的浪费和低效支出，为后续的削减行动提供依据。可借鉴英国的做法。英国政府在1998年引入“全面支出审查”制度，采取一个多年期的全面支出审查计划取代渐进性预算制度，以重新优化分配预算资源、消除不必要财政开支来提高公共服务质量。在审查的基础上英国每年的预算审核及拨款评估，部门支出限额可能会做出调整以反映公共风险及政策优先级的变化。在支出限额的框架下，主要政府部门将制定“单一部门计划”，其中包括工作计划及用于反映年度表现的业绩指标等。

做法三：优先削减非核心和非必要支出。在预算削减过程中，优先考虑削减非核心和非必要的支出。这些支出通常包括一些不必要的开销、过高的奢侈办公设施费用等。通过削减这些支出，可以在短时间内显著节省预算，同时不会对组织的核心业务产生太大影响。可借鉴江苏省的做法。江苏省在零基预算改革中提出贯彻落实党政机关习惯过紧日子要求，勤俭办一切事业。要求严格“三公”经费管理，从严控制会议、差旅、培训、论坛、庆典等公务活动，加强地点相同、对象重叠、内容相近等公务活动整合，未列入当年全省批准开展项目清单的创建示范评比表彰和节庆论坛展会活动不得安排支出，经批准开展的要从严控制、规范进行。①

做法四：持续监控和调整预算。预算削减并不是一次性的行动，而是一个持续的过程。因此，需要建立预算监控机制，定期评估和分析预算执行情况，并根据实际情况进行调整和优化。这有助于确保预算削减行动的持续性和有效性。

专栏 2-1

零基预算的减支效果更多体现在控制和稳定预算规模②

从实践结果来看，零基预算始终未能显著削减预算总额，而是服务于打破固有支出结构、优化预算支出结构。因此，不应过分夸大其压减规模的作用，而可将其作为控制、稳定预算规模的管理工具。美国研究者总结首次零基预算的经验时，以 1979 财年为例，主张“除非节约成本是零基预算的主要目标，否则就不会

① 参见《江苏省深化零基预算改革方案》。

② 廖逸儿、王湘宇：“零基预算：美国实践、地方探索与经验启示”，财经智库，2023 年 8 月，第 119 - 134 + 143 - 144 页。

产生成本节约”（Sherlekar 和 Dean，1980）。2012—2020 年，佐治亚州“社区健康部门”类与“行政服务”类抽检项目预算调整额的变化亦印证该观点。综合来看，佐治亚州预算总额虽仍保持上升趋势，但增长速度有所放缓，零基预算被弃用后则总量与增长速度均有明显上升。反观国内，基于“三公”经费“只减不增”的基本背景，从部分省份决算数据来看，新零基预算对预算总额的大幅削减作用往往具有短期性，此后主要稳定结余规模。最早试点的珠海，其实践亦佐证该判断。同时，从陕、贵、鲁等省数据看，存量资金下降主要与新《预算法》（2014 年修正）出台相关，较少受零基预算影响。

（二）明确资源配置优先序

零基预算适用于资源有限、需要优化分配的场景，要求任何一个预算期内，每一项支出都必须重新论证其必要性和合理性，以确保资源配置的最优性和灵活性。理想的零基预算理念要求对支出价值进行判别，对所有的活动进行排序，这就需要设立判断标准，即为何否定一项支出，又如何确定一项支出，但实践中零基预算“优先性”评判标准和排序规则难以确定。国内外关于零基预算排序标准有诸多实践，即使不够细致精准，但若足够清晰可操作、数据和信息足够充分，也有利于改革推进的要求。在缺乏理性规范的支出排序标准的背景下，各地通过各种方式尽可能实现了有限排序的有效探索。

1. 全域优先排序

新一轮财税体制改革对预算体制提出了更高的要求，要求预算承担优化资源配置的功能，实现最优财力均衡的目标。预算项目间、部门间以及区域间，逻辑上需基于国家治理现代化的要求排出优先顺序。虽然零基预算对所有的活动进行排序的理论相对理想化，但厘清政府保障边界、提出优先排序原则、出台可操作的支出优先度评判规则、改进预算决策程序都可实质上推进全域支出优先度排序优化。

（1）资源配置对准战略、“保障清单”等模式厘清政府保障边界和保障水平。资源配置的优先序不好确定。首先要解决的是资源配置的方向问题，这其实是个战略问题。战略大师迈克尔·波特提出，战略就是取舍。战略引领资源配置就是选择做什么？不做什么？这也是政府保障的边界。资源配给谁？当然要配给战略选择要做的事情，这叫作资源配置对准战略。政府保障“保什么”“保多少”“怎么保”决定了财政资金流向，如果不对政府保障边界优化，预算安排也很难做出重大调整，优化支出结构、资金安排能上能下也就无从谈起。

战略引领资源配置的选择也是构建权责清晰、分担合理的政府保障边界。显然，政府保障边界的优化，其分配逻辑是预算反映“政策图谱”，不仅需要考虑各政府的事权和财权，还要考虑政策目标和治理责任边界等。将零基预算改革与厘清政府保障边界相结合，进一步明晰政府与市场、政府与社会以及各层级政府间的保障边界，合理均衡各方负担。

做法一：编制政府保障清单，把厘清政府保障边界作为零基预算改革的关键。可借鉴厦门市做法。一是编制公共服务、产业扶持、重大基建三类清单，采用正列举的形式明确政府保障的范围，作为预算安排的依据，发挥政府保障清单在预算管理中的基础性作用。同时，考虑相关工作的复杂性，采取分步走的方式推进改革。结合 2021 年预算编制，2020 年先试点编制产业扶持事项清单、重大基建需求清单和教育、卫生健康、民政、公安、交通领域的公共服务内容清单；2021 年基本完成清单编制工作。二是根据政府承担责任分类确定保障程度和方式，对政府为主保障的事项，尽力而为、量力而行优先保障。对政府补充保障的事项，视财力保障，并鼓励社会力量参与，完善成本分担机制。对预算安排与清单规定暂时无法实现一致的事项，由主管部门协商财政部门设定一定的过渡期，逐步调整到位。三是建立政府保障事项清单动态调整机制。政府保障事项清单一般与部门预算同步编制、同步调整，经市级财政部门汇总随政府预算草案提交市委、市人民政府决策后，由市人民政府印发实施。预算执行中，原则上不调整政府保障事项清单；必须调整的，经主管部门提出建议、市级财政部门审核后，由市级财政部门牵头报市委、市人民政府决策。

做法二：合理划分政府保障边界，改变财政支持方式。可借鉴江苏省的做法。江苏省在零基预算改革中提出合理划分保障边界，坚持有效市场与有为政府相结合，市场机制能够自发调节的领域，原则上取消预算安排，减少对微观经济的不当干预。改变财政支持方式，减少直接补助、无偿补助等扶持方式，充分发挥贷款贴息、担保费补贴、风险补偿、拨投结合、政府投资基金等政策工具功能，更多地采取免申即享、公平普惠的支持方式，鼓励采用集中统一运营、引入社会资本合作、REITs 等市场化方式盘活资产，更大力度运用市场机制，发挥市场功能。①

专栏 2－2

珠海市区分市场边界，定位政府投资“方向盘”②

精准把握政府投资与市场经济的边界，既保障政府对公共民生服务职能不缺位、不错位、不越位，又能把市场能干的事项大胆交给市场，激活市场活力，优化营商环境。如某农业示范基地拟计划投入 4.49 亿元打造休闲农业公园。绩效评估发现，现有生态农场的经营现状主要是为农业产业提供平台，转型为国家农业公园依据不充分且周边地市未有成功案例，经调研，由于项目的地理原因，市民对该项目的现实需求不迫切、部分内容仅供规划但不具备建设条件。该项目周边有类似性质的民营农业休闲旅游一体的生态园，建议区分市场与政府的投入边界，通过整合现有资源进行升级。经过与项目部门沟通，最终采纳绩效评估的意见，同意该项目研究往社会投资方向推进。

① 参见《江苏省深化零基预算改革方案》。

② 珠海市经验文章《协同发力 关口前移 创新政府经济治理机制成效显著》。

（2）基于治理现代化要求，明确优先序原则和政治决策程序。现行的预算体系在资金分配过程中一直缺少对项目和政策目标优先级预设及有机整合的重视，现实中各部门拨款的多寡和先后次序往往取决于各部门“各显神通”。也就是说，现行财税体制在最开始的预算阶段就缺少一个成熟的机制确定资金应在不同部门、不同政府间进行怎样的分配。零基预算要求一切从实际需要出发，分轻重缓急核定各项支出，在综合平衡的基础上编制预算，科学性、合理性、可行性较强。这不仅意味着预算的编制者应重视预算编制质量，还应尽可能地将财政、货币、就业、产业、区域、科技、环保等宏观政策需求及其政策影响投射到预算的收入框架和支出框架中，从资金层面反映政策统筹格局，为政策制定者和执行者提供参考。因此通过程序上的改进，可在一定程度上改变以往“预算过程与政策制定过程分离”的机制弊端。

做法一：强调事前绩效管理，明确全域支出优先度评判的预算决策程序。在零基预算管理模式下，事前绩效评估和绩效目标审核或将成为预算绩效管理工作的重中之重，相较于事后评价的“亡羊补牢”，事前绩效评估和绩效目标审核的“防患于未然”更能避免资金闲置、浪费，能够在一定程度上作为“零基预算”编制的依据，有利于提高预算决策的科学性，进而优化财政资源配置。如珠海市在推进零基预算改革中对预算决策程序进行了调整优化，强化了事前绩效评审，前移预算绩效管理“关口”。一是市委、市政府高位推动，成立事前绩效评估领导小组。事前绩效评估领导小组由财政、审计、发改等部门组成，对基建、信息化、政策、综合等板块重大政策，聚焦项目的必要性、合理性，重大政策（项目）“有”与“无”、“好”与“优”，严控投资规模。2022年事前绩效评估领导小组运行一年核减资金超72亿元，通过取消不必要、暂缓不紧迫项目投资节省超150亿元。二是项目库及预算审核环节做到绩效目标与部门预算“五同步”：同步布置、同步申报、同步审核、同步批复、同步公布。

做法二：设置财政支出全面的综合审查程序，并重新设计和整合预算案。可借鉴加拿大的做法，对除重大法定项目之外的联邦部门的财政支出进行全面的综合审查。联邦政府于20世纪90年代中期启动了“项目审查改革”，依据预算案是否服务于公共利益、政府参与的必要性与适当性以及在支付能力内能否提高支出效率等标准，对除重大法定项目之外的联邦部门的财政支出进行全面的综合审查，并最终通过重新设计方案或整合原方案，甚至以将项目转移给地方政府或者使项目民营化来提高财政效率。

做法三：强调各类财政资金全面覆盖，“以事定钱”等预算安排机制。如湖南省的做法。湖南省深化零基预算改革要求2025年实现各类财政资金全面覆盖，全面构建有保有压、突出重点、统筹有力、讲求绩效的预算安排机制。坚持“以零为基”、坚持“以事定钱”、坚持“以效促用”等“三个原则”，打破基数观念和支出固化格局，统筹各类财政资源，让资金跟着项目走、项目跟着政策走，构建事前、事中、事后监督闭环系统。

做法四：建立多方预算协商机制，将政治性决策公开化、程序化。可借鉴美国佐治亚州的多方协商机制，抑或广东省珠海市自2016年以来长达8年的预算项目联审实践，关注预算部门与评审部门之间关于项目合理性与科学性的论证互动，将政治性决策公开化、程序化。

专栏2-3

英国以程序控制实现部门支出与国家优先政策的一致性

英国设置零基预算理念的支出审查环节，以程序控制实现部门支出与国家优先政策的一致性，并促进管理创新。在英国的预算流程中，支出审查是一个类似于中长期规划的关键环节，财政部运用支出审查的结果对部门资金做出了框定，各部门只能在与国家优先政策保持一致且不超越支出限额的情况下安排具体的支出决策。同时，支出审查部分继承了传统零基预算自下而上的编制办法，又糅入了自上而下的项目抽查评估、优先目标及部门支出限额设定等内容，部门协同的理念更加凸显。

（3）基于政策目标和支出水平的可能性，出台“正负面清单”等可操作的评判规则。全域综合平衡的优先排序，通过支出优先次序安排机制对相互竞争的项目和政策进行优先次序排序，从而实现政策目标与财政支出的最优结合，为资金在不同政府和部门间配置提供科学的划分依据。但现实中，预算项目和结构逐步呈现出复杂化与多样化趋势，资源如何基于治理现代化要求排出优先顺序面临挑战。优先性排序，项目间尚有一定基础，而部门间以及整个国家治理总体的资源配置，如何在经济、社会、政治等各领域中找出优先顺序，目前尚无放之四海而皆准的标准。若事先不对评判程序和标准进行约定，排序在一定程度上仍是由部门和财政讨价还价决定的，且谈判磋商成本极高。基于政策目标和支出水平的可能性，出台可操作的评判规则，可提高节约成本，提高效率，这一点减少在低效、无效、非必要支出上尤其有效。

做法一：明确优先原则，加强预算安排的排序指导。可借鉴上海市的做法，上海市将一个与推动高质量发展相适应的指标体系作为各级政府安排预算、分配资金的重要依据。北京市也建立部门报送项目排序清单机制，按项目轻重缓急、成熟度进行排序，结合财力，优先安排具备实施条件的刚性、重点项目。江苏省健全项目排序机制，各类项目原则上按照“三保”支出、政府债务还本付息支出、党委、政府年度重点保障事项支出、部门必须开展的专项业务支出、一般事业发展支出和其他支出等依次排序，根据当年财力状况顺次安排预算。

做法二：建立预算安排的正面和负面清单，优化项目资金顺序。采取正列举法或反列举法，结合财力的可能性，优化排序、安排预算。可借鉴天津市，建立预算安排的正面和负面清单，优化项目资金顺序。人员工资、基本民生、政府偿债等5类支出作为优先项保障，对非急需一般性基建等5类支出不予安排预算。贵州省的做法是区分重点保障类、合理支持类、压减控制类、暂缓类、禁止类设立省级财政支出管理清单，推进建立节约型财政保障机制，建立省级财政支出分类管理清单，实施财政支出分类保障。其中重点保障类要集中财力优先予以资金保障；合理支持类要根据项目实际情况，结合财力予以合理的资金保障；压减控制类要严格控制和压减；暂缓类暂不纳入当年预算，待符合要求后再列入相应年度预算；禁止类坚决不予安排任何资金。

2. 局部优先排序

在排序或优化过程中，全域的资源配置的优先序不好确定，而要最可能靠近零基预算的目标，应结合不同地方和领域经济发展水平、政府能力、财政资源等的因素影响差异，适当调整和简化零基预算的具体流程和细化标准，优先考虑或处理局部范围内的资源配置和支出结构，在推进地方零基预算管理模式和内容的创新方面求得局部的突破。

做法一：基于现实与技术可行性，扩大专项资金项目预算管理范围。零基预算要求规范审核评估，并将评估结果作为安排预算的重要依据。2021 年 4 月，国务院明确“积极运用零基预算理念，打破支出固化僵化格局”“未纳入预算项目的项目一律不得安排预算”。基于现实与技术可行性，我国地方政府主导的零基预算改革普遍以项目库管理为依托，提高项目细化程度，建立跨部门资金统筹机制。针对部门“先要钱、再找具体项目分钱”的路径依赖和项目预算编制不实不细不准的问题，在编制预算时对部门拟出台的重大政策、支出项目开展事前绩效评估，强化了项目库的基础支撑作用，提高了项目审核的要求。可借鉴重庆市的做法，建立预算公开评审机制，由人大、审计、相关专家等组成评审组，按照“项目支出政策依据是否充分、资金安排是否合理、绩效目标是否有效”的原则进行综合评审，压减低效、无效支出。山东省强化“从零开始”的政策评估机制，积极运用零基预算理念，建立新增重大政策和项目事前绩效评估机制。云南省要求本级所有专项资金预算必须细化到具体项目，列入预算安排的项目必须从项目库中选取。海南省探索建立项目预算评分机制，将项目重要性、成熟度、绩效等因素作为评分指标，结合财力优先安排。青海省按照政策标准和项目入库情况，逐项审核确定年度支出预算。

做法二：不要求对所有的活动进行排序，与部门共同审查和决定部门内的削减计划。可借鉴美国阿灵顿县等的做法，尝试采用简易的零基预算法，预算决策者与主要部门或项目的管理者进行面对面交谈，在必须削减开支时或者保证最低需求时，更易达成一致意见。其操作更加灵活、有效，不像常规零基预算那样需要准备大量文件，也不要求对所有的活动进行排序。在削减支出时，不仅只是预算决策部门审查各个项目的成本开支、削减预算，而是要求部门和项目管理者对现有全部项目和活动重新进行评估，确定哪些活动是不急需的或者可以取消，确定保留项目和活动的先后顺序，并且分析削减开支后所产生的影响。

二、问题导向

目标导向的改革需明确目标之下资源要素配置的优先序，但实践中国家治理是一个宏大的话题，要全面把握国家治理要素的框架和要素的优先序配置，并非易事。叠加地方习惯于执行落实，立足国家治理层面思考和把握问题的能力有限，所以目标导向“理想很丰满，现实很骨感”。在缺乏完整的目标导向的体系设计的情况下，问题导向成为地方推进零基预算改革的重要着力点。在零基预算改革的进程中，坚持问题导向是确保改革能够精准、有效地解决现实问题的关键。习近平总书记指出:“每个时代总有属于它自己的问题，只要科学地认识、准确地把握、正确地解决这些问题，就能够把我们的社会不断推向前进。”预算改革作为国家治理能力现代化的重要驱动力，它旨在解决国家治理过程中的各种问题和挑战。问题导向意味着将解决问题作为推动零基预算改革走向深化的核心动力。问题导向强调针对性和时效性，是改革开放的“催化剂”。问题的存在也为改革提供了方向和动力，通过解决这些问题可以推动改革的不断深入。

零基预算面临的最关键问题是资源配置支出效率低下的问题，其中最为突出的是“打破支出固化格局”，包括基于基数、政策的年度之间的固化，基于预算主体的部门间的固化等。坚持问题导向的基本经验有：一是增强问题意识。及时发现并识别出财政预算管理中的关键问题。二是聚焦关键问题。在识别出关键问题后，我们需要将这些问题作为改革的重点，集中力量解决问题。三是创新解决方式。针对不同的问题，需要创新解决方式，采用多种手段和方法解决问题。总而言之，在零基预算改革中坚持问题导向有利于推动科学发展，通过解决关键问题能够增强财政统筹平衡能力和可持续发展能力，为推进中国式现代化提供有力支撑。

（一）打破基数，打破年度之间的固化

零基预算实质是调整各方原有利益格局，基数的调整背后是各方原有资金盘子及利益格局的调整。既然基数事关重大，各预算主体势必为基数而战，争基数、保基数便成了各预算单位的头等大事。尤其是一些强势部门已有的高额基数，本来就是由其历史的政策、项目、标准乃至历任领导的影响力积累而成，若零基预算下全部归“零”，势必给零基预算改革的推行带来极大阻力。因此，以往零基预算难以推进不仅是技术层面的问题，更重要的原因还在于实施零基预算要动基数，背后就是各方原有资金盘子及利益格局的调整，将会引起各方围绕基数保卫战进行博弈。

实施零基预算改革，问题导向的核心目的之一在于解决以往政策分散、“护盘子”“守基数”“撒胡椒面”“钱等项目”、资金使用效益不高等问题，通过优化支出结构，构建“该保必保、应省尽省、讲求绩效”的资金安排机制，确保“花钱必问效、花钱必有效”。

1. 政策梳理与评估，清理整合支出政策及其项目

只有清理政策，才能清理无效的资金使用。因为每一项支出政策的背后，都是财政资金要支持的项目，有多少政策？这背后的财政资金量有多大？项目的财政资金使用情况如何？通过支出政策进行全面梳理，全面评估“该不该做、该由谁做、什么时候做、应该怎么做、钱由谁出”等问题，确需财政投入的要做好优先度排序。可借鉴安徽省的做法，在零基预算改革中，首先从政策摸底开始。2024 年安徽省省级政

策梳理，从支持科技创新到推动产业发展，从人才保障到基础设施建设，共 328 个项目。在政策大规模摸排中，解决一些政策补贴交叉重复，支持项目建设“九龙治水”，个别政策“久拖不决”等问题。其中梳理出支持科技攻关，就有 8 项政策，涉及不同部门，政策协同难，政策不协同结果易事与愿违。针对已有项目，财政部门整理出一份政策清理清单，25 项清退，35 项压减，40 项延续，43 项整合，42 项强化，当年就清退压减资金 85.8 亿元。①

2. 资金统筹，清理无效的资金使用

中国零基预算改革的实现路径之一是让政府通过资金统筹，更加科学精准安排预算，增强对重大决策部署的财力保障，集中力量办大事，办好民生事。通过加强专项资金、跨层级资金、跨部门资金和单位资金统筹，更好地实现全盘统筹，避免部门“各自为政”和资金浪费，最大限度提高财政资金使用效益。实践中，各地专项资金、结余结转存量资金的整合统筹，执行的程度和范围存在较大差异，有些无差别整合，有些按照经费的来源区别设置整合规则，有些按照经费类别设置整合规则。为何整合，按什么样的依据、什么样的标准整合都还缺乏清晰统一的规则。

做法一：推进跨部门资金统筹。在我国实践中，各部门主要根据机构职责，梳理、整合、重构本部门主管的项目资金，聚焦党委、政府重点工作，实行跨部门资金统筹整合，对目标相近、内容类同的财政资金原则上由一个行业主管部门牵头管理，避免交叉重复支持。对跨级次、跨区域的重大战略任务，根据支出责任做到横向联动、纵向协同、分级共担。②

做法二：强化部门和单位资金统筹。对部门单位资金全面实行预算管理，其各类收入全部纳入部门或单位预算，逐步加大与财政拨款统筹

---

① 安徽省财政厅：“零基预算改革激发安徽高质量发展新动能”，安徽财政公众号，2024－07－15。

② 参见《江苏省深化零基预算改革方案》。

使用力度。非财政拨款资金可以满足或部分满足支出需要时，优先使用非财政拨款收入。部门单位的财政性资金结余统筹纳入预算使用，保障单位可持续支出，结余过大的收回总预算。按规定取消专项收入专款专用。政府非税收入征收与执收单位预算安排实行“收支两条线”管理。①

做法三：健全专项资金评估和退出机制。专项资金应明确执行期限，此前未明确的要逐项明确，资金预算一年一定。及时评估专项资金成效，对政策已到期、目标已完成、绩效评价结果较差或不再具备执行条件的，一律清理取消。新增重大项目、重大政策应做好事前绩效评估和预算评审，评估评审结果作为预算安排的必备要件。②

（二）分层考量，打破基于预算主体间的“固化”

由于政府支出目标的多元化，在众多的支出项目中如何进行优先排序是个决策难点，如果都从零开始进行预算决策，重新切“蛋糕”，则会受到各相关利益主体博弈的干扰，决策成本大幅提高，这将对决策方式及水平提出更高要求。不同层次或领域的预算过程，零基预算的具体方法和目的会有所不同。

分层考量是以项目、部门、政府预算等为切入点分别设计，有序推进零基预算的各项改革措施。分层考量是在改革模式和细化标准上遵从差异性，兼顾零基预算实施的情景化要素。

1. 取消项目支出基数，分类编制项目预算

以项目为基本单元，建立重点保障清单，发挥项目库的基础支撑作用，推进项目资金统筹使用。根据各类预算的支出性质和用途，分别采用不同方法准确编制项目支出预算。项目是预算编制的最小单元，基于问题导向推动项目资金统筹，有利于打破支出结构的固化，提升资金绩效。对没有进入项目库的项目一般不得安排预算；规范项目设置，做细做实项目库，全面反映项目的执行单位、历年预算安排、结转结余资

---

①② 参见《江苏省深化零基预算改革方案》。

金、绩效评价结果等情况；实施项目全周期滚动管理，逐步完善项目退出机制。做好项目前期准备，提前做好项目可行性研究、评审、招投标、政府采购等前期准备工作，确保预算一旦批复或下达，资金就能实际使用。建立项目动态调整机制。实时跟踪了解项目执行情况，项目预算执行进度较慢的，财政可按一定比例收回资金，统筹用于经济社会发展急需资金支持的领域。可借鉴江苏省的做法，全面梳理现有项目，逐项核定执行期限，区分情况科学编制支出预算。①对已到期和政策目标已实现的项目，坚决予以取消，项目执行期限最长不超过5年，确需延长执行期限的，重新按照新项目开展评审论证后统筹研究确定；②对基本民生等共同财政事权项目，根据相关文件规定的保障范围、保障对象、保障标准和各级支出责任分担比例等编制支出预算；③对需要重点扶持的产业项目，根据同级党委、政府明确的重点任务、专项行动方案、政策措施或实施意见等，通过评审论证、竞争立项等程序编制项目清单，明确支持对象、支持标准、支持周期和具体地区等；④对交通、水利、信息化等政府投资的基础设施建设项目，履行基本建设程序，根据核定的财政投资规模、项目实施进度、各级分担比例等编制支出预算，纯公益性项目以财政保障为主，有一定收益项目要通过政府债券、市场化融资等多种方式统筹保障。[①]

2. 打破部门化分配格局，推进重点领域资金优化整合

打破项目间的固化相对容易，但对于部门而言，由于缺乏可比的标准，跨部门分配格局把握的难度相对大一些；且相较目标导向而言，问题导向操作性更可行。对同一工作事项，原则上应按照部门职责分工，明确由一个部门负责，资金相应列入其部门预算；确需分解为由多个部门负责的，应按照项目和资金性质明确牵头部门，部门以“牵头＋配合”模式协同配合，共同确定资金支持项目和分配方案，制定统一的资金管理办法，并按照部门预算管理规定分别列入各自部门预算，减少

① 参见《江苏省深化零基预算改革方案》。

部门间横向分配资金。当前我国加强跨部门资金的清理整合，重点推进科技、农业、产业、涉企资金、信息化等跨部门重点领域资金的统筹，既要统筹安排当年预算资金，也要加快消化历年结转结余资金。

做法一：加快推进科技资金优化整合。加强部门预算安排资金与切块转移支付资金以及部门自有资金的统筹，打破专项资金安排部门化的分配格局，避免重复投入。建立公开统一的国家科技管理平台，加快推进将目前分散在各部门实行公开竞争方式的科技计划（专项、基金等），优化整合为国家自然科学基金、国家科技重大专项、国家重点研发计划、技术创新引导专项（基金）、基地和人才专项等。可借鉴包头市的做法。以安排2024年规划方案编制和人才发展专项资金预算为例，改革前，大部分部门都有规划、预案方案编制资金的预算，资金分散、难以管理；改革后，这些“小而散”的资金被一并整合，中长期规划、专项规划方案编制等项目整合形成规划及预算编制专项资金0.25亿元；将人才引进、人才服务、人才储备等项目整合形成人才引进专项资金0.7亿元，在执行中按照政府批示统筹使用。①

做法二：“大专项＋任务清单”，推进涉农资金优化整合。深入推进各个层面的涉农资金整合统筹，逐步将涉农资金整合为农业综合发展、农业生产发展、水利发展、林业改革发展、农村社会发展、扶贫开发等六类，突出创新涉农资金管理使用机制。根据农业农村发展实际，中央财政设置农业生产发展资金、农业资源及生态保护补助资金、动物防疫等补助经费、农田建设补助资金等大专项。大专项下设置支出方向，实行任务清单管理，并实施年度间动态调整。依据政策任务因素，区分为约束性任务和指导性任务。约束性任务主要包括党中央、国务院明确要求的涉及国计民生的事项、重大规划任务、新设试点任务以及对农牧民直接补贴等，其他任务为指导性任务。鼓励各地按照协同高效的

① 包头市财政局：“包头市财政局财政大动作，零基预算改革有啥新变化?”，内蒙古财政公众号，2024－06－27。

原则，围绕优势产业、重点区域、重大项目等搭建统筹整合平台，加强对政策目标相近的不同领域、不同环节项目资金的统筹衔接。鼓励创新资金使用方式，采取政府购买服务、先建后补、以奖代补、折股量化、贷款贴息等方式推进政策落实，引导金融和社会资本参与，调动广大农民积极性，提高财政资金使用效益。

专栏 2－4

“大专项＋任务清单”模式的实施与领域拓展

广东省、江苏省等多地实行“大专项＋任务清单”模式，主要在农业、科技等领域根据政府保障边界区分“约束性任务”和“指导性任务”分类保障，定期开展评估，及时将党中央、国务院的新要求、新政策纳入任务清单，根据地方政策需求和工作成效及时将已到期、不合理的政策移出任务清单。广东省在科技领域探索“大专项＋任务清单”模式，根据政府保障边界分类保障，定期开展评估，及时将党中央、国务院的新要求、新政策纳入任务清单，根据地方政策需求和工作成效及时将已到期、不合理的政策移出任务清单。

做法三：推进涉企资金优化整合。涉企资金优化整合解决的是专项补贴只增不减、资金越拆越细，“部门化”“碎片化”“小散乱”问题，关注资金投入的整体最终结果，真正解决企业的急难愁盼。涉企资金一般由发改、商务、工信、科技等分部门管理，从分类结构上看包括工业经济补贴、节能专项补贴、科技发展补贴、人才补贴、服务支持等。可借鉴江苏省的做法。在编制 2024 年度预算时，江苏省财政厅推动省发改委、科技厅和工信厅共同参与涉企专项资金零基预算编制试点，仅压减交叉重复项目，就为江苏财政腾挪出了约 10 亿元。有限的财政资金得以从小而散的项目里抽出，集中投入到一些以基础研究、科技攻坚为代表的关键领域。[①]

做法四：对跨部门领域事项，根据部门职责或优先事项动态调整部门计划。可借鉴英国的做法，对于涉及多部门的领域，在每年的预算审核及拨款评估中，部门支出限额可能会做出调整以反映公共风险及政策优先级的变化。在支出限额的框架下，主要政府部门将制定“单一部门计划”，其中包括工作计划及用于反映年度表现的业绩指标等。计划中需划定每个部门的责任范围以及与其他部门的联合责任。每年上述计划都会根据部门职责或优先事项的变化进行修订。为强化监督，各部门还会将该计划细化，以便部门领导进行管理，且其执行情况也会体现在财年末的年度报告中。

（三）突出重点，明确主要的改革领域和任务

对于整个政府预算而言，面面俱到耗时耗力，不一定可取，问题导向的考虑更多是突出重点。这就意味着，在全面深化零基预算改革的过程中，需要明确主要的改革领域和任务，以重点领域和关键环节的突破带动整体改革的推进，在全面部署的同时，要抓住主要矛盾和矛盾的主要方面，通过重点突破来实现全局性的改革目标。尤其零基预算的推行还面临工作量较大、成本较高的难题，更需要集中力量解决重点领域和重大项目的资源配置问题，确保关键政策和事业发展的资金需求。

做法一：基于成本效益的考量，聚焦于支出金额大和不确定强的关键部门。支出审查涉及成本和效益的权衡问题，聚焦关键部门，也是零基预算理念长期可持续推行的关键策略。就零基预算支出审查来说，不同的审查范围对技术、能力以及资金投入等的要求会有较大差异。例如对项目运营成本的审查往往会关注劳动力成本、外部支出、后台流程等环节，而对转移支付的审查则通常会着眼于资格、欺诈等问题。显然，这两种审查的投入成本不同。例如，在英国，大多数审查都集中在年度

---

① 江苏新闻《黄金时间——改革政策 e 解读》，关注“财政钱怎么花？零基预算来了”。

支出至少10亿英镑的领域。由此可知，基于成本效益的考量，支出审查应聚焦于支出金额和不确定性均较大的关键部门。例如，瑞典支出审查主要集中在资本效率（如高速公路和铁路）和服务提供（如移民机构）方面。支出审查已成为瑞典资源重新分配和支出规划的基础，并为预算谈判提供了信息。

做法二：按照项目类别，分别匹配简化审核论证和重点审核论证程序。对于支出标准和范围相对明确，项目金额较好预测的、项目匹配简化的审核程序。可借鉴江苏省的做法，其对“三保”项目、政府债券还本付息项目、基本公共服务项目按照支出标准等实行简化审核论证，根据论证结果予以优先保障。其他共同财政事权项目、产业扶持项目、政府投资项目等，以及执行率低、调整率高、监督检查、绩效评价及审计监督发现问题较多的项目实行重点审核论证，根据论证结果，结合财力可以实行分类保障、总额控制。对部分暂时无法安排预算的项目，可筛选形成备选项目，在条件具备时视情况安排或在以后年度预算优先安排。严格落实防范和纠治“新形象工程”长效机制，对列入负面清单的政府投资项目一律不安排预算。①

专栏2－5

广州市建立重点领域联审、部门项目竞争申报预算机制②

广州市在产业政策、信息化建设及运维两个领域建立了重点领域协同审核机制。由各部门通过项目竞争申报预算，打破了财政支出固化格局，提升预算的精细度和针对性。同时实施跨部门统筹平衡机制，将各部门需财政保障的项目以项目清单一一列出，并按轻重缓急排序，形成全市项目保障清单以及筹资建议清单，

① 参见《江苏省深化零基预算改革方案》。

② 敖阳利：“以零基预算改革为突破口广州财政‘新招式’提升政府治理效能”，《中国财经报》2024年11月28日。

由市领导统筹形成部门预算，发挥市政府统筹把总作用，形成全市大事要事保障清单，确保有限的财力投向最急需领域。以信息化建设及运维项目为例，由市政务和数据局牵头成立协同审核专班，其中新增建设项目要求以竞争性分配为原则，从储备度、成熟度、优先度等三方面进行综合评估、择优遴选。储备度，即对标国家、省、市或部门的政务信息化规划任务；成熟度，即所涉及系统建设或基础设施及数据治理等内容不存在前期尚在执行未提交最终检验或未启动的项目；优先度，即符合国家、省、市重要政策、重大战略、重大项目方向，具有首发首创技术创新能力或具有良好经济社会效益，能带动广州相关产业发展。在此基础上，形成信息化建设及运维项目清单。

做法三：集中审议可能面临削减的项目支出。彼得·派尔的零基预算理论中就强调为了节省成本、提高效率，审核排序的重点可以放入次要的决策包，或者可上可下的决策包。如确定预算年度的支出水平可能为现有支出水平的95%—100%，审议的重点可能就集中对排在现有支出水平80%—110%的决策包。在我国零基预算实践中，很多地方政府也会把政策和资金清理整合的重点放在对过期、无效、低效、重复政策和项目资金的清理上。

第二节　零基预算关键节点

关键节点是零基预算过程中重要的阶段和关键的要素。打通关键节点，是零基预算有效实行的秘诀。关键节点往往是零基预算程序的一个基本单元，在预算准备、预算编制、预算决策、预算信息处理和连接方面发挥着至关重要的作用。零基预算关键节点主要包括以下几点。

一、确定预算主体与预算排序基本单元

在零基预算过程中，包括对预算编制单元、预算整合单元、预算决策单元的规定和约定。预算主体明确的是职责和权力，预算基本单元明确的是参与优先序排序的最小基础单元。预算主体在预算过程中扮演着编制预算计划、执行预算计划及监督预算执行的角色，确保预算的合理性和执行效率。每个预算主体都有明确的职责和权力，以保证预算制度的顺利实施。

（一）预算编制单元

预算编制单元指确定适宜制定一揽子决策包的机构范围和单位。零基预算理论认为，一个机构组织图也许是确定在哪一个层次制定一揽子决策的最佳指示器。如果在机构中设置了费用成本分析中心，那么这个中心就是制定一揽子决策包的合乎逻辑的起点，因为这些费用成本分析中心最初就是为了确定和管理单位中互不关联的活动而设立的。在这个费用成本分析中心做出一揽子决策包并不排除管理者根据单位的具体职能，将费用成本分析中心再细分，从而做出一揽子决策包。

预算编制单元可以是组织内部的特定部门或小组，它们负责收集数据、编制预算草案，并与组织内的其他单元协调，以确保预算的合理性和可行性。在国外的预算实践中，一个正式编制的行政单位，可以是一个单独的费用成本分析中心，因而能够做出一揽子决策包，也可以根据单位不同的职能分别做出一揽子决策包；主管人事的单位可以是一个单独的费用成本分析中心，在这个费用成本分析中心内，还可以根据专业人员、计时工、人员记录和人员培训分别做出一揽子决策包。在另外一些情况下，则可以把若干个成本分析中心结合起来，共同做出一揽子决策包。比如公共安全局的公路巡逻队的每个巡逻岗都是独立的费用成本

分析中心，就可以把所有巡逻岗结合起来，统一做出一揽子决策包。

在我国的预算实践中，预算编制主体往往取决于行政组织结构，与政府行政层级与部门编制高度重合。在零基预算改革推进中，有越来越多综合事项和跨部门事项的预算会整合，由牵头部门作为预算编制主体。但在我国政府的预算过程中，很少有成本中心的概念，尤其人员相关经费支出的编制较为特殊，部门作为预算编制单元往往不包含编制人员预算支出，却部分包含编外人员的支出。

（二）预算整合单元

预算整合单元，是指在预算过程中，由哪一层级或哪几个层级预算主体来负责整合预算、合并或削减同类项。在最初的零基预算程序设计中，预算整合单元往往在最高一层，由政府行政首脑在预算机构的帮助下将各个部门的排序合并成为政府的总体排序。在新的预算实践中，预算整合单元往往在支出审查环节中，由上级或同级财政部门，或者由联合审查机构担任。

（三）预算决策单元

零基预算的一个重要特征是从以部门为预算管理核心单元转向以支出项目为预算管理单元。决策单元是零基预算中进行预算决策的基础。决策单元不能过小也不能过大，要有效确定机构中每个互不关联的活动，可能与传统预算单位相似，尤其是那些具有明确的预算单位或设立了成本核算中心的机构；但通常情况下，一个预算单位内会确认不同的职能和执行情况而分为几个决策单元。

预算决策单元，可以是具体且相互独立的活动、计划、任务、项目、职能或机构，类似于项目预算中的一个项目。预算编制主体立足实际，将自身分解为若干个“决策单元”，并对每个决策单元的角色定位、预期效果、成本及实施的可行性进行详细分析。预算决策单元的分析和确立是零基预算的核心内容之一，也是预算管理和排序基础单元形成的必要过程。

专栏2－6

美国跨领域事项也可作为一个预算决策单元

在美国政府系统内部，各机构常常受到在它们权力范围之外的一些规定、做法的限制，即中央政府的部门限制州和地方政府的活动，州政府限制地方政府的活动，如此等等（反之亦然）。例如，美国佐治亚州公共卫生局负责为全州159个县的食品检验、娱乐设施及公园的检修、旅游设施的检修等活动拨款。从表面上看，似乎应当为上述各项检查活动做出一揽子决策。然而，州公共卫生局安排这些拨款主要是为了减轻地方政府的负担，每个县得到的资金数额是由州公共卫生局根据每个县的人口数目以及偿还能力计算的，县公共卫生局并不能决定每个检验、检查的领域能够得到多少资金。因此，每个县的各级机构都是按拨款的总额做出各种一揽子决策，因为就食品检验、娱乐设施和公园以及旅游设施的检查活动分别做出一揽子决策并不现实。

二、确定优先目标和排序准则

确定预算优先目标和排序准则，是零基预算管理中的关键步骤。优先目标和排序涉及政府和部门战略目标的对齐、资源分配的合理性以及风险管理的优化。在启动预算编制之前，必须明确长期战略规划和年度目标。这些目标应涵盖多个维度，为预算编制提供清晰的指引。最高级别管理部门向较低级别的管理人员提供政策指导原则，并帮助其明确目标任务；较低级别的管理人员主要考虑达到目标的各种待选择的办法，以及不同的资金供应水平对达成目标、完成任务的影响；管理者应自行分析确定各自负责机构一揽子决策的主题（主题通常包括人员、项目或计划、得到的服务或提供的服务、支出的分类，降低成本和资本性开支)，以为最终的排序选择确定决策的重点。

为指导预算项目的优先级评估，需建立一套科学的优先级评估体系或明确排序准则。综合考虑战略重要性、资源需求、实施难度、预期收益等多个因素，通过打分或排序的方式，对预算项目进行优先级排序，确保资源优先配置给最关键的战略领域和项目。通过这些过程，各级政府和部门可以有效地确定预算优先目标和排序准则，确保预算编制既符合战略目标，又能有效管理和应对潜在风险，同时还能与绩效评估和激励机制相结合，促进整体战略目标实现。

零基预算法比其他预算方法更依靠评估衡量标准来表明分析结果，这是零基预算法编制过程不可分割的组成部分。尽管评估衡量标准是一种相对精确的估计，通过观察评估衡量标准如何变化，能为最高决策人员提供一种实际也许不是那么先进的成本、收益分析。

三、确定审查范围与方法

零基预算一般需要成立专门的预算审查团队，该团队成员往往应由跨部门的核心成员组成，以确保审查的全面性和公正性。

审查的范围需要事先明确，可以是对全部预算经费的审查，可以是单个领域审查，也可以是对重点或重大项目的审查，以及对特殊科目范围的审查、经常性经费的审查、项目经费的审查等。

审查的方法依据审查范围和实践可行性，可以是年度审查或跨年度审查；可以是全面审查，这种方法全面、细致，但工作量大，时间较长；标准预算审查的方法时间短、效果好、易定案，但适用范围小；重点审查能抓住预算中的重点进行审核，如投资量大或频次高的部分，这种方法突出重点，审查时间短，效果好；对比审查能通过已完的预算或已审查修正的预算对比审查拟新设立的同类项目预算，这种方法便于快速发现问题。

四、明确基准保障程度水平

明确基准保障程度水平是一个复杂的过程，它涉及多个方面的考量，包括法律规范、政策制定、经济状况等。定义基准保障程度水平，涉及政府或相关机构设定的最低保障标准，这个标准通常与当地的经济发展水平、消费价格指数、居民生活水平等因素相关联。

零基预算理论方法认为，确定各档次努力水平要以确认最低努力水平为基础。最低努力水平可以反映公共服务最基本的人口、提供服务的基本数量以及为完成基本项目目标的工作改进、机构变化、效率提高或成本费用的减少等。零基预算法集中精力对一揽子决策进行排序的做法需要的基本前提是所有的活动各档次的努力水平都已被详细地分析过。确定最低努力水平是确定不同努力水平的基础，目的在于说明最高决策人员为每一个服务水平提供资金所能得到的不同结果，如何预测这些不同的工作水平所产生的不同结果可能是零基预算分析中最困难的一项工作。

在零基预算实践中，基准保障程度水平的明确同样是一个复杂问题，缺乏统一的规定。公共服务基本供给水平和基本保障水平的确定是划分政府支出边界和保障程度的基础。部分涉及一些法定对的支出规定，尤其在欧美国家比较普遍，部分涉及支出标准体系和保障范围的规定，部分涉及考核制度的规定等。对于“基本”与“非基本”的界限难以明确。

第三节　零基预算核心要件及其实践应用

零基预算核心要件在理论上有其对应的专用术语，这些术语在实践应用中往往被摒弃，但相应要件的明确对于零基预算的推行依旧起到非常重要的作用（见表2-1）。

表2-1　　零基预算核心要件专业术语与实践术语对比

专用术语	实践术语	内涵阐释
决策单元	项目 事项 计划 大专项 基本活动 一组活动 一项职责 基本预算单位 基本建设项目 专项工作任务	决策单元也称“基本预算单位”，是指管理部门所计划、分析、评论的一项基本活动或一组活动、基本建设项目、专项工作任务或是主要项目等
决策包	大专项+项目清单 项目预算方案 预算细化项目的方案	决策包是围绕决策单位对逐次提高的努力水平所做的分析报告
一揽子决策的目标和主题	绩效目标	包括短期目标和重大目标（明确表达，尽量但不是必须将目标量化）
最低努力水平	部门（机构）基本职责 基本保障水平 基本保障程度 基本服务水平 基本工作水平	最低水平，即在该水平之下项目或活动就可以终止

一、决策单元及其实践应用

决策单元就是参与优先排序的最小基础单元，在实践中可以是项目、事项、计划、“大专项”、基本活动、一组活动、一项职责、基本建设项目、专项工作任务、基本职责活动等。

二、决策包及其实践应用

零基预算强调的一揽子决策包是围绕决策单元对逐次提高的努力水平所做的分析报告，包含三个以上的努力（投入）水平。但实践中，尤其是新的零基预算实践中，很少包含多个努力（投入）水平，往往是项目预算方案，预算细化项目的方案，还包括大专项＋项目清单等。

三、一揽子决策的目标和主题及其实践应用

明确财政预算决策的目标和主题是预算管理中的首要任务，这涉及将政府和部门的战略目标转化为具体的预算目标。一揽子决策的目标和主题包括短期目标和重大目标，是对目标的陈述，而非绝对的指标化。1980 年 10 月，邓小平同志在同中央领导同志谈话时指出：“年度计划、五年计划、十年规划，中心和着重点不要多考虑指标，而要把人民生活逐年有所改善放在优先的地位。”德克萨斯仪器公司在其零基预算方法中要求一揽子决策的目标和主题作出明确表达，尽量但不是必须将目标量化。

预算目标应以战略目标为导向，与政府长期战略规划保持一致，这意味着预算目标应该围绕着战略目标来设定，确保预算活动能够支持这些目标的实现。①从实际出发，需要充分考虑政府和部门的实际情况，包括财务状况、职责特点、经济环境等因素，目标应该是可实现的，既不过高也不过低，以便能够调动各方的积极性并充分发挥潜力。②分层管理，预算目标应该按照组织结构和职责分工，分解到各个层级和部门，这种方法有助于提高预算控制的针对性和可操作性，确保各部门和人员对预算目标的理解和执行更加准确和高效。③动态调整，预算目标

需要根据组织内外部环境的变化及时进行调整，这要求预算管理者密切关注经济、政策等因素的变化以及组织内部的运营状况，及时发现问题并进行调整。

四、最低努力水平及其实践应用

努力水平实践中可以理解为投入水平、供资水平、保障程度等，对应的最低努力水平也可以理解为一个基本职责、基本保障水平、基本保障程度、基本服务水平、基本工作水平。最低努力水平，即在该水平之下项目或活动就无法实现基本的保障效果，无法完成基本的职责，因此可以终止。与最低努力水平相对应的概念还有目前实际的工作水平（中等程度的努力水平），较高程度努力水平、最高程度的努力水平等。

第三章

零基预算编制流程与技术方法

零基预算作为具有相对较为完善的理念体系、独特界定的术语和明确的一套程序的预算方法，常常被认为是预算编制的一个专门技术。零基预算理论与实践也对预算编制过程中的规划、方式、程序、步骤、技巧和手段等进行了丰富的探讨和探索。零基预算的编制流程和技术方法是实践中深化零基预算改革的基础和重要抓手。本章融合零基预算的国际经验详细介绍了编制零基预算的基本程序，编制零基预算依赖的预算管理改革措施，如政府年度重点保障事项清单制度建设、项目库建设、预算支出标准体系建设、资金统筹与财政支出政策清理重塑等，以及零基预算如何通过与绩效预算、中期预算等其他预算方法的融合更好地发挥作用。

第一节　基本编制程序

一、零基预算理论程序

彼得·派尔（1977）[①] 最早确定了构成零基预算过程的基本步骤，

① Pyhrr P A. The Zero - Base Approach to Government Budgeting ［J］. Public Administration Review，1977（1）：1 - 8.

在此后的理论与实践中又围绕这些基本步骤在程序方法上进行了增加、简化或补充改进，如简化决策包、细化排序规则等。由于零基预算要求决策者无视前一年的预算，因此，管理人员需要重新评估每一个预算项目，并决定哪一个项目值得资助或是削减。彼得·派尔（1977）[①] 的理论使用了一个重要的程序概念“决策包”，作为管理人员可以识别和描述的活动类型，管理人员需要根据这些活动的功能或操作需求，对这些活动进行评估和排序（Shelby，2013）[②]。零基预算的基本理论程序包括识别和定义基本决策单元，形成一揽子决策包、优先性排序、合并形成总体排序、按优先顺序配置资金等。

（一）识别和定义基本的决策单元，确定目标与建立任务

决策单元是指管理部门所计划、分析、评论的一项基本活动或一组活动，基本建设项目、专项工作任务或是主要项目等。决策单元是预算的基础，它可以是一个支出项目、一个机构的次级单位，或者某个准备了单独预算的机构的计划。零基预算要求将组织分解为若干个决策单元，主要通过考虑机构规模的大小、机构活动的范围和会计数据的可得性等因素，来确定管理机构中互不关联的活动。

（二）为决策单元建立支出项目的一揽子决策包

一揽子决策是围绕决策单元对逐次提高的努力水平所作的分析报告。主要过程包括：选择完成本部门任务或从事工作的最好方案；按照选定的执行方法，确认包括最低努力水平（低于最低努力水平这项工作本身将失去执行下去的意义）在内的至少三个努力水平，进行分析并预测不同的结果。对于决策单元的分析主要包括重新审查决策单元的目的、活动和运行。这个过程一般涉及这样一些问题：如果将这个决策单元完全取消，会出现什么样的后果？如何以最有成本效率的方式来实

---

① Pyhrr P A. The Zero - Base Approach to Government Budgeting [J]. Public Administration Review, 1977 (1): 1 - 8.

② Shelby R. Zero - Base Budgeting for the 21st Century Public Administrators (FRC Report No. 260) [J]. Fiscal Research Center, Georgia State University, 2013.

现决策单元的目的？如何才能提高决策单元运行的效率？在此基础上，决策单元的管理者将决策单元的活动分解成一系列的决策包，对其活动及目标进行描述，并分析达成这些目标的不同方式和实现目标的不同水平的活动。可以说，一个决策包就是一项简单的预算，它包括短期目标和重大目标（明确表达，尽量但不是必须将目标量化）、资源需求（该预算年度和未来的资源需求）、资金水平和预算增量、绩效测量（每个决策描述特定水平的资金和人员的产出与结果）。具体地说，决策单元的管理者可以在四种不同出资水平的基础上准备决策包：（1）最低水平，即在该水平之下项目或活动就可以终止；（2）维持水平，即在没有大的政策变动的情况下继续供给现有的服务；（3）中间水平，即介于最低水平和维持水平之间的出资水平；（4）扩充水平，即要求增加资金来扩大产出和服务。

（三）决策单元的管理者对决策包进行排序

将优先性选择嵌入预算编制全过程。在预算编制全过程嵌入优先性选择是借鉴零基预算理念的最核心事项。Sarant（1978）① 提出了关于决策包的四个排名规则：（1）排名规则一：一个决策单元的基础保障程度水平总是高于同一单元的任何增量水平。最低水平表示项目或活动不能充分和有效地执行的水平。（2）排名规则二：给定决策单元的最低级别包不需要排名高于其他决策单元的任何其他决策包。一旦对下级包进行审查和排序，合并过程就最终完成，不需要调整。（3）排名规则三：机构负责人应决定在提交到下一个更高的审查级别之前，应合并成较少数量的决策包。（4）排名规则四：在所有情况下，都应编制一个最低级别的综合决策包。该包可以包括或不包括来自被合并的决策包集的每个最低级别包的信息。杨斌（2021）② 提出，优先性选择有如下

---

① Sarant P. Zero－Base Budgeting in the Public Sector［M］. Massachusetts：Addison－Wesley Publishing Company，1978.

② 杨斌："论借鉴零基预算理念应遵循的原则及其路径和方法"，《财政研究》2021 年第 3 期，第 17－27 页。

几条路径：一是以政府战略目标和政策目的为导向制定优选顺序；二是按实现单位目标必需的业务功能确定优先性；三是以绩效为导向确定优先性，根据优先程度对决策包进行排序，第一个决策包包括那些最值得优先安排的活动，第二个决策包包括那些次级优先的活动，等等。

（四）将排序进行合并

决策单位的管理者对决策包排序之后，还有部门管理者、预算机构和政府行政管理者也要对决策包进行逐级排序。其中在最高一层，行政管理者在预算机构的帮助下将各部门的排序合并成为政府的总体排序，这是零基预算编制过程中最终决定预算方案的重要一步。最高管理层分配资金可以根据一揽子决策的总数和决策时间等实际情况，集中精力审议预算部门提供的能够说明各机构获得不同数额的资金可能会产生影响的总结性分析，以及政策性问题、对现有结合进行重大调整、新计划项目和资本性开支以及一些可能存在问题的具体的一揽子决策和排序表[①]。

（五）按优先顺序配置资金

当所有的项目都按优先顺序排列之后，决策者就开始向排列在最优先位置的项目分配资金，直到当年可供分配的资金分配完为止。

二、适用范围与程序要件选择

GFOA（Government Finance Officers Association，政府财政官员协会）的研究发现，完全理想化的“教科书式”的零基预算或零基预算系统在当今财务管理中几乎是闻所未闻的（Kavanagh，2020）[②]。就国外实践来看，几乎所有的零基预算实践对其程序要件与适用范围都有选择与取舍。

---

① Mueller K J. Zero – Base Budgeting in Local Government ［M］. Texas：University Press of America，1981.

② Kavanagh S. Zero – Base Budgeting ［J］. Government Finance Review，2020（10）：90 –95.

（一）适用范围的取舍

1. 适用于部分特定经费类型

零基预算具有有限适用领域的特点，在采用该方法时，就必须坚持分类区别对待的原则。Suver 和 Brown（1977）[①] 认为，零基预算最适用于间接费用活动，其中包括服务、支持和差旅等通常没有得到有效管理的费用（Hartung，2013）[②]。Duffy（1989）[③]、Ross（2018）[④] 指出，零基预算“最好适用于预算中的行政、技术和商业部分”。例如，围绕管理、研发以及涉及维护、监督、工程和设计的生产支持服务的开销都是适用的领域。Ibrahim 等（2017）[⑤] 认为，各联邦、各州各级地方政府应优先考虑在公共支出项目中纳入零基预算政策与原则。Atrill 和 McLaney（2015）[⑥] 指出，零基预算最适合自由支配预算；Ross（2018）补充指出，这一方面在非营利组织和政府组织中的作用更为直接。

Deloitte（2015）[⑦] 认为，可以将零基预算应用于几乎所有的成本类支出和资本支出，如运营费用、销售成本、一般成本、管理成本、营销成本等。对于那些希望通过改进成本管理来释放资本、实现增长的组织，零基预算提供了降低成本的可能性，同时以运营效率的形式带来额外的价值。

---

① Suver J D，Brown R L. Where Does Zero – Base Budgeting Work? [J]. Harvard Business Review，1977，55（6）：76 – 84.

② Hartung G C. Zero – Base Budgeting：A Concept Whose Time Has Come – again [J]. Government Finance Review，2013，29（5）：42.

③ Duffy M F. ZBB，MBO，PPB and Their Effectiveness Within the Planning/marketing Process [J]. Strategic Management Journal，1989，10（2）：163 – 173.

④ Ross. A Comprehensive Guide to Budgeting for Health Care Managers [M]. Burlington：Jones & Bartlett Learning. LLC，2018.

⑤ Ibrahim M，Ashigar A，Bello M B，Mumuda A U. Zero – Based Budgeting is a Panacea to Fiscal Distress：Do the Perceived Benefits Significantly Influence its Adoption in Borno State? [J]. Saudi Journal of Business and Management Studies，2017，2（10）：943 – 950.

⑥ Atrill P，McLaney E J. Management Accounting for Decision Makers [M]. London：Pearson Education M. U. A，2015.

⑦ Deloitte Development LLC. Zero – Based Budgeting：Zero or Hero? [R]. Deloitte Analysis，2015.

2. 适应于特定层级、部门或组织

零基预算组件和理论在特定情况下在特定部门有用（Deloitte，2015）。不是所有领域的预算编制都采用零基预算的方法（杨斌，2021）[①]。

第一，适用于资金份额较大的项目和机构。Deloitte（2015）认为，零基预算作用在公共部门的大项目和机构上尤其明显。例如，美国国防部2016年的960亿美元预算增加，没有对以前的需求或优先事项的任何变动进行调整。但如果采取零基预算方法，政府机构在增加支出之前积极寻求准确的基本预算，就可以更有效地分配额外的资金。更为普遍和实用的情况是对于较小的机构和非营利组织，零基预算允许这些机构和组织瞄准需要的领域，并在定制的时间间隔内为特定的结果投入有限的资源（Deloitte，2015）。

第二，适用于地方政府和部门。Mueller（1981）[②] 认为，州以下地方政府通过实施零基预算不仅压减了一些交叉重复的项目，使一些以前处于低优先性的支出项目重新获得重视，财政支出结构因而得到较大调整，而且加强了决策者与下级组织管理者之间的交流。Likhtin 和 Kutergina 认为（2016）[③]，格鲁吉亚的经验表明，在中央（联邦）一级采用新的方案编制方式将面临一些严重的限制，即无法削减或修订受法律保护的支出项目（如公共福利和保健领域的公共方案），最有可能的是选择最适合测试零基预算编制新方法的地方政府和部门。

第三，适用于目标期限更长的组织机构。Bain 和 Company（2020）[④] 提出，3G公司推行零基预算获得了较好的效果，其中一个原

① 杨斌．论借鉴零基预算理念应遵循的原则及其路径和方法［J］．财政研究，2021（3）：17－27.

② Mueller K J. Zero－Base Budgeting in Local Government［M］. Texas：University Press of America，1981.

③ Likhtin A A，Kutergina E A. Zero－Based Budgeting as the Method of Public Programming：Application Possibility in the Modern Social and Economic Conditions［J］. Management Consulting，2016，10：73－85.

④ Bain & Company. Zero－Based Budgeting［EB/OL］. Bain & Company Guide，2013，5. http://www.bain.com/publications/articles/management－tools－zero－based－budgeting.aspx.

因是与典型的私募股权公司不同，3G 的创始人喜欢投资时间标准比五年更长（如七年）的时间框架，这可以更系统地实现零基预算。

3. 适应于不同的组织阶段和环节

Block（2009）[①] 认为，组织进行合并的阶段，可以利用零基预算来更好地分配资源，并为增强可持续性的关键业务计划提供资金。亚洲商业银行认为，零基预算首先适用于基础脆弱的组织环节。最高管理人员会在某些脆弱的活动和区域引入零基预算，并从中了解在将其推广到所有活动、地区和分支机构之前所经历的困难（Vadapalli，2019）[②]。

（二）程序要件的取舍

综合完整的零基预算循环对于大多数组织来说，都不是一个具有成本效益的选择（Deloitte，2015）。这就涉及程序要件的取舍。

1. 采用零基预算组件，而非完整预算程序周期

关于是否采用完整的零基预算程序方法，以及是否实行全面的零基预算管理的问题，Kavanagh（2012）[③] 认为，私营公司和联邦机构利用零基预算的另一种方式是选择只使用零基预算的部分构件（如执行评估方案的优先级要求），或者不定期采用零基预算，或只在特定的部门应用零基预算，这可以让特定的公司和各机构从零基预算中获益，而不受不适合的预算模式的潜在影响。

2. 采用零基预算内在理念或核心概念

总结新零基预算的实践经验，发现大多数实践沿用了零基预算的一些核心概念（如决策单元和决策包），在零基预算的原则之上，综合考虑企业不同业务部门和不同职能的成本特殊性，引导企业采用创新的方

---

① Block S. Applying Capital Budgeting Techniques To Mergers [J]. The Engineering Economist, 2009, 54 (4): 317.

② Vadapalli R. Relevance of Zero - Based Budgeting (ZBB) to Commercial Banks in Asia under Present "Slow Economic Growth" ——A Perspective on Cost Governance [J]. The Management Accountant Journal, 2019 (9): 36 - 39.

③ Kavanagh S. Zero - base Budgeting: Modern Experiences and Current Perspectives [J]. Government Finance Review, 2012, 28 (2): 8.

法来执行预算功能，并有效降低零基预算的工作强度，这种预算方法尤其适用于与收入不直接挂钩的成本项目的预算[①]。刘翠微（2021）[②] 认为，政府可以只借用原则，而不是全面实施零基预算。李成威、杜崇珊（2020）[③] 认为，近年来 OECD 国家摒弃零基预算过于烦琐的预算形式，运用零基预算理念削减财政支出取得了良好的效果。

三、排序规则与方法的改进

Austin 和 Cheek（1979）[④] 提供了以下建议，以促进排名过程。（1）不要在优先事项上浪费时间。排名很高的项目，无论其优点是合法的还是经济的，都肯定会得到批准和资助。（2）不要集中于处理准确性。在决策包分析和排序中，可比性优于准确性。（3）在整个排名过程中有意识地保持战略目标。（4）保持灵活。（5）最重要的是，要遵循 KISS 原则。避免让预算技巧过于复杂，特别是在制定决策包和排名时。

Sarant（1978）[⑤] 提出了四个排名规则：（1）一个决策单位的最小级别的排名总是高于同一单元的任何增量。最低水平表示项目或活动不能充分和有效执行的水平。（2）给定决策单位的最低级别决策包排名不需要高于其他决策单位的任何其他决策包。一旦对下级包进行审查和排序，合并过程就最终完成，不需要调整。（3）提交到更高的审查级别之前，应合并成较少数量的决策包。（4）在所有情况下，都应编制

---

① 谈多娇、郭梦云编译："做了后悔，后悔没做？轻零基预算，让你不后悔"，《中国会计报》2018 年 3 月 6 日。

② 刘翠微："疫情背景下南非过紧日子的经验及借鉴"，《财政监督》2021 年第 5 期，第 17－25 页。

③ 李成威、杜崇珊："零基预算：从方法到理念演进的要件分析"，《中央财经大学学报》2020 年第 10 期，第 3－9 页。

④ Austin L A, Cheek L M. Zero－Base Budgeting: A Decision Package Manual [M]. New York: Amacom, 1979: 2.

⑤ Sarant P. Zero－Base Budgeting in the Public Sector [M]. Massachusetts: Addison－Wesley Publishing Company, 1978.

一个最低级别的综合决策包。该包可以包括或不包括来自被合并的决策包集的每个最低级别包的信息。

Kaufmann（1993）[①] 将模糊方法扩展到零基预算环境中，引入了一个数值示例来解释如何使用此扩展工具，并描述了选择过程。Khalifa 和 Alodhaibi（2021）[②] 提出了一种在模糊环境中建模改进零基预算程序的新方法，从预算示例中可以清楚地看出，使用模糊数和可能性理论，能消除一个或多个决策中心，能得出可用资源的最佳使用方案，因而保证只有效率最高的部门才能获得最佳的预算。杨斌（2021）提出，优先性选择有如下路径：一是以政府战略目标和政策目的为导向制定优选顺序；二是按实现单位目标必需的业务功能确定优先性；三是以绩效为导向确定优先性，根据优先程度对决策包进行排序。

四、支出审查规则与方法的改进

（一）审查周期的延长或审查范围的限定

零基预算应被视为一个长期的管理发展过程，而不是一年的“万灵丹”。短时间的预算周期会使零基预算的良好效果相形见绌，准备过程可能会因为时间限制而求快，或者更糟的是，无法适应零预算的良好意图（Ahmad，2007）[③]。针对工作量大但效果不佳的问题，建议对不同金额、不同类型的项目有区别地进行审查（李成威、杜崇珊，2020）。美国佐治亚州的新零基预算每年抽查年度预算一定比例的项目（约为当年项目总数的10%）。这种抽查的方式在减少工作量的同时也实现了支出审查的主要目标。丹麦利用5年时间对跨部门的项目进行了

① Kaufmann A. Fuzzy Zero - Base Budgeting in Readings in Fuzzy Sets for Intelligent Systems [M]. San Mateo, CA: Morgan Kaufmann, 1993: 835 - 839.

② Khalifa H A E, Alodhaibi S S. Enhancing Zero - Based Budgeting Under Fuzzy Environment [J]. The International Journal of Fuzzy Logic and Intelligent Systems, 2021.

③ Ahmad A A A. Zero - Base Budgeting: Employees Perceptions and Attitudes in Brunei Public Sector Organizations [J]. Economics and Administration, 2007, 21 (1): 3 - 14.

支出审查，每年节省资金约10亿欧元（Assi 等，2019）[①]。英国通过对超过200亿英镑的年度支出项目进行审查，提高了25个部门的支出透明度，并实现了对资金分配的严格把控。

（二）审查机构和权威的保障

在公共部门，拥有一个由专家、顾问和政府人员组成的团队，可以通过打破障碍、翻译与项目相关的信息来加快零基预算的进程（Kavanagh，2012）。通过强化人大预算审查监督职能，发挥人大对部门支出项目预算编制、预算审批和预算执行等环节合规性的强力约束，确保预算的法定效力（杨广勇、杨林，2019）[②]。

（三）审查程序的优化与保障

利用政府机构已经进行的定期项目审查、已建立的过程来进行优化，各机构可以在已有的年度或定期的项目审查中添加一个零基预算组件，而不是执行一个单独的审查程序（Deloitte，2015）。

第二节　技术方法

零基预算的核心在于打破传统的预算编制模式，从“零”开始，根据实际需要和可能，有保有压地安排预算。在这一过程中，政府年度重点保障事项清单制度建设、项目库建设、预算支出标准体系建设、资金统筹与财政支出政策清理重塑是关键，直接关系到零基预算能否有效实施。

---

① Assi R, et al. Spending Reviews: A More Powerful Approach to Ensuring Value in Public Finances Mc Kinsey & Company [Z/OL]. (2019 - 03 - 08) [2020 - 05 - 08]. https: //www. mckinsey. com /industries/public - sector/our - insights/spending - reviews - a - more - powerful - approach - to - ensuring - value - in - public - finances#.

② 杨广勇、杨林：“零基预算改革效果评价与未来推进——以珠海市A区为例”，《中央财经大学学报》2019年第1期，第3－14页。

一、政府年度重点保障事项清单制度建设

零基预算要求所有预算支出取消基数，而清单制度则提供了一个明确的支出方向和标准，两者结合可以更有效地实现财政资金的合理分配。

（一）作用和意义

政府年度重点保障事项清单制度建设，即围绕党委和政府决策部署，编制具有战略性、全局性、基础性的公共服务、产业扶持、重点建设项目三类政府年度重点保障事项清单，明确事项名称、保障对象、保障内容、保障标准、保障方式、保障期限、支出责任等。首先，政府年度重点保障事项清单制度能够明确政府在不同领域的职能和责任，有助于政府聚焦核心任务，提高政策执行的针对性和有效性；其次，通过清单制度，可以对财政资金进行优化配置，确保资金投向最需要的领域，提高财政资金使用效率；再次，建立年度重点保障事项清单有助于不同政府部门之间的政策协同，避免政策碎片化和项目分散化，形成政策合力；最后，清单制度要求政府公开年度重点保障事项，增加预算编制和执行的透明度，有助于提高公众对政府工作的理解和信任。

在零基预算编制过程中，清单制度可以作为预算编制的依据，确保预算安排与政府年度重点工作相匹配。清单制度为预算执行提供了监督的依据，通过清单对照，可以对预算执行情况进行跟踪和评估，及时发现和纠正偏差。清单制度与绩效管理相结合，可以更好地评估预算执行的效果，实现财政资金的绩效最大化。

（二）具体做法

1. 编制公共服务项目清单

主要包括教育、卫生健康、养老托幼、社会救助、文化体育等领域重大公共服务事项。各级财政部门会同主管部门根据中央及省规定的基本公共服务领域保障内容、保障范围、保障标准、分担比例等以及同级

党委、政府确定的其他重大公共服务事项，编制公共服务项目清单。各级财政主要保障普惠性、基础性、兜底性的基本公共服务事项，避免大包大揽、过高承诺。基本公共服务以外事项，更多地通过市场化方式提供。

2. 编制产业扶持项目清单

主要是根据各级国民经济发展规划确定的产业发展方向，确定需重点扶持的关键领域、关键环节项目，重点是三次产业高质量协同发展领域重大项目。各级行业主管部门要提前谋划储备项目，采取竞争立项、评审论证、公开公示等程序，确定具体支持对象、支持方式、支持标准、支持周期等，并按照轻重缓急进行排序。各级财政部门根据同级党委、政府年度重点工作安排，对各部门申报的支持项目，结合当年财力状况进行审核评估，统筹编制产业扶持项目清单。未能纳入当年产业扶持清单支持的项目，列入以后年度滚动支持。严格控制竞争性领域财政投入，减少直接补助、无偿补助等扶持方式，更多地采取政府引导基金、融资贴息等市场化方式支持。

3. 编制重点建设项目清单

主要包括交通、水利、农业等领域基础设施建设项目，以及数据中心等重大信息化建设项目。各级财政部门会同相关部门，根据同级党委、政府决策部署以及上级和同级有关部门批准的投资计划，编制重点建设项目清单，明确具体项目、实施计划、支出标准、分担比例、筹资方案等。纯公益性项目以财政保障为主，根据财力可能、发展需要，合理确定建设规模、标准和实施进度。有一定收益项目要通过地方政府专项债券、市场化融资等多种方式筹集建设资金，更多发挥市场作用。

4. 加强项目清单动态管理

政府年度重点保障事项清单是相关领域预算安排的重要依据，与年度预算同步编制，每年根据实施情况、资金使用绩效、年度重点工作变化等动态调整和完善。各级财政部门要将政府年度重点保障事项清单随年度预算提交同级政府审定。

二、项目库建设

项目库建设是零基预算的基础和依据。项目库是一个标准化、科学化、程序化的数据库系统，作为预算项目实行全生命周期管理的载体，详细地反映预算项目的申报、遴选、入库、储备、审批、执行、退出等环节。按照“先谋事后排钱”的理念加强项目库建设，可以为零基预算提供坚实的数据支撑。所有项目支出纳入项目库管理，实现项目信息的集中和共享，同时也为项目绩效评价提供平台。通过项目库管理，有利于对项目全生命周期的管理，提高预算管理的科学性和规范性。

项目库生命周期管理指的是将项目库划分为项目申报、项目入库、项目执行以及项目完成等不同的管理阶段。在项目申报阶段，要求根据单位战略发展方向和业务发展实际，确定入库项目排序；在项目入库阶段，需要加强项目合理性和科学性评估管理，将经过可行性全面论证的项目储备入库；在项目执行阶段，则需要对执行项目进行全程监督管理，并根据宏观政策和社会需求对预算项目进行动态化调整与修订；在项目完成阶段，则要对项目实施效果进行绩效评价。

（一）强化项目库基础作用

将预算管理模式由“以资金分配为主线”转变为“以项目管理为主线”，把项目作为预算管理基本单元，项目入库是资金安排的前提和基础，所有预算支出都要以预算项目的形式纳入项目库，预算安排项目必须从项目库中选取。在预算编制阶段即从项目库中优选项目，细化项目预算计划。引导部门提前研究谋划项目，常态化开展项目申报，不断提高储备项目质量。

（二）规范项目库管理

对预算项目管理的部门职责、入库管理、项目设置与维护、项目的谋划与申报、项目审核、项目排序等工作进行规范化、程序化管理，并根据支出属性、管理层级、支出性质和用途、存续状态等进行归类管理。可借鉴江苏省无锡市对预算项目进行双维度精准分类。在项目使用方向维度上，将项目分为保运转事项、公共服务事项、产业扶持事项等6大类，根据保障优先度对各事项进一步细分，如公共服务分为基本公共服务和其他公共服务。在项目延续时间维度上，将项目分为一次性项目和经常性项目。通过给项目打上“标签”，一方面倒逼单位从实从细编制预算，避免了以往一个项目中既包含必需保障的基础性、兜底性支出事项，又包含视财力安排的改善性、提升性支出事项，甚至是部门管理性支出事项；另一方面，对一次性项目，在编制下年度预算时可予以比对剔除，避免沉积成为预算“基数”。

（三）推动项目库动态化管理

按照编制部门三年支出规划的要求，将项目按照经常性项目和一次性项目分类，经常性项目、一次性项目中的跨年度延续性项目及当年未安排预算的入库项目，原则上可滚动进入下一年部门项目库储备。年度终了后，对项目库管理情况进行考核，并根据考核结果调整部门次年项目支出预算安排规模。

（四）推动项目库常态化管理

项目库常年开放主管部门申报项目，做到成熟一个项目申报一个项目，预留充足时间由主管部门做好项目可行性研究、评审、招投标、政府采购等前期准备工作，提高项目选项质量和准确性。

三、预算支出标准体系建设

零基预算理念要求对支出价值进行判别，这就需要设立判断标准，即为何否定一项支出以及如何确定一项支出。预算支出标准体系建设是零基预算实施的重要支撑，否则零基预算无法对预算项目进行评估比较，无法进行支出项目的优先性排序，从而无法完成预算资金的配置。预算支出标准涵盖人员经费、公用经费、通用项目、专用项目、资产配置、基本公共服务、"三保"支出等多个方面，当前预算支出标准体系建设重点应从以下五个方面着手。

（一）细化公用经费标准

结合单位实际，对公用经费进一步细化，明确日常公用经费分项标准。在单位类型确定上，可将各预算单位按职能分为"四大班子"（党委、政府、人大、政协）类、综合行政类、一般行政类、政法类、事业类5类。在分项标准制定上，通过分析比对近三年部门公用经费预决算数据，考虑托底人数、是否集中办公、驻地位置等因素，分类分档划定标准。此外，针对文博、美术、档案以及部分公共区域较大的预算单位，实行特殊情况特殊处理，在其他运转类项目中设置专有项目，依据面积、设备、安保等因素，测算运转支出规模。

（二）重点推进项目支出标准体系建设

将项目支出标准划分为通用项目标准和专用项目标准两大类，进一步拓宽项目支出标准覆盖面。通用项目标准由财政部门制定，部分具有特殊性和专业性的专用项目标准以相关部门为主，会同财政部门共同制定。同时，聘请专家学者、第三方机构参与标准制定、评审过程中，多方研判，确保支出标准科学合理、符合实际。如陕西省目前已经制定了物业管理服务费、陈列展览项目支出、省级考试考务费、大宗印刷项目支出、办公用房维修改造等通用项目标准20项（见表3－1），食品抽检、省委党校主体班次培训、科技馆运行维护、图书馆运行维护、地方畜禽品种资源保护、省控空气质量自动监测网运维和质控等专用项目标准25项（见表3－2）。

表3－1　陕西省通用项目支出标准表

序号	标准名称	序号	标准名称
1	省直机关办公用房维修改造项目支出标准	4	省级陈列展览项目支出标准
2	省直机关办公用房租赁费支出标准	5	省直机关劳务服务费支出标准
3	省直机关物业管理服务费支出标准	6	公务用车租赁费支出标准

续表

序号	标准名称	序号	标准名称
7	向社会力量购买服务支出标准	14	公共证件单价预算支出标准
8	省直机关工作宣传片拍摄制作费用支出标准	15	公务用车配备更新支出标准
9	省级考试考务费支出标准	16	因公短期出国培训费支出标准
10	外宾接待支出标准	17	省级部门会议费支出标准
11	省直部门办公用房电梯、空调和新风系统维护费支出标准	18	省级部门培训费支出标准
12	省直部门办公区室外绿化项目预算支出标准	19	行政事业单位办公用房项目建设支出标准（评审标准）
13	省直部门大宗印刷支出标准	20	信息化运行维护支出标准

表 3－2　　陕西省专用项目支出标准表①

序号	标准名称	序号	标准名称
1	食品检验项目支出标准	13	污水处理厂项目建设支出标准
2	药品及化妆品抽检项目支出标准	14	市政排水工程支出标准
3	省文联文艺评价业务费定额标准	15	陕西省国有储备粮（油）库维修维护项目预算支出标准
4	陕西省社科联社科评奖业务费定额支出标准	16	陕西省地方畜禽品种资源保护项目支出标准
5	省委党校主体班次业务培训费定额标准	17	中小河流治理工程项目定额标准
6	科技馆运维费支出标准	18	住院医师规范化培训补助标准
7	档案局基本运行维护费支出标准	19	孕产妇免费产前筛查与新生儿疾病筛查服务项目补助标准
8	图书馆基本运行维护费支出标准	20	重点人群就业培训财政补贴标准
9	普通国道建设和农村公路养护项目省级补助标准	21	省级军转干部岗前转向培训支出标准
10	市政道路项目建设支出标准	22	城乡居民基本医疗保险补助支出标准
11	路灯项目建设支出标准	23	省控空气质量自动监测网运营维护和质控支出标准
12	市政桥梁项目建设支出标准	24	陕西省林业局林业项目支出定额标准

① 不含 1 项涉密专用项目支出标准。

（三）制定基本公共服务标准

基本公共服务是财政支出重点领域，具有涉及面广、支出责任主体多、政策零散等特点。可按照《国家基本公共服务标准》框架，从医疗、养老、教育、住房等方面，分门别类梳理支出政策，进一步明确本地基本公共服务支出标准、支出责任、现行支出标准以及各级财政分担比例等要素。

（四）健全完善县级“三保”支出标准

按照财政部《县级基本财力保障测算范围和标准》，通过实地调研、政策梳理及数据分析，制定出台本地区“三保”保障清单，明确每个事项的国家支出标准、本地支出标准、各级财政分担比例、市县负担、受益群体、政策说明等内容，进一步夯实工作责任。

（五）强化支出标准动态调整

充分发挥预算管理一体化系统对各级财政预算数据进行集中管理和综合利用的优势，优先将人员经费、公用经费及部分通用、专用项目支出标准嵌入系统，应用于项目申报、项目评审、预算编制等环节。后续将根据标准应用情况、经济社会发展及物价水平变动情况，逐年对支出标准进行完善，并逐步嵌入预算管理一体化系统应用，最终实现预算支出标准全覆盖。

四、资金统筹与财政支出政策清理重塑

零基预算最重要的特点就是基于优先排序来配置预算资源，如果预算资源分割成不同板块运转，就会严重影响零基预算的基础，因此需要迫切强化财政资源统筹与财政支出政策清理重塑，坚持系统观念，全面加强预算管理，把分散在各个口子、游离于财政监管之外的各类资金统筹配置，集中用于落实重大决策部署。

（一）强化四本预算“全口径”管理

完善综合预算管理体系，持续推进一般公共预算、政府性基金预

算、国有资本经营预算、社会保险基金预算等政府“四本预算”统编、统批、统管，实现收入“一个盘子”管理，支出“一个口子”统筹使用。以一般公共预算为关联节点，推进“四本预算”勾稽衔接，功能互补，促进资金有序流动，形成有机整体。强化政府性基金预算与一般公共预算联动，政府性基金预算中已经完成“使命”的收入项目，加大转列一般公共预算的力度；强化国有资本经营预算与一般公共预算联动，改变国有资本经营预算是国有企业自收自支的预算，要加大对一般公共预算和社会保险基金预算的资金调入力度；适时提高一般公共预算、政府性基金预算、国有资本经营预算调入社会保险基金预算的比例；强化一般公共预算、政府性基金预算与政府债务管理的统筹。

（二）强化部门资金“全归集”使用

贯彻零基预算理念，建立节约型财政保障机制，从预算源头持续压减一般性支出和非重点、非刚性、非急需支出。加强部门实有资金管理，依法依规将部门各类收入纳入预算管理，未纳入预算的不得安排支出。加大部门存量资金与新增预算、结转资金与年度预算、部门资金与预算拨款统筹力度，多渠道筹措资金解决部门增支需求。

（三）强化专项资金和支出政策“全方位”整合

进一步打破部门利益格局，纵深推进专项资金实质性整合，防止条块分割、“撒胡椒面”，稀释资金使用效果。不断调整优化“大专项+任务清单”管理模式，提高市县统筹使用资金的能力和空间，确保资金“放得下、接得住、用得好”。及时清理指导作用不强、产出效益不高的专项或支出政策，大力破解支出固化问题，分辨各项工作的轻重缓急，促使资金流向重大、重要和富有绩效的项目。

第三节 零基预算与其他预算方法的融合

从零基预算的属性看，与绩效预算、中期预算等其他预算方法结合可以获得更好的效果。从实践看，采用单一的预算方法不可能解决所有问题，几种预算编制方法往往被混合在一起使用。

一、零基预算与绩效预算的融合

（一）零基预算与绩效预算结合的意义与可行性

绩效预算要阐述和明确请求拨款所要达到的目标，为实现这些目标而拟定的计划需要花费多少钱以及用哪些量化的指标来衡量其在实施每项计划的过程中取得的成绩和完成工作的情况，包括绩、预算、效三要素。绩是指业绩指标，表明申请财政拨款是为了达到某一具体目标或计划；预算是指为了达到这一业绩所需的拨款额；效是指业绩的考核及业绩与预算挂钩的方式。

绩效预算要求对支出进行逐项评估，这一点和零基预算是一样的。零基预算虽然并不排斥工作量的测量，但它不像绩效预算那样重视工作量的测量和预算执行的结果。绩效预算放松解除了预算投入的控制，但明确要求政府和机构承担起主要由成果和产出计量的财政绩效的受托责任。将财政预算与业绩挂钩，用以提高各政府单位对工作成效负责程度。20 世纪 80 年代，融合了零基预算特点的绩效预算重新获得发展，被称为企业化预算制度或新绩效预算。

零基预算确定优先性不可避免以绩效为导向。在经济运行比较稳定的财政环境下，即没有大起大落的情况下，可以按照对上一期预算绩效的评估结果进行优先性选择。作为优先性选择依据的绩效指标不仅包括业务活动、资产增加等产出指标、投入成本指标，还包括履职效能、社会效应、生态效益、可持续影响和服务对象满意度等。可组织第三方机构独立开展绩效评估，尽可能依托大数据，采用先进可靠的评估技术和方法，提高绩效评估结果的客观性和准确性。通过绩效导向，在预算编制时，整合分散重复的项目、清理取消政策到期的项目、削减低效无效的项目、收回或重新安排因超过实际需要或预算执行不力而造成的沉淀资金。当然，采用绩效预算方法也要坚持简明、确定和可实行（实行成本较低）的原则。

两种预算方法的结合，可以在预算编制程序上促进自上而下和自下而上的互动循环系统，有利于精简预算编制过程，提高零基预算实践中的可操作性；两种预算方法的结合，可以更好地发挥其各自最有价值的部分，弥补彼此的不足，如功能分类、目标协商、目标排序、结果导向等；两种预算方法的结合，可以降低改革中的阻力，原因在于绩效预算与传统预算是可以一定程度相容的。[①] 零基预算与绩效预算的内涵有其共通性，这是两者可以结合运用的关键所在，目标设定与绩效评定是零基预算的应有之义与核心所在，有效推进零基预算，必须将绩效理念引入预算管理的全过程。

（二）零基预算与绩效预算结合的程序模式

1. 融入绩效的闭环模式

第一，零基预算与绩效预算的结合使得预算编制程序形成一个互动的循环系统。由原来的链状编制流程成为一个环状的编制过程。在流程的起点要明确组织或项目活动严格的、具体的、量化的绩效指标，这一绩效指标是在预算监督与评估中得到确认的，它既是这一项目活动的绩效指示物，又是作为一个指标参数来修正初期的绩效目标，同时也是

---

① 徐志：“对我国部门预算改革现存问题及对策的探讨”，《财贸经济》2003 年第 2 期，第 50 – 53 页。聂丽洁、王俊梅：“关于绩效预算与零基预算相结合的预算方法体系的思考”，《中央财经大学学报》2004 年第 12 期，第 1 – 5 页。马骏：“中国的零基预算改革：来自某财力紧张省份的调查”，《中山大学学报（社会科学版》，2005 年第 1 期，第 58 – 67 + 124 – 125 页。

下一年预算编制的重要参考依据。我国试行零基预算的直接动因就是解决基数预算无法解决的财政困难，是一种“穷则思变”的探索，其根本目的是高效益地“把很少的钱分下去”。

第二，作为计划工具而不是控制或评估工具的零基预算与绩效预算结合。使政府的注意力主要集中于评估项目的效率与效益，注重实效，集中力量改进那些已经被证明不适宜的项目活动，在资金使用效率上做文章。只有在充分论证项目有效的前提下，以最少的资金完成最大的工作量，实现“把有限的钱发挥最大的效益”。由此可见，两者有机结合的预算方法体系侧重于绩效目标的量化，对项目活动实行绩效评估，并将绩效评价与项目预算紧密结合，使预算由投入式预算转变为重视产出的预算，提高财政资金的使用效率，从而真正实现预算的“目标、有效性和效率”三位一体的原则（见图 3－1）。

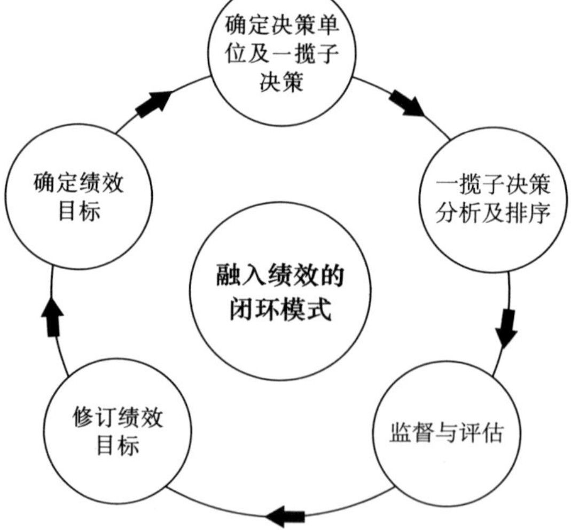

图 3－1　融入绩效的闭环模式

第三，各级管理层都必须参与预算编制过程。加入绩效要求后，有更烦琐的程序，由于其以细节为导向的性质，因此有必要期望任何基于“零”的预算在其采用的第一年都将是时间密集型的过程。可以预期员工对这种新的预算体系会有不同程度的抵制。因此，在编制零基预算时各级管理层都必须参与预算编制过程。

2. 加入绩效的链状流程模式（见图3－2）

第一，确定目标。在零基预算制度下，各级管理层都应参与预算编制过程。就最高管理人员而言，他们有责任通过有效地向各级管理层传达本组织的目标来开始预算编制过程。在围绕此目标完成沟通之后，下级管理层将与高层管理层协商，讨论他们认为对实现组织目标不可或缺的项目，从而通过提供关于自身的有用信息投入增加与高层管理层的接触。因此，在高层管理层的主动行动下，高层管理层之间形成了一个强大的沟通和信息循环。高层管理人员对规划过程的早期参与有助于确保高层管理人员充分意识到稀缺的财政资源的分配是否符合组织的目标。

决策单元应有合理、现实、具体和可衡量的目标。重要的是，高层管理人员在为下级管理者设定目标方面发挥着积极作用。这将有助于确保：（1）较低级别的管理者对组织的目标有一个明确的路线图，并将该路线图作为他们决策的指南。（2）管理人员能够编制决策包，以准确地反映和证明要执行的工作以及成功完成其工作所需的资源。（3）中层管理者能够理解并适当地评估预算请求。有效地确定目标是极为重要的，因为它们有助于强化具体预算建议的理由，因此是编制和提交概算、建议和备忘录的有用部分。由于决策单元的目标与预算要求之间的关系很牢固，现实的目标是任何预算提案的一个组成部分。（4）目标必须是可测量的，以便对项目或决策单元结果的评估能够确定给定项目的实际表现是否符合预期。缺乏可衡量的目标将使管理层根据绩效调整预算的能力都丧失，因为管理层将无法对项目结果做出合理的判断。有了可衡量的目标，决策单元的管理者可以专注于满足其目标的替代方法，并进行成本效益分析，以确定在结果不令人满意的情况下的最佳替代策略。在公共部门管理中绩效衡量只是将过去行动的效率和有效性以可量化的形式来衡量。效率仅仅是产出与投入的比率，而实际产出与组织目标的一致需要更多的程序活动来保证。产出与目标，也就是任何给定程序中的效率值和构成该程序的活动单位都可以是相同的。有效性测量旨在帮助管理人员评估一个项目或活动的结果是否与其目标紧密一致，该措施的目的在于是否科学地说明如何明智地利用资源达成组织目标。正是由于这些原因，这两种测量在评估决策包中为给定单位提出预算建议时发挥了关键作用。

第二，识别决策单元。零基预算过程中最关键的步骤是正确识别决策单元。它的广义定义为，可验证的独立且不与其他活动重叠的活动，它们可以是项目或活动、组织单位和成本中心。在正常情况下，一个决策单元将被包括在一个单一的账户和预算子职能中，并现实地反映该机构的方案和组织结构。任务和项目陈述可以作为一个宝贵的工具，指导管理者如何更好地将一个组织划分为独立的决策单元（谢尔比，2013）①。一旦组织被划分为不同的决策单元，每个决策单元的管理者就必须为每个特定的活动进行辩护。各组织还应意识到过度划分决策单元的风险。这种过度划分的一个直接后果将是过度的文书工作和时间消耗，这将困扰组织超过必要的量，来审查更多的决策单元。与此同时，对决策单元定义过于广泛的组织将剥夺自己对正在进行的工作实施有意义的审查的能力（萨兰特，1978）②。在基于零的预算下，先例不是一个决策单元的合法理由，因此也不是管理者"从头开始"为特定活动辩护的理由。如果不从零点开始，零基预算的设计将是不可能的。

第三，制定决策包。决策包对零基预算系统至关重要，它通过识别和描述每个决策单元的功能，以便管理层可以对其进行评估，并将其与其他决策单元的排名进行比较，并因此决定是否通过提供资金来支持任何给定的决策单位（彼得·派尔，1977）③。决策包的两个特征对于零

---

① Shelby, R. (2913) Zero - Based Budgeting for the 21st Century - Public Administrators (FRC Report No. 260). Fiscal Research Center, Georgia State University.

② Sarant, P. (1978). Zero - Based Budgeting in the Public Sector. Addison - Wesley Publishing Company.

③ Pyhrr P A. The Zero - Base Approach to Government Budgeting [J]. Public Administration Review, 1977 (1): 1 - 8.

基预算作为管理工具尤为重要（米勒，1981）[①]。首先，较低级别的管理人员直接参与了这一过程，因为他们准备了最初的活动包。其次，这些决策包提供了关于任何组织运营核心的详细信息。

这些决策包是根据当前或提议的每个职能的最低管理级别制定的。在每个决策包中，单元经理都有责任用行为术语来描述工作中的程序操作以及执行给定操作，这将有助于目标实现。在单元管理者准备决策包之前，管理者必须遵循上级管理层制定的预算准则。决策单元管理者必须准备一套决策包，指定最低、当前和增量的资金和绩效水平。最低级别被定义为维持程序运行所必需的最基本的级别。此外，最低水平可能不符合计划或决策单元的期望目标的利益。当前的服务水平是指在提议的预算计划或活动不修改当前的支出水平的任何情况下，包括决策包中的水平。增量水平可以描述为最低支出水平和当前支出水平之间的任何增量水平。然后，管理者将开始为构成总预算的每个决策单元准备一个决策单元概述。决策单元概述应该显示任何给定的证据，如果有的话，包括给定的决策单元当前或历史的成功。这种分析应同时采用定量和定性的措施。最后，管理人员将准备一份关于所有替代可能性的详细分析，然后为每个给定的级别准备决策包。

第四，决策包排名。财政部门的角色不是生产性的，而是分配性的。财政部门的角色之所以是分配性的，除了法律授权外，主要是因为政府财力是有限的，政府施政需要分出轻、重、缓、急，分出必要性和非必要性，而财政部门的工作就是要在有限的政府财力下，按照国家治理需要确定预算保障次序，并按照保障次序保障预算安排并组织预算执行。排名是指管理人员审查所有决策包并对每个给定的包附加一个相对优先级的过程。然后，管理人员将使用每个决策包所设计的级别，为按优先级降序排列的所有决策包准备一个清单表。将创建一个正在运行的

① Mueller K J. Zero－Base Budgeting in Local Government ［M］. Texas：University Press of America，1981.

累计总数来记录总预算请求。

在对决策包进行排名时，可以使用三种流行的方法。第一种方法被广泛称为投票制度。它最初是由得克萨斯州构思和使用的，随后是佐治亚州的政府，由彼得·皮赫尔开发。它最适合那些分配了一个委员会来执行排名过程的组织。第二种方法被称为主要类别系统，是投票系统的一个变体。在这个系统下，每个包根据收到的票数进行排序。然而，投票发生在每个类别内，以便选民可以决定哪个方案在每个给定的类别中具有最高的优点。有些类别可能包括但不限于：法律要求、最理想内容、不太理想内容和不可取内容。最终的排名将包括所有类别，直到资金耗尽为止。第三种方法被称为单准则方法。这种方法被广泛认为是三种方法中最简单的一种，它最适合处理一个或多个性质相似的程序。该方法根据一个给定的标准来评估所有的决策包。这一标准可能是有效性、成本效益比、增长率或其他各种重要的衡量标准。在衡量了给定标准的性能后，决策包按优先级降序排列（切恩，1980）①。这种方法忽略了那些被法律强制执行但根据所选择的标准表现不佳的项目。在排名过程完成后，将设置截止点，低于该截止点的项目将被重新评估，并可能根据它们的表现在排名上上升或下降。

第五，编制详细预算。零基预算编制过程的这一阶段是对前一阶段的延伸。在对决策包进行排名之后，资金将被用于在排名中得分足够高的决策包。在分配任何资金之前，这项拨款需要进行立法审查和可能的修改。如果立法拨款与预算请求之间存在较大差异，则根据各自的决策包排名作出必要的预算决定。如果削减涉及一个特定的项目领域，那么组织就可以确定相关的决策包，并进行适当的预算削减。预算突出显示了每个项目和组织单位的已批准的决策包，决策包指定了每个项目和组织单位需要实现的适当的活动和绩效水平，这有助于本组织审查年度内

---

① Chen, C. - C. (1980). Zero - Based Budgeting in Library Management. Arizona: The Oryx Press.

的预算和业务结果。

第六，绩效评价。绩效评价会评估和审查所提供的服务和项目产生的效果。它重新评估计划的目标，并根据效率和有效性的关键衡量标准来审计其绩效。在进行绩效评估时，管理人员打算实现以下目标（切恩，1980）：（1）来验证该项目背后的目标的优点。（2）来确定是否存在任何可行的替代方案。（3）来确定所选方法的实用性。（4）为测量性能提供必要的定量标准。（5）保证方案提供的建议得到切实实施。图 3－2 提供了加入绩效的链状流程模式。

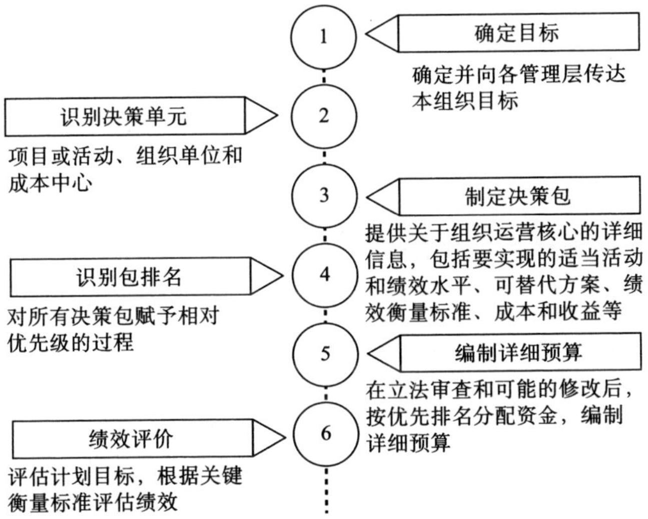

图 3－2　加入绩效的链状流程模式

3. 嵌入零基环节的全过程绩效预算模式

零基预算不可能解决预算管理中的所有问题，实施中深度融入全过程预算绩效管理链条，以结果为导向，做到首尾呼应、全程跟踪，既不过多增加行政成本，又注重提高管理质效（见图 3－3）。[①] 嵌入零基环节的全过程绩效预算模式，在绩效预算流程中，主要是在事前评估和预

① 郑涌："深化零基预算改革 筑牢财政科学管理根基"，中国财政微信公众号，2024－08－22/2024－8－23.

算编制环节嵌入零基预算的关键模块，发挥零基预算在综合统筹、目标协商、目标排序、支出审查等方面的优势。在保证绩效预算过程完整性的同时，零基预算作为一种确定财政支出优先次序的工具，可以为绩效预算提供支持。

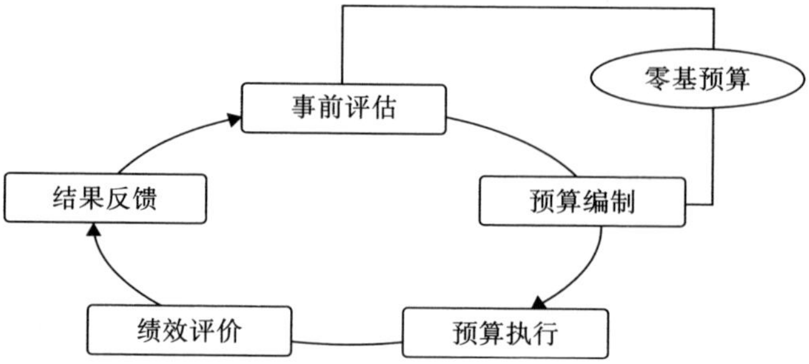

图 3-3 嵌入零基环节的全过程绩效预算模式

二、零基预算与中期预算的融合

（一）零基预算与中期预算结合的意义与可行性

零基预算是以年度为周期编制的，但是为了提高年度预算的科学性，并且持续地提供高质量的公共服务，编制预算的时候必须考虑一些年度周期之外的因素，这些因素包括：宏观经济的现实情况、预期的政府收益以及政府中长期支出政策和项目的长期需求。这就决定了年度预算要想更好地发挥国家治理工具的作用，就必须置于中期预算制度框架下。

编制中期预算，能够更加合理地反映政府的发展目标和政策优先性，可以判断未来几年的政策是否与国家发展战略相违背，避免年度预算的短视性，赋予预算编制工作以连续性和可持续性，提高预算编制的透明度和准确性，提高财政资金的使用效率，还可以激励各支出部门参与预算的编制，促进各部门之间的协调和配合，从而进一步提高预算的科学性和合理性。通过合理安排各项支出的优先性，可以避免财政超支现象的出现，也可以避免因缺少前瞻性预测而导致的财政支出过度削减，提高公共资金分配效率。此外，通过中期预算的编制可以提早发现当前政策与国家中长期发展战略之间的偏差，并及早加以修正。

预算过程中追求灵活管理带来的不确定性往往需要强化控制来平衡，控制预算就是控制政府的管理事务，中期预算和零基预算都是控制预算的制度安排。中期预算意味着全面剖析项目在其生命周期中的预算影响，进而从政府职能定位出发对预算配置实施战略调整，这项艰巨的工作要求倒置预算分配流程，从传统的自下而上转向自上而下。第一步决策的信息基础是明确的年度计划、目标和方案。对周期较长的重大项目持续跟踪问效，建立动态评价调整机制，与中期财政规划目标契合[①]。零基预算可以在这一方面提供充分的支持，政府高层决定支出上限，聚焦战略重点，零基预算基于重复的审查削减不必要的开支；业务部门在限额内围绕预期目标优化预算配置、决定项目。

（二）零基预算与中期预算结合的程序模式

中期预算与零基预算都属于控制型预算，“中期规划 + 零基预算”，这是最紧要的两类互补矫正机制[②]。强调项目优先次序的零基预算等模式，体现出在总量约束下配置资源的明确导向，将国家的战略方针、长期和中期规划与年度预算的编制连接起来[③]。

中期财政规划为年度预算提供了宏观指导和约束，确保预算编制的前瞻性和连续性。通过中期财政规划明确未来几年的财政收支目标，为零基预算提供了量化的财政空间和政策导向，有助于实现财政资源的跨年度平衡，增强预算的可持续性。结合中期财政规划可用财力，实施以三年为周期的零基预算模式，每三年结合中期财政规划实施一次完整的

---

① 崔惠玉、周伟：“中期视野下预算绩效管理改革的思考”，《财政研究》2020 年第 1 期，第 87 – 95 页。

② 江月：“预算僵化：理论、检验及修复机制”，《地方财政研究》2020 年第 6 期，第 51 – 59 页。

③ 朱殿骅、伍学进：“国家治理现代化目标下的公共预算制度优化研究”，《财政科学》2017 年第 1 期，第 118 – 124 页。

零基预算，打破上一个三年周期所形成的基数概念和支出固化格局。对符合新的三年中期财政规划的且三年内稳定的资金项目不进行零基预算，对年度新增项目严格实施零基预算管理，增强对未来三年重点领域与重大战略任务支出的保障能力，避免因过分强调短期项目而忽视可能的长远效益。同时，中期财政规划与零基预算结合可以大幅度降低预算支出部门与预算编制部门工作量。实施与中期财政规划相匹配的周期性零基预算模式，既不至于像年度零基预算那样产生大量信息负担和工作量，又更易为预算支出部门所接受，起到兼收零基预算零起点整合与压缩部门工作量的双重效果。

第四章

国外零基预算改革实践

零基预算的思想理念源远流长，在实践中的波折反复也由来已久。尽管零基预算不是一个新话题，实践对其也褒贬不一，但推行零基预算改革已然成为很多国家解决预算问题的选择。零基预算在几十年的理论与实践发展历程中经历了不断的试验、探索、取舍和改进，形成了丰富可供借鉴和参考的实践经验。零基预算于 20 世纪 70 年代首先在美国被引入政府预算，并在以后对许多国家的预算改革产生了影响。我国从 1993 年开始，一些地方政府也开始进行零基预算改革试验。联合国开发计划署（UNDP）、世界银行和国际货币基金组织（IMF）等国际机构推动和鼓励发展中国家采用零基预算等新的预算技术，以更系统和有效地管理其稀缺的经济资源，并将其公共预算与经济发展联系起来。美国政府财政官员协会（GFOA）的一项调查显示：由于 2008 年的经济衰退及其导致的财政紧缩，零基预算近些年经历了在公共部门和私营部门的复苏，超过 20% 的受访者正在使用零基预算或零基预算的组成部分，与 2008 年衰退前相比增加了 50%。当前，零基预算在中国、美国、OECD 国家、菲律宾、马来西亚、阿联酋、南非等很多国家传播发展，被公共和私营部门广泛采用，得到了管理实践界与学术界越来越多的关注。本章通过梳理国外开展零基预算的主要做法和实施情况，总结推广和深化零基预算改革值得借鉴的经验和启示。

第一节　OECD国家零基预算改革实践

20世纪70年代开始，随着第二次世界大战后经济繁荣的消退，加上两次石油危机的冲击，经济低增长成为美国等西方国家的常态现象。同时，由于长期奉行凯恩斯主义，美国等国家的公共部门在稳步膨胀，其直接后果就是造成了政府支出占GDP的比重急剧上升，财政赤字水平不断攀升。自战后至1981年的36个财政年度，有27个财政年度有赤字。政府预算内的财政赤字在1976年和1981年分别创下了694亿美元和739亿美元的历史新高。在1970—1979年的10年中，美国政府的财政赤字预算达5128亿美元。为了弥补财政赤字，美国政府还发行了大量的国债。1970年国债额为370亿美元，1975年国债额为5332亿美元，1980年国债发行额达到9077亿美元。人均负担的国债额从1960年的1572美元增加到1980年的3985美元。联邦政府每年为国债付出的利息也从1960年的92亿美元增加到1980年的749亿美元，利息约占每年联邦支出的10%左右。为了应对持续恶化的经济和财政状况，美国开展了零基预算等财政改革。

20世纪80年代，全球化、信息化以及知识经济时代的来临，OECD成员国相继掀起了一场与市场经济改革呼应的政府改革运动，尽管各国的政府改革起因、改革战略、改革规模和改革力度有所不同，但基本取向都以采用商业化的管理理论、方法及技术，通过引入市场竞争机制提高政府的公共管理服务水平及质量，这次改革被称为“新公共管理”运动。在“新公共管理”运动中，以英国、澳大利亚、新西兰等为代表的OECD成员国开始认识到，传统的预算管理模式存在严重缺陷、已无力对支出机构的额外支出需求施加有效控制，最终导致公共支出总量超过财政收入，为了推进政府“瘦身”和实施“政府再造”以追求财政平衡，这些国家发起了新的政府预算管理改革，改革的重点倾向于加强支出控制和硬预算约束下分配资源。其中，以中期预算改革、产出与结果控制的绩效预算改革势头明显；尤其是2008年金融危机后财政紧缩环境下，英国、澳大利亚、新西兰等OECD成员国又对零基预算进行了新探索，带有零基预算性质的支出审查在这些国家迅速推广，支出审查与零基预算的理念和核心策略相契合，强调对基准支出进行系统和深入审查，以发掘并削减无效和非优先支出，进而节约预算资金，提升政府资金支出效率。

一、美国的零基预算改革实践

美国零基预算改革主要划分为两个阶段：第一个阶段是20世纪70—90年代的传统零基预算。第二个阶段是2008年金融危机之后融入绩效理念的新型零基预算。两个阶段的实践都与经济和财政危机背景密切相关。

（一）传统零基预算阶段

美国零基预算的最早做法来自私营部门的得克萨斯仪器公司。该公司通过使用零基预算方法更为合理、有效地分配资源，受到了时任美国佐治亚州州长吉米·卡特的高度认同，并决定1972财政年度开始将零基预算编制法在佐治亚州的65个行政部门实行，成功降低了50%的行政成本。随后，美国的蒙大拿州、阿肯色州、加利福尼亚州等25个地方州政府先后也在政府部门实行零基预算编制方法。

1977年，吉米·卡特宣誓就任美国第39任总统。在其任职期间，一是减税以刺激经济上升；二是拨款举办公共服务事业，以增加临时工作位置。虽然起到了一定的积极作用，但扩大了预算赤字，从而加剧了美国依然存在的通货膨胀，以至于1978年又出现“双位数”的通货膨胀率。通货膨胀的上升导致卡特政府不得不将重点重新转移到治理通货膨胀上，采用紧缩的货币政策，联邦基金利率在20世纪70年代末甚至超过了10%。由于零基预算在佐治亚州取得较为成功的经验，卡特在竞选总统时即提出了胜任总统后在联邦政府推广零基预算编制法；卡特胜任总统后，联邦政府决定从1978—1979财政年度全面采用零基预算法编制预算，要求所有的预算申请都从零加以审核。根据1976年《政府经济和支出改革法案》（The Government Economy and Spending Reform Act，参议院法案2925），美国国会至少每4年授权预算管理办公室（OMB）开展零基预算，重点关注某项活动的绩效及其优先级别，在不影响联邦目标实现前提下识别重复或无效项目以减少支出。1982年，美国大致约18个州采用了零基预算编制法。虽然一开始很受欢迎，但零基预算被证明不仅复杂和耗时，而且也无效，因为是国会和行政部门最终负责决定是保留还是取消一个项目。此外，总统预算办公室使用了零基预算的一种变体，因为各机构被要求将他们的项目排名在资金限制范围内。这迫使各机构确定优先事项，并确定可能的削减数额。然而，这也意味着这些机构不会像零基预算所建议的那样从真正的“零”基数开始，而是从“优先基数”开始（例如，本年度的80%—85%）。

1981年，罗纳德·里根就任美国第40任总统，其认可零基预算所具备的削减公共支出费用的手段，但由于政治上的考虑，里根政府废止了零基预算。1993年，美国国会颁布了《政府绩效与结果法案》，开始全面采用新的绩效预算编制方法。这一阶段零基预算的做法主要有三点。一是确立零基预算决策单位。包括一项计划、一个活动和一个组织。二是建立决策包。确定决策单位采用不同政府资金数量履行特定职能的各种方案或计划，以反映各政府部门或单位活动的服务水平。三是对决策包进行排序。按照决策包的重要程度，决定可分到资金的一揽子决策以及哪些决策不能分配到资金。

（二）新零基预算阶段

随着美国预算制度的改革发展，逐步建立起了现代政府预算体系，尤其是1993年绩效预算的推开，促使了以佐治亚州为代表的各州零基预算的优化。

例如，20 世纪 90 年代的“预算再定向”（budget redirection）改革，它是佐治亚州在 20 世纪 90 年代中期为了在财政紧缩环境下进行的预算改革，其实质是通过支出结构调整，将部分财政资金优先分配、集中到政府认为更为重要的部门或项目。它试图在预算中达到以下目标：一是对机构现有的服务，通过提高当前资源的利用水平予以维持；二是对用公式法分配的资金或赋权型支出，力求最小地动用额外资源；三是提高对全州范围内优先领域的支出能力。机构需要识别过时的、不必要的或者不具有较高优先性的项目，并削减甚至取消支出。在特定情况下，各预算单位需按此原则压减当年预算的 5%，以集中财力用于政府层面最优先的项目。

例如，佐治亚州在编制 1998 年预算时引进的结果导向预算（result - based budgeting），它的目标是要把预算审议的重点从投入转到产出上来，因而要求每个项目明确其在下一财政年度的目的、目标和预期效果。

再例如，2004 年，优先项目预算（prioritized program budgeting）又被作为佐治亚州的新预算系统引进，它以每个机构已经建立的战略计划为依据，强调把项目而非机构作为基本预算单元，并要求测量项目需求、项目效率和项目效果以及描述和运用项目结果。预算单位需要按照三个不同的支出水平来编制项目预算：一是减少基数的 5%；二是维持原有基数但对其中的 3% 进行结构调整；三是增加不超过 2% 的基数。从优先项目预算对支出结构调整和对项目结果测量的要求来看，这项改革可以说是综合了前面两次预算改革的成果，事实上，优先项目预算后来也成为了新零基预算的一个重要组成部分。

纵观佐治亚州的预算改革历程，对预算项目的重要性通过投入分析或绩效评价来赋予相对的重要性即事实上的排序，是一以贯之的思路，而这正是零基预算的核心内容。零基预算的核心是对一揽子决策的排序过程：每个一揽子决策通过其占上一年度预算的百分数表现出来，预算部门根据其重要性和效益对一揽子决策进行降序排列，并从零开始计算累计百分比，这也正是零基预算的初衷。当然，从投入转向产出、从抽象的成本效益分析转向具体的综合评价、从事前的预测分析转向事后的绩效评价，则是其中富有生命力的变化。

进入 21 世纪，零基预算经历了在公共部门和私营部门的先后复苏。在公共部门，这主要源于 2008 年衰退导致的当代财政紧缩。面对预算削减和公众监督的增加，政府机构一直在使用可替代的预算方法（如零基预算），而不是更传统的预算方法（如系列项目和增量预算）。政府财政官员协会（GFOA）的一项调查显示，超过 20% 的受访者正在使用零基预算或零基预算的组成部分，与 2008 年衰退前相比增加了 50%。尽管降低成本寻求释放资本，使投资更具有增长性机会，是私营公司的一种历史常见策略，但私营部门的限制性预算做法也有所增加。对于报告自 2008 年衰退以来，波动性和不确定性高于平均水平的 85% 的首席财务官来说，包括零基预算及其组成部分在内的限制性预算是一个通过积极降低成本以支持增长，同时重新评估短期和长期战略，寻求降低风险的机会。

经历 2008 年金融危机美国经济再次陷入低迷，政府财政收入也陷入实质性的负增长。2003—2006 年，美国房地产市场呈现出畸形的繁荣，金融衍生产品大量产生，金融泡沫愈演愈烈，2007 年美国爆发次贷危机，资金链断裂，银行不断破产，国际债务飙升，导致 2008 年美国以及全世界陷入自 1929—1933 年经济大危机以来最严重的经济危机，世界经济衰退、失业率高涨，社会动荡。美国政府在收支规模有限情况下开始削减预算，以佐治亚州为代表开始重新实施零基预算。在解决了预算部门接受零基预算审查的频率和对拟审查部门及项目的选择权两个问题达成一致后，佐治亚州制定了《零基预算法案》，要求从 2014 财政年度开始各州行政机构实施零基预算，零基预算在时隔 30 年后重新回到佐治亚州的预算体系。

这一时期的新零基预算大致包含以下流程：首先，4 月由州长计划与预算办公室、众议院预算与研究办公室、参议院预算与评估办公室共同确定并发布项目清单，并由州长计划与预算办公室发布零基预算的具体指令。5 月预算单位依据财政年度的零基预算指令完成项目概述工作表，和州长计划与预算办公室共同商定项目活动，收集和研究项目活动的数据，由预算单位形成完整的绩效测量分析（以绩效指标为核心）。6 月到 7 月，州长计划和预算办公室与预算单位共同编制财务、人事和业绩数据，再由州长计划和预算办公室、众议院预算与研究办公室、参议院预算与评估办公室、预算单位四方共同协商确定绩效目标。8 月再由州长计划与预算办公室对选定项目进行最终内部审查（含支出标准审查、成本效益分析等），并根据所审查结果，为下一财年州长预算报告制定提供建议。次年 1 月，州长计划与预算办公室正式发布零基预算报告。

其中，项目概述工作表主要用于帮助预算单位明确关键项目活动及其具体信息，明确项目必要性、效率性与有效性，并对项目类别排列优先次序。具体地，该表通过一系列诊断性问题呈现项目活动信息，包括：（1）项目的必要性与受益人是谁？（2）项目的关键活动或提供的服务是什么以及是否具有合法性？如果中止这一项目将产生什么影响？（3）谁是项目的服务对象？（4）近年来在服务提供和项目成果方面做了什么样的改进，产生哪些结果？（5）未来最大的改进机会是什么？阻碍项目成功的是什么？（6）项目的重要成本驱动因素是什么？（7）列举三种可达到预期结果的替代方式，并与本项目进行成本效益的对比；（8）项目收取的费用以及对项目及服务对象的影响；（9）列举提供类似服务或功能的项目组织，如何避免职能重复？（10）列出外包项目，并说明采取了哪些控制和监督措施来确保外包服务有效？

新零基预算与传统零基预算的最大区别在于借助已发展成熟的绩效评价体系。具体来看，州长计划与预算办公室通过一系列具体措施实施新零基预算，对存续项目和新项目进行审查：一是识别和评价机构的“关键活动”，识别其政策目的、目标人群、要求推广活动的成本，对该项目和活动的重要性和必要性进行阐释，以及评估开展项目活动同等方法的优劣势。二是设定绩效指标评价项目活动。对关键项目的工作量、工作效率和工作成效开展清晰、合理、可靠的描述分析。三是项目的费用与成本分析。预算单位提供最近两年约 10 个标准分类和特定分类下的人员费用与运营支出，供审查者对项目的成本效益和投资收益进行评估。四是汇总分析结果，指出分析结果中的优点与不足，以便制订改进项目方案。五是识别提供服务的替代方法，指出项目可改进的方向与项目资金增减方案。

零基预算自 20 世纪 70 年代开始进行，到 20 世纪 80 年代淡出视线，一时的成功最终被《政府绩效与结果法案》的绩效预算编制方法所取代，再到 2008 年后被重提以及以佐治亚州为代表的新零基预算实践，美国零基预算发展可谓一波三折，十年一进步、十年一退步，似乎绘画出一条倒“U”形的改革魅力曲线。我们可以清晰地看到，零基预算的发展变化是伴随思想意识的转变、执政者的支持及最终运用的不力导致了这项科学预算编制方法的萌芽、发生、实施与没落。尽管如此，这并不代表这种编制方法的失败，目前美国航空总署、环保部和部分地方政府等仍然在使用零基预算，这说明零基预算的生命活力还在，归咎暂时失败的原因主要是面临技术和管理能力的挑战。

二、英国的零基预算改革实践

英国实行以中期财政规划为主的定期支出审查机制。英国的支出审查是每 2—5 年开展一次，届时财政部会依据政府项目优先次序开展审查工作，并根据每个部门设定规定年度内的最高支出限额，以保证财政资金的可持续性和成本效益的最优化。之后，每年的预算审核及拨款评估中，部门支出限额会做出调整，以反映公共风险及政策优先级的变化。在支出限额框架下，主要政府部门将制定“单一部门计划”，其中包括工作计划及用于反映年度表现的业绩指标等。对于涉及部门的领域，计划中需制定各部门的职责范围及与其他部门的联合责任范围。每年的计划都会根据部门职责或优先事项的变化进行修订。为强化监督，各部门还会将该计划细化，以便部门领导管理，且执行期间也会体现在财政年度末的报告中，政府也会定期发布绩效监控的信息，以提升财政信息的透明度。

三、澳大利亚的零基预算改革实践

澳大利亚以“事前评估制度”实施支出审查。20 世纪 70 年代开始，澳大利亚开展了以滚动方法为基础的事前评估机制，评估当前财政年度之后的三年支出水平与构成。20 世纪 80 年代中期建立了支出审查委员会，委员会是内阁下属的委员会，包括了首相、财政部部长和高级部门的部长。具体实施中，财政部门与各部门就已有政策与项目、新的政策和项目进行估测与协商，明确定期更新事前评估责任，确定事前评估期间的预计成本，以反映各项目的经济参数变化、技术变量与对政府决策的影响。同时，政府要求公布事前评估中各项政策、项目的三年成本，旨在确保决策者在决策时更清楚地意识到未来责任，并向国会与公众更好地提供关于预算的真实情况、公共支出的规模及重点信息。在政策或项目实施开展中如存在决策变化，需要在未来年度的预算文件中加以解释，预算估测也要与上一年的事前估测协调一致。事前评估机制的设立为战略性的预算决策提供了评估框架，也为管理决策所要求的资金安排了可预测性。

四、新西兰的零基预算改革实践

新西兰实行以产出为基础、重视结果绩效的战略计划和资源配置结合的完整预算管理体系。新西兰是世界上最早在政府会计和政府预算中引入权责发生制的国家，也是 OECD 成员国预算改革创新中最为彻底和代表性的国家，其原因主要在于新西兰运用零基预算理念开展的预算管理改革充分运用了绩效评估、中期财政战略和独特的财务管理方式。一是明确了投入、产出和结果的绩效评估方式。明确了预算投入是带来产出的基本成本，产出是部门或第三方提供的产品和服务，结果是政府对公众重要的活动和数字结果。二是结合中期战略管理确定优先排序。1994年开始，新西兰预算改革要求政府确定长远战略目标，并将这些战略优先顺序进行排列，说明政府政策的大致方向，进而通过政府的总规划进一步落实部门的战略计划，将宏观战略和部门具体战略相衔接。三是创新财务管理模式。新西兰政府开始放松以控制预算投入为核心的传统预算模式，采取强调实现目标而不是严格监督、分行罗列的支出预算体系。同时，为反映生产产品和服务过程中的真实成本，开始运用完全的权责发生制会计取代传统的收付实现制会计，最终建立了一个以产出为基础、重视结果绩效的战略计划和资源配置相结合的完整财务管理体系。

五、小结

根据OECD的调查，2011年开展支出审查的成员国有16个，而至2018年，当时的35个成员国中已有27个采用了该模式，还有3个在考虑中（见表4-1）。各国政府利用支出审查工具整合、削减预算，并调整支出以使其与关键政策优先次序保持一致，从而达到扩大政府可用财政空间、为重点政策提供资金的目的。

表4-1　2011—2018年采用支出审查的OECD成员国数量

年份	已采用的国家数	考虑采用的国家数	未采用的国家数
2011	16	0	16
2016	23	5	4
2018	27	3	3

注：2018年美国和以色列的数据未搜集到。

资料来源：OECD（2019）[①]。

① OECD. Budgeting and Public Expenditures in OECD Countries 2019 [M]. Paris: OECD Publishing, 2019: 112.

随着开展支出审查的 OECD 成员国不断增加，其内部呈现出两种趋势。一是审查范围不断扩大。调查数据显示，越来越多的国家转向了范围更广的综合性审查，其中 2008 年为 5 个国家，而至 2015 年曾一度增加到 8 个国家；二是审查频率逐步提高，例如爱尔兰已从 2009—2014 年预算整顿和恢复期间的定期全面审查过渡到纳入年度预算程序的滚动审查，加拿大的支出审查也更为常规化（OECD，2019[①]），而且截至 2018 年采用频率相对更高的年度审查的国家已经达到了 17 个（见表 4－2）。

表 4－2　　2018 年 OECD 国家中支出审查的采用情况

已采用的国家		未采用的国家	
年度审查	定期审查	考虑中	暂未考虑
瑞典、斯洛伐克、葡萄牙、波兰、挪威、荷兰、拉脱维亚、日本、意大利、爱尔兰、匈牙利、希腊、爱沙尼亚、丹麦、德国、瑞士、奥地利	澳大利亚、加拿大、西班牙、芬兰、法国、英国、卢森堡、墨西哥、新西兰、斯洛文尼亚	冰岛、韩国、土耳其	比利时、智利、捷克

注：2018 年美国和以色列的数据未搜集到。

资料来源：OECD（2019）②。

2018 年 OECD 的调查显示，其成员国已将支出审查视为进行战略预算的有效工具。其中，绝大多数国家表示已基本实现了支出审查的目标，只有极少数国家表示未实现相关目标。但各国在效果评估方面存在差异，有一些国家并未对预算结果进行评估，这导致上述调查难以反映支出审查效果的全貌。根据已有数据可知，支出审查在改善中长期支出

① OECD. Budgeting and Public Expenditures in OECD Countries 2019 [M]. Paris: OECD Publishing, 2019: 112.

② OECD. Budgeting and Public Expenditures in OECD Countries 2019 [M]. Paris: OECD Publishing, 2019: 112.

效率、削减开支、重新分配支出以契合政策重点这三方面具有较为突出的成效。在27个已实施支出审查的国家中有12个国家在调查中表示基本实现了改善支出效率的目标，11个国家表示基本甚至完全实现了支出的削减，15个国家表示基本甚至完全实现了资源的重新配置（见表4-3）。

表4-3　2018年OECD成员国对支出审查有效性的报告

目标实现情况	国家数量			
	项目削减	支出效率的中长期改善	削减开支	重新分配支出以契合政策重点
完全实现目标	0	0	2	1
基本实现目标	3	12	9	14
基本没有实现目标	4	0	2	1
未评估结果	18	14	12	10

注：2018年美国和以色列的数据未搜集到。

资料来源：OECD（2019）①。

从具体国家的实践效果来看，丹麦利用5年时间对跨部门的项目进行了支出审查，每年节省资金约10亿欧元（Assi，2019②）。英国通过对超过200亿英镑的年度支出项目进行审查，提高了25个部门的支出透明度，并实现了对资金分配的严格把控，从而将支出总额控制在政府所能负担的范围之内。而且即使经历了金融危机的考验，2000—2015年，与欧洲许多国家相比，英国的实际支出相较于计划也未发生过大的偏离（见图4-1）。

---

① OECD. Budgeting and Public Expenditures in OECD Countries 2019 [M]. Paris: OECD Publishing, 2019: 112.

② Assi R. et al. Spending Reviews: A More Powerful Approach to Ensuring Value in Public Finances, McKinsey & Company [Z/OL]. (2019-03-08) [2020-05-08]. https://www.mckinsey.com/industries/public-sector/our-insights/spending-reviews-a-more-powerful-approach-to-ensuring value-in-public-finances#.

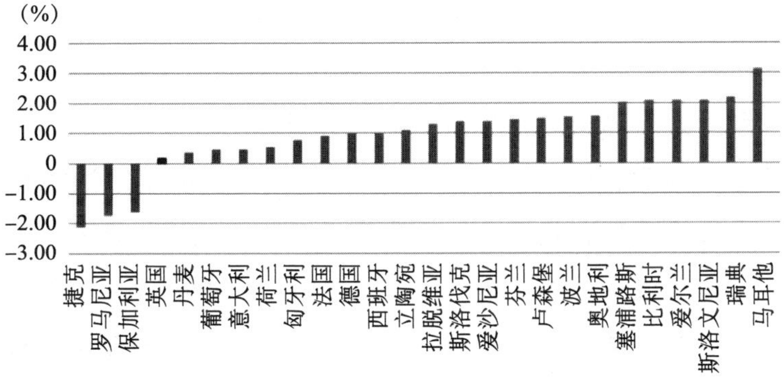

图 4－1　2000—2015 年欧洲公布支出计划的国家中其实际支出与计划偏差的 GDP 占比

注：数据显示了在支出计划公布后两年内实际支出与计划偏差的 GDP 占比。与其他大多数国家相比，英国的实际支出严格遵循计划安排。

资料来源：Wheatley 等（2018）①。

（一）零基预算改革面临的挑战

美国在传统零基预算编制阶段，较为科学、合理地将预算资金用于较为重要计划的实施与推进，一定程度上优化了资金的分配，提高了资金的使用效率。但是，由于美国的通货膨胀十分严重，财政压力较大，相应的零基预算配套措施还不成熟，导致了部分采用零基预算的州和城市未能较好地改善财政赤字情况与政府服务状况。但改革过程中也面临了不少难点与问题。一是传统的零基预算要求管理者每年从零开始，每年重新审查预算的各个细节，这使政府人员有限的部门工作量加大，也需要填写更多的书面材料，零基预算使预算编制的技术性要求提高，大大降低了零基预算的实用性。二是传统的零基预算阻碍了创新。大多数预算制定者十分担忧基础项目的保留问题，因此，对项目的审查基本不会有较大改变；而部分预算制定者十分担心项目的资金无法延续，资金的使用者也就放弃项目的创新追求。三是受政治、法律方面的约束，传

① Wheatley M, et al. The 2019 Spending Review How to Run it Well [R/OL]. (2018－09) [2020－05－08] https://www.Instituteforgovernment.org.uk/sites/default/files/publications/IfG_2019_%20spending_review_web.pdf.

统的零基预算编制效率降低。实践中的项目多数背后受到很强的政治支持，美国实行的三权分立制度，使权利相互制衡，预算决策权相对分散，各方政治力量都希望能在预算中谋求利益，由于预算的不透明与法律的不健全，“权利型”支出在预算中常见，传统的基于决策包技术的优先排序方法很难影响此类项目的拨款，对零基预算的推进造成极大阻碍。四是受理性决策原则影响，传统零基预算的编制容易产生寻租行为。传统的零基预算主要是部门实施预算编制，很容易充满主观色彩和寻租行为，决策的理性很难建立。五是对于跨年度、连续性的支出项目，传统的零基预算编制法不适用。由于预算的中期理念尚不成熟，传统的零基预算只能适用于各年投入、产出缺乏因果关系的项目，长期、跨年度的项目很难适用。

（二）经验和启示

主要代表性 OECD 成员国的实践表明，各国对零基预算的探索主要是运用零基预算的理念，通过部门优先支出审查形式，结合中期支出框架的实施，推进绩效预算管理的实施与完善。具体来看，各国政府零基预算理念的运用主要体现在利用支出审查工具整合、削减预算，并调整支出以使其与关键政策优先次序保持一致，从而达到扩大政府可用财政空间、为重点政策提供资金的目的。其中，支出审查的优先排序作为零基预算理念的运用重点与难点，绩效评估技术、事前评估机制和中期财政支出框架的引入是主要 OECD 成员国优化支出审查管理的重要方法与经验。

第一，充分利用了绩效评价结果促进政府部门资金的节约。美国 2008 年之后的新零基预算核心步骤是项目审查者与各部门预算人员围绕绩效评价的互动。新零基预算更加侧重于对绩效评价的运用，通过评价结果决定预算资金的分配。审查过程中，预算机构人员需要清晰、详尽地回应其预算报告，新零基预算充分利用了绩效评价结果，促进了政府部门资金的节约，有力地提高了资金使用的识别空间。同时，针对传统零基预算被预算部门广为诟病的审查频率过多，被审查部门和项目的选择问题上新零基预算采取了设定年抽查频率、抽查时效、抽查部门的规定，具体通过每年10%的项目抽查频率，众议院预算与研究办公室、参议院预算与评估办公室和州长计划与预算办公室合作8—10年实行对所有项目一次性零基预算审查的办法。

第二，支出审查的优先排序引入绩效方法。英国、澳大利亚和新西兰的支出审查经验表明，零基预算理念都是嫁接于绩效预算之上的，OECD成员国普遍采用的支出审查实际是绩效预算的重要组成部分。绩效预算提供的绩效指标与方法、目标的确定对开展支出审查、排除效率低的方案十分有益。通过绩效信息的引入，有助于提供足够的证据支持辅助支出审查，以压倒来自利益相关部门和组织的反对，达到减少或重新分配的目的。同时，两者的融合更有助于体现支出审查在审视支出目的和价值方面的优势，通过对原有项目的重新排序和精简为新的优先支出事项腾挪财政空间。

第三，"事前评估机制"构建"防患于未然"。零基预算理念要求对支出价值进行判别，这就需要设立判断标准，以否定或肯定一项支出，而资源涉及再分配就会难以避免各利益部门的纷争，通过"事前评估机制"的设定，利用运行成本评估环节，帮助职能部门在进行中期预测的预算限制内为管理人员和行政资源提供了相当大的灵活性，有效地消除了部门之间每年在财政资金提供方面的博弈，促进了财政部门与职能部门的信任沟通。事前评估机制也帮助澳大利亚财政部承担起类似银行的作用，这一点可通过澳大利亚税收制度现代化的案例加以说明，通过事前成本评估，澳大利亚的税务部门可以使用节省的结余资金进行投资，在预算困难年度还可根据投资产生的结余减少税务部门的运行成本。

第四，中期支出框架的构建需要较为全面完整的预算信息。中期支出框架的实施在数据、人员和执行方面的要求都比较高，在执行过程中如果处理不当，很容易造成资金的浪费。因此，国外中期财政规划作为所有事项优先排序的总量控制，其逐步完善实施对于预算的涉及必须全面，需要将政府所有的收入和支出以及对财政状况具有现时或未来影响的决策，如或有负债、贷款、税收支出和准财政支出等支出全部纳入预算。实践表明，如果预算中缺少某些重大支出，就无法确保将预算资源分配给优先项目，也无法保障法律控制和受托责任的落实，如存在未列入预算的支出势必会增加宏观经济规划的难度，从而削弱预算透明度，产生腐败与浪费的风险，中期支出框架也就难以为零基预算的开展提供支撑。

第二节　部分发展中国家和公共部门零基预算实践

一、格鲁吉亚

（一）背景与主要做法

在中断了大约30年之后，2012年格鲁吉亚重新引入零基预算，然而引入的是这种预算编制方式的新版本，研究了设计、实施新的零基预算的前提条件及其实施过程。格鲁吉亚没有为三个出资级别开发一揽子解决方案，没有对一揽子解决方案进行排序，也没有确定优先一揽子解决方案的阶段界限，更没有制定一揽子解决方案。只是对拟议的国家方案活动进行了详细分析，对照其目标、既定支出承诺和方案预期成果进行了详细分析。

格鲁吉亚国家当局确定了其国家方案的关键活动，并解释了为什么该方案及其主要活动是关键和必要的，以及是否有其他方式根据拟议方案提供公共服务。新方法的一个重要区别是，对方案活动的审查采用了不同的方法来分析方案的有效性。此外，只有10%的政府计划需要修改。没有分析方案有效性的方法尽管预算拨款有所增加，但方案筹资仍将得到改善。

最初的零基预算编制是以复杂和独特的预算编制程序为基础。新的零基预算编制被理解为一个公共当局在不依赖预算决定历史依据的情况下修订方案预算的综合努力。与20世纪70年代不同的是，方案预算的审查和编制并不是一个复杂而独特的过程。换言之，传统方法和新方法都假定需要修订方案预算，但新方法的劳动密集度较低，因为它侧重于修订方案活动，而不是替代预算。格鲁吉亚制定的新方法侧重于在修订预算时对方案的影响进行分析，以查明重复活动和财政损失。

2013年，格鲁吉亚通过新的零基预算编制，对35个国家方案进行了修订。因此，预算损失减少了890万美元。这占格鲁吉亚国家预算的0.46%。一方面，这些结果似乎不大；但另一方面，2013年这10%的国家计划的预算拨款数，等同于优化了5.957亿美元的预算，占格鲁吉亚国家预算的1.49%。格鲁吉亚公共行政领域的分析人士强调，采用新的零基预算编制等资金规划方式不仅有助于保持预算资金宽裕，而且有助于确定未来的财政政策（见表4－4）。

表4－4　　格鲁吉亚与卡特政府零基预算改革的比较

比较准则	卡特总统时代	格鲁吉亚经验
每年审查的政府方案数目	全部	10%
目标	开发解决方案包	方案活动的拟订和分析
有无三个供资级别方案的存在	有	无
方案有效性分析方法的可用性	无	有

（二）面临的难点与成功经验

格鲁吉亚的经验对世界上发达国家曾经广泛采用的办法进行了调整，依据当前和自身情况加以修订、改进和促进作用发挥。新的零基预算编制依赖于评估政府方案绩效的现有程序，而不是审查方案预算的复杂程序。新的零基预算编制是一种更具战略性的削减预算的办法。

为了在预算和财务方案编制系统中制定新的零基预算编制，必须考虑到各级政府在实施成果预算制原则方面所面临的挑战。此外，评估官僚机构是否增长至关重要，因为零基预算也可能导致公务员人数的减少。换言之，新的零基预算必须依靠解决实施国家计划的关键问题。每年审查政府方案的供资情况这一项原则将保持不变。

新方法的影响在微观一级更为明显。如实践所示，在格鲁吉亚，如果从预算削减的角度来看，新方法的影响在微观一级更为明显，而预算削减正是用于正在审查的方案。然而，如果考虑更重要的结果是公共行政人员的预算诚信，减少的预算损失可能并不重要。正如格鲁吉亚的经验所表明的那样，这种方法有助于优化国家方案的预算拨款。目前，世界大多数国家普遍困难的经济形势刺激了其他国家方案编制方法的要素的转移，这些方法允许在不损失所提供服务的数量和质量的情况下合理地削减预算拨款，并确定财政损失的原因。

二、南非

（一）背景与主要做法

南非自 2008 年金融危机以来一直处于过紧日子的状态，从而摸索出一套在控制支出中求发展的方法。新冠疫情暴发之前，主要措施是设置支出上限、控制工资增长、调整公共支出优先次序、制止贪污浪费等。

疫情暴发之时，南非的财政状况已经相当脆弱，疫情导致财政状况加速恶化。在 2020—2021 财年，预计税收收入将大幅低于预期，而随着政府重新调整优先次序并分配资金遏制病毒，支出将会增加，因而主体预算赤字和借款总额将大幅增加。税收收入明显疲软。2020—2021 财年的税收缺口为 3041 亿兰特。疫情的余波导致年度收入预期前所未有地下降。随着企业倒闭和失业，预计税基会暂时收缩，改善税收征管将是实现财政收入稳定的关键。税收与 GDP 之比预计将比 2008 年全球金融危机期间更糟糕。南非 2020 年主体预算赤字率从 6.8% 升至 14.6%，综合预算赤字增加 1 倍以上，预计到 2020—2021 财年达到 GDP 的 15.7%。

在此背景下，南非政府计划实施零基预算原则，借用零基预算原则进行支出审查以解决浪费和减少不可持续的支出增量的负面影响。从 2021—2022 财年的预算流程开始，中期支出框架程序将以零基预算原则为指导，用于针对大型项目的重叠评估。目前的支出重审制度是朝着零基础预算方向发展的良好开端，以更有意义的方式将支出审查与预算程序联系起来实行零基预算。南非政府表示虽然目前还没有关于政府机构实施零基预算的最新文献，但可以从以前应用过零基预算的政府机构中汲取经验教训，并对该领域的外部专家进行咨询。如果得到有效执行，借用零基预算原则可以使资源在政府计划内更有效分配，并符合政策优先次序和经济限制。

在支出审查和零基预算方面取得进展。南非的公共开支过分强调年度预算的增量变化和拨款的增加，没有充分分析项目的有效性。为了解决这一问题，有必要对预算编制过程进行改革，即政府提出实施零基预算原则。自 2020 年 6 月以来，南非财政部一直在审查政府支出以提高效率，已经对所有职能部门进行了 30 多次开支审查。审查利用大型数据系统来了解服务交付结果以及这些结果在不同场景下可能如何变化。初步调查结果表明，许多政策的设计和采纳没有考虑其总成本和可负担性。多个机构分担重叠的责任或任务，导致工作重复。在信息和通信技术以及基础设施等几个高支出政府采购领域，政府似乎为商品和服务支付了过高的价格。支出审查将用于为零基预算方法提供信息，政府将运用零基预算方法来审查中期的基本拨款。

新冠疫情暴发后，南非财政部采取了暂停各部门基本拨款、省市专项转移支付以及利用国际组织低息贷款的方法，为紧急应对资金创造出空间；后疫情时期，南非政府打算采用零基预算原则、提高财政乘数、开征财富税、推进结构改革等措施开源节流，以便尽早恢复经济，重建财政缓冲。

南非要求所有省份都要调整支出的优先次序，提高效率，表现不佳的项目将重新审议。例如，一些接受公共交通网络资助的城市还没有启动其综合公共交通网络，至少有两个表现不佳的城市将被暂停获得这一资助，其余城市被要求降低成本，证明其有效性，以继续获得资助。

要求省级清理积压资金，将剩余资金分配到其他项目中去。市级政府可以通过向开发商收取新开发项目的费用来获得收入。《市财政权责修正案（草案）》对这些开发性收费提出了新的统一规定，加强了各城市的财政收入筹措框架。信誉良好的市政当局也可以在资本市场借款，南非财政部更新了指导借款框架，并将很快提交内阁批准。拟议的改革旨在提高借款期限，改善市政债务工具交易的二级市场，并确定发展金融机构的作用，以避免排挤私营部门。

（二）面临的难点

在实施零基预算原则方面的挑战包括，在预算周期内完成零基预算的时间和能力限制。政府很难单独设立适用零基预算的程序，一般只借用原则，而不是全面实施零基预算。南非目前的公共财政趋势是不可持续的，表现为高水平的支出、低水平的收入和不断增长的政府债务。南非政府拟将支出的构成从消费转向投资，同时要求提高支出效率和就政府优先事项作出高水平决策。疫情凸显出南非应对危机的能力不足，国库现在既没有为另一场冲击做好准备，也没有支持公共投资，这很危险，南非政府试图通过在未来几年立即实现财政收支基本盈余来重建财政缓冲。

（三）成功经验

自2008年金融危机以来，南非就谋划如何在经济下行和财政压力之下过好紧日子，效果比较明显，主要经验如下。

第一，将支出分为核心基本支出和非核心基本支出两类，对核心基本支出予以优先保障，对非核心基本支出设置支出上限。支出上限可根据情况在年度预算或预算调整时重新评估。

第二，定期或在需要时重新调整各项支出的优先次序和年增长率。对支出事项根据国家经济计划等进行重要性、紧急性评估，根据评估情况对支出事项重新进行排序，并按优先次序控制调整各项支出的年增长率。

第三，控制薪酬和福利增长。控制关键岗位人员增加，对相关国家公职人员的薪酬在一定期限内控制增长。同时对各种福利的增长进行评估，不要刻意强调和宣传养老金要保持多年连续增长这样的目标。

第四，支出审查方法。正如南非财政部所言，借用零基预算原则可以使资源在政府计划内更有效地分配，并符合政策优先次序和经济限制。在实施零基预算原则方面的挑战包括在预算周期内完成零基预算的时间和能力限制。政府可以单独设立适用零基预算的程序，只借用原则，而不是全面实施零基预算。我国也可以尝试只借用零基预算的原则，而不是全面实施，使用零基预算原则进行支出审查，并利用支出审查为零基预算方法提供信息，使两者有效互动起来。

三、菲律宾

（一）背景与主要做法

面对世界秩序的衰退，也就是一些专家所说的二次衰退，菲律宾政府继续面临预算赤字和有限的资源、系统效率低下加剧这一情况。因此，2010 年预算和管理部开始实施零基预算计划。零基预算主要作用于对外交事务总局工作的两个具体方面的初步努力，即外交事务的运作和国际承诺基金的管理。尤其主要应用于评估菲律宾政府国际承诺基金对各国际组织的所有贡献。在这方面，按照零基预算计划和外交部秘书的指示，努力准备菲律宾加入国际组织和举办国际会议基于结果的成本效益分析，加入国际组织和举办国际会议主要是应联合国和其他国际组织助理秘书的要求而进行的。这些评估将在 1 号委员会进行的预算听证会之前提交。

菲律宾外交部零基预算程序中特别一环是特别审查小组。其成员包括财政部（DOF）、国家经济和发展管理局（NEDA）和总统办公室（OP），被赋予国际基金管理有关的所有事项的主要决策和建议机构的权力。在提交特别审查小组之前预算方案需要进行更全面的成本效益评估，强调有形和无形、金钱和非金钱、直接和间接的利益以及有效的监测、评估和反馈系统，还需要有效地沟通各种利益相关者的增值。

（二）面临的难点

一是审查小组缺乏足够的授权。审查小组是一个特设机构，它缺乏授权和资源来加强其作为国际协调基金所有事项的主要决策和建议的权力。因此，外交部也发现很难协调、跟进和强制执行标准化的格式或模板。在某种程度上，这可能是各机构预算效率低下的原因。事实上，从预算和管理部到所有执行机构，整个政府的任何零基预算努力都需要对成本与效益的全系统理解。

二是缺乏系统识别和量化的战略价值体系。虽然有一个标准模板的成本效益分析，基于总结报告提交给零基预算研究团队，但缺乏系统识别和量化的战略价值体系，特别是总统的优先事项。普遍的情况是，外交部（DFA）对包括国内和国外职位的其他政府机构在内的价值链中所增加的利益缺乏一致的识别和量化。某一特定成员的费用或预算如何与所描述的价值进行比较，无法明确。

三是零基预算研究报告未能将产出与国家愿景结合起来。根据访谈、焦点小组讨论和对零基预算研究报告的审查，焦点机构未能确定该国的成员资格或将在该国主办的国际会议的结果。外交部模板似乎只列出了国际移民的目标，未能将产出与国家的愿景联系起来，这应该是国家加入每个国际组织或每一个国际会议的结果。例如透明、负责任和参与性治理；减少贫困和扶助贫困和弱势；快速、公平和持续的经济增长；公正和持久的和平与法治以及环境的完整性；气候变化的适应和缓解等。

四是由于缺乏数据而受到严重限制。任何基于零的预算编制工作都需要以一致和系统的方式从各业务单位收集数据，以便同时计算效益和成本。后者是预算分析师通常关注的问题，但前者却是经济学家所要求的、同时遵循效率和有效性标准的决策问题。零基预算对外交事务总局工作的两个具体方面的初步努力，即外交事务的运作和国际承诺基金的管理由于缺乏这两个方面的数据而受到严重限制。甚至在成本方面也没有持续地收集到数据用于时间序列分析，这可能是由于缺乏关于如何将数据用于管理决策的知识。大多数研究团队提交的零基预算评估报告是由官员和工作人员完成，他们可以从现有内部报告收集任何数据，但反映不出需要衡量的效率（与投入相关的输出）或有效性（输出相关结果）。

（三）成功经验

一是使审查小组在国际基金管理中的作用制度化。为了解决这一问题，小组起草了一项行政命令（草案），使其在国际基金管理中的作用制度化。该草案确定了执行委员会、技术工作组和国际承诺基金秘书处的成员。将草案分发给发展总署内的有关办事处征求意见。最后将其分发给小组成员征求意见，并提交总统办公室批准。在国会批准国际承诺基金预算后，预算和管理部将国际承诺基金拨款的拨款资金发放给外交部。外交部随后将付款返还给各成员，但需要注意的是，所有支付给成员的款项都要通过菲律宾驻纽约领事馆支付。这个系统已经被外交部实践了很长时间。

二是将行政命令草案化。根据外交部的规定，首先签署了访问国际论坛主办国际会议的联合通知。然后形成联合通知草案，这是使菲律宾举办国际会议合理化的一大步，因为它需要提交会后产出整合计划，并将国际会议与至少一个总统的优先事项保持一致。

三是对非预算管理人员进行培训。由于意识到零基预算在系统中运行的困境，这可能是由于外交部（DFA）的人力资源分配严重不当，职业外交官在零基预算执行过程中的任务与他们的教育背景和专业经验不相符。外交部已经采取措施，通过培训亚洲管理学院的所有职业部长和大使来解决这种不匹配的能力。

第三节 国外零基预算开展中面临的问题与解决方法

综合以上，国外零基预算开展的实践可以发现，如何形成“零基础”的预算、如何解决各项目、机构的预算优先顺序、零基预算是如何解决年度预算与跨年度预算的设定，这些问题是国外零基预算具体实施过程中的重点和难点，美国、英国、澳大利亚、新西兰等 OECD 成员国的经验表明：采用决策包技术，确定评价主体与方法，引入绩效理念，采用中期支出框架是有效解决这些问题的关键。

一、决策包技术明确零基预算开展的主体与项目

明确预算主体与项目是开展零基预算的基础。美国早期实施零基预算时是将所有财政支出划为零基预算的范围，因其适用范围广，按照零基预算编制的经费数额也最为庞大，为了更有针对性和提高效率，美国佐治亚州的新零基预算重点每年抽查年度预算一定比例（约占当年项目总数的 10%）的项目，实现了重点目标支出审查。英国运用零基理念开展的支出审查范围是类似中长期规划的关键环节，财政部门基于支出审查对部门资金作出框定，各部门只能在国家优先政策保持一致且不超过资金限额的情况下安排支出，并且公布其年度预算、部门计划和支出绩效信息，基本实现了各部门预算绩效的全流程追踪、监督和控制。同时，部分部门在继承传统零基预算自下而上编制办法的同时，也将自下而上项目的抽查评估、优先目标及部门支出限额设定等内容融合，加强了财政部门与预算目标的协同。澳大利亚以“事前评估”开展的支

出审查行为，是以财政部为主导，通过财政部与各部门就原有项目、新项目和政策的估测进行协商，然后明确定期更新事前评估责任，以反映政策或项目的经济参数变化、技术变量及对政府政策的影响，形成了一种平衡交换的制度机制。新西兰运用零基预算理念推进的预算改革其最为突出的特点是区分开展支出审查或绩效评估程序的预算责任，预算过程更加体现“下移”特征，将很大部分的责任和财政管理放在部门层次，以及中期财政规划也由各自部门形成。其中，决策层对预算资源的分配和预算产出负责。部长和行政首长各司其职，相互配合，提高效率。

二、应用绩效理念与方法实现零基预算的“零”基础

美国新零基预算开展之前，已经进行了预算再定向、结果导向预算、计划项目预算与绩效预算的改革，零基预算的流程尤其重视支出部门绩效的改进。当前，绩效预算成为世界各国预算管理改革的重要发展方向，综合 2000 年之后新零基预算开展的历程可以发现，零基预算的核心内容是对预算项目的排序，重点在于通过投入分析或绩效评价来赋予项目的重要性，也即事实上的排序，实现一揽子决策的排序过程，每个一揽子决策通过其占上一年度预算的百分数表现出来，预算部门根据其重要性和效益对一揽子决策进行降序排列，并从零开始计算累计百分比，也实现了零基预算的“零”初衷。其中，从投入转向产出、从抽象的简单成本效益分析转为具象的综合评价，从事前的预测分析转向为事前和事后的绩效评价，是新型零基预算与运用零基预算理念的支出审查在新时期实施的重要变化。

三、采用中期支出框架解决零基预算年度与跨年度融合不足

国外实践表明，开展零基预算编制不仅涉及年度预算，还会涉及跨年度的项目与决策，中期支出框架是政府中期财政规划、多年期收入和

支出预测构成的多年期预算。通过预算周期起点或年度预算提出的多年期预算，能够使政府从多年期视角处理年度预算争论，加强年度预算的财政纪律性。尤其是，多年期收入支出预测有助于形成中期财政政策，以及相机调整与中期财政规划战略不吻合的预算政策。通过将预算争论置于中期优先考虑，一定程度可以提高预算过程的透明度。另外，不断更新的支出估计可以作为下一个预算周期的（非正式的）起点，从而实现滚动预算。OECD 成员国开展零基预算的实践表明，中期支出框架是筹划预算资源的重要举措，其实现的跨年度预算资源分配，能够与零基预算实现有效互补，达到优先关键预算支出安排，起到平衡和释放预算资源的重要作用。

第四节　国外零基预算改革对我国的经验借鉴

一、零基预算的开展以法律基础为支撑

OECD 成员国推行零基预算及预算管理工作的开展，均离不开以法的形式保障政府预算实施及管理的规范化、制度化和经常化。例如，美国 1993 年通过的《政府绩效与成果法案》（GPRA）以法的形式规定公共部门预算管理的强制性。为保证财政资金使用的合法性、安全性和有效性，澳大利亚建立起较为健全的法律法规体系，《基于绩效的支付协议法案》将公共财政支付协议的出发点确定为项目可达到的绩效，关注公共财政项目的支出结果；通过《预算诚实宪章》《财政管理及问责法案》《公共服务法》等预算法律和财政管理法规，确定了理财中的原则，规定了政府财政与中期预测报告的形式与内容，将权责发生制作为政府会计制度的基本准则，同时明确了预算部门、人员的绩效责任与权

力关系，成为规范与推进零基预算法律基础。20 世纪 80 年代中后期以来，新西兰通过各项法律的设立明确了预算管理改革的目标、原则和特别的革新技术使用，包括 1988 年《国家部门法案》、1989 年的《公共财政法案》，这些均注重建立激励机制，为改进公共部门管理者顺利引入公共部门新机制提供了法律支撑；1994 年《财政责任法案》通过细化财政管理责任的原则，提高支出审查的质量；1993 年的《通往 2010 之路》及后期的《后三年》《未来的投资》《新机遇》等法律文件的颁布，都对中长期政府发展规划、优先支出安排进行了明确阐释。各项法律的制定有利于获得社会公众的认可、支持与协作配合，有助于减少改革阻力、节约改革成本、推动改革速度，同时也提升了政府管理公共资金的透明度，改善了整个预算管理过程。

二、运用零基预算理念打破预算资金分配路径依赖

美国等 OECD 成员国开展零基预算的改革初衷都是在经济紧缩背景下为了缓解财政支出压力，通过改变预算模式提升预算效率。同时也反映出，在年度预算总量一定的情况下，政府在国家财政的“公用池”获得的资源是一定且有限的，如果延续固有的资源分配机制，会导致部分预算部门难以获得资源。零基预算中预算支出安排的优先性特点，可以有效帮助更高级别的管理者为所属决策单位的所有决策包建立优先权过程。零基预算的具体实施中，根据国家政策的重点确定支出优先顺序，按照部门事业发展目标的轻重缓急程度编制预算，组织机构进一步根据各自预算资源的总量对所有决策包优先性进行评价，打破了预算资金分配的路径依赖，也是预算应对环境变化的过程。零基预算通过预算支出安排有限性的实现，将国家整体战略与具体事业部门发展有机结合，确保了预算资源配置体现国家政策目标的优先性与部门使用发展目标的一致，极大程度为修复预算提供了可选择路径。

三、中期财政规划与零基预算共同解决预算结构的僵化

预算总额控制对于维持预算平衡、保障预算“公用池”资源合理利用具有重要意义，是预算管理过程中最为重要的做法之一。但是，现实中政府往往受到外部环境变化、内部预算结构僵化和预测程序固化等问题的影响，使政府缺乏对预算总额本应有的强力控制，从而使预算政策偏离既定路线，甚至与公众期望背道而驰。尤其是预算结构的僵化严重损害了预算的竞争性，破坏了预算优先性决策能力，降低了预算的资源配置效率；在经济衰退时期，不断上升的失业率，降低了税收收入的同时，增加了失业补助、福利消费等支出。而生活成本的调整将价格的上涨转化为了巨大的社保、退休金支出。不可控制的支出客观增长使预算优先项目走向僵化，导致了政府无法根据战略目标灵活分配资源，降低了预算政策功能的发挥。

中期财政规划的预算资源总量远大于年度预算，中期财政规划设立的宝贵之处在于将展望意识引入预算、进而政府治理的过程，使财政政策、财政变量（支出、收入、赤字和债务）从“预见”转为“精心筹划”，也是预算政策应对环境变化与风险的重要手段。中期财政规划与零基预算的结合重新赋予了预算交换能力，不仅确保中期内有充足的预算裁量资源，也帮助政府能够在考虑中长期战略目标的同时合理分配财政资源。党的十八届三中全会提出清理“法定支出”的要求，在一定程度上打破了利益固化格局，并释放一定的预算资源，创造新的财政空间，但这仅是对预算僵化的体制修补，中期财政规划与零基预算相结合才能更好地实现真正意义的矫正。其中，通过中期财政规划的筹划功能，扩大了预算资源配置空间；零基预算下总预算请求、优先性预算支出安排为修正预算结构僵化提供了一种克服渐进主义预算模式的有利办法。

四、零基预算融入绩效导向，拓展预算资源配置空间

融入绩效导向的零基预算，通过绩效结果安排支出优先顺序，形成退出机制，拓展了预算资源的配置空间。传统的增量预算实质是投入预算体制，“只增不减”“该减不减”，造成预算支出刚性增强、预算资金支出效率下降，未能与公众关注的产出建立联系，预算缺乏回应性，难以满足“以人民为中心”的改革诉求。缺乏绩效测量的零基预算很难进行支出项目的优先排序，也就无法有效完成预算资金的配置。绩效导向的预算是形成理性、基于成本效益的预算配置，是区别于投入预算体制的根本点。通过绩效导向，可以关注怎样的产出和成果才是公众真正需要的。绩效导向下的预算所强调的资源与产出相联系，要求投入对产出负责，已达到预算目标与政府战略目标相一致，也是推进预算回应性制度改革的重要一步。2003 年以来，我国一直循序渐进地开展财政支出绩效评价改革；2018 年，随着《中共中央 国务院关于全面实施预算绩效管理的意见》的推开，加快构建全方位、全过程、全覆盖的预算绩效管理体系，为预算管理改革发展指明了方向，也是顺应国际预算绩效改革的重要一步。国外实践表明，OECD 成员国普遍采用的支出审查实际上是绩效预算的重要组成部分，因此，为推进零基预算改革发展，还要进一步加强我国预算绩效管理的全面实施。

第五章

预算支出标准及其建设管理有关规定

零基预算的有效实施需要做好基础工作。零基预算是否有效取决于一些基础信息的科学合理，涉及政策和支出标准问题，关键是要对部门的机构设置、职责范围、人员编制、支出标准等进行重新厘定，进行有保有压的调整。不管是项目支出，还是基本支出，都要引入零基理念，要综合考虑各种影响因素制定标准，并与本地区财政承受能力相结合，形成动态调整机制。目前从中央到地方，从财政部门到预算部门，都在探索适合本辖区实际的零基预算管理模式，强化财政预算权统一，打破支出固化格局，探索预算支出标准制度的建设，财政部也在标准管理和建设领域探索出台相关制度规定。总体上，零基预算已形成了“自上而下”和“自下而上”相结合的改革共识和格局。为此，本章节选了近年来部分省份出台的零基预算改革实施方案以及中央和地方出台的预算支出标准，供财政管理者、研究者等人士参阅。

第一节　部分省份与零基预算相关的改革文件

下文梳理了部分省份的零基预算的改革文件，从各地改革的思路来看，零基预算既有各地的特色，但更多的是共性，即总体上突出了对预算分配权的统一、对支出政策和项目的清理，通过建立健全全过程的预算绩效评价，对存续多年政策和项目的绩效结果、存续必要性等因素进行评估，强化事前绩效评估，作为预算审查的重要依据，找出存量政策和项目初始目标已实现，或是与国家当前战略部署、体制机制不符的内容，抑或是绩效不及预期，以此判断项目的优先次序，提出终止、退出、优化、统筹等审查结果，以此应对支出固化，实现支出结果的优化，并结合预算支出标准，对项目支出规模进行重新测算和预算安排。

一、天津市

关于严格实施零基预算管理的工作方案

津政办发〔2019〕45号

为深入学习贯彻习近平总书记关于经济工作的重要论述，全面贯彻落实党中央、国务院决策部署和市委、市政府工作要求，坚持过紧日子，发扬艰苦奋斗精神，勤俭节约、精打细算，加快建立规范透明、标准科学、约束有力的预算制度，严格实施零基预算管理，加大资金统筹力度，全面实施预算绩效管理，集中财力保障重点民生、重大项目和重大改革，制定本工作方案。

一、严格规范基本支出管理

（一）强化财政供养人员源头管控。建立机构编制、供养人员、预算资金联动管理机制，市财政部门每年向市机构编制部门提供市级财政供养人员变动情况，市机构编制部门会同相关部门统筹考虑部门机构设置、职能调整、人员编制配置、履行职责需要等情况，深入分析评估、严格审核把关，能够通过内部调剂解决的，一律不再新增人员和编制；能够通过市场化运作或采取政府购买服务等方式解决的，一律不得将机构和人员转为财政供养，实现各部门编制数、实有人员数、财政供养人员数相对应。（责任单位：市财政局、市委编办、市级各主管部门）

（二）严格控制隐性财政供养人员。各主管部门全面梳理政府聘用人员现有情况，对政府聘用人员的工作绩效开展年度自评，建立正常退出机制，制定分年度实施方案，除中央有明确政策要求外，人员规模一律只减不增。各主管部门要将年度自评情况和实施方案报送市财政部门备案。市财政部门对财政资金投入规模较大的政府聘用人员所实施项目开展重点绩效评价，将评价结果与政府聘用人员数量和待遇标准挂钩，对评价结果较差的，不再增配人员或提高待遇标准；市审计部门结合审计项目对各主管部门资金使用绩效进行审计。对新增涉及政府聘用人员的项目或原项目增人增支的，各主管部门要会同市财政部门开展事前评估论证，凡可交由社会力量承担的，均应通过政府购买服务或市场化方式解决，不再采用人均工资乘以人数的方法测算所需财政资金，变“以人定费”为“以事定费”。（责任单位：市级各主管部门、市财政局、市审计局）

（三）大力压减一般性支出。市财政部门结合单位性质和职能，完善基本支出定额标准和保障方式，做到“有保有压”和“应保尽保”。各主管部门统筹考虑事业收入、结转结余等情况，合理确定部门基本支出预算，大力压减会议费、差旅费、劳务费等一般性支出，从严控制“三公”经费，节省下来的资金优先用于重点民生工程、重大项目和重大改革所需支出。（责任单位：市财政局、市级各主管部门）

二、加大专项资金整合力度

（一）实行专项资金分级管理。改变专项资金“碎片化”管理现状，将性质相同、用途相近、管理分散的市级专项资金重新优化整合。整合后的专项资金实行分级管理，划分为“战略领域”（一级）、“财政事权”（二级）、“政策任务”（三级）三个级次，并形成相应目录。“战略领域”目录体现党中央、国务院重大决策部署、重大发展战略和市委、市政府部署要求，由市财政部门统一确定；“财政事权”目录体现各部门职能边界和事权责任，由市财政部门会同各主管部门共同确定，原则上每个领域的“财政事权”目录归口一个部门管理；“政策任务”目录由各主管部门结合年度工作计划和重点任务设置，统筹安排具体项目，其中，涉及政府投资的，按照全市三年滚动政府投资计划和年度计划安排具体项目。“战略领域”和“财政事权”目录，由市财政部门报市人民政府批准后向社会公开。（责任单位：市财政局、市发展改革委、市级各主管部门）

（二）规范专项资金分配程序。市财政部门根据经济形势、财税政策和收入预计等情况测算下一年度可统筹财力，优先保障人员工资、机构运转、基本民生、政府偿债资金后，确定其他专项资金支出总额，各主管部门预算安排不得突破总体限额；市财政部门根据各主管部门支出事项资金需求、上一年度预算执行情况、绩效评价结果、新增项目事前绩效评估报告等，提出“战略领域”和“财政事权”专项资金分配建议，报市人民政府审定。各主管部门根据“战略领域”和“财政事权”专项资金规模，充分评估本部门现有人员力量、项目实际需要、项目实施条件等，以零为基点，分轻重缓急编报“政策任务”专项资金的具体项目支出预算，打破“基数加增长”的累计进加做法。对直接面向基层、量大面广、由各区实施更为便捷有效的项目，按照财政事权与支出责任划分原则，将项目审批权限下放至各区，实行“大专项+任务清单”管理模式，由各主管部门编制分区转移支付预算，由各区编报具体项目。（责任单位：市财政局、市级各主管部门，各区人民政府）

三、强化政府投资联动管理

（一）统筹平衡政府投资年度计划与预算。市级三年滚动政府投资计划应当与中长期财政规划相衔接。市财政部门根据项目需求、财政可承受能力等确定政府投资年度预算总规模。市发展改革部门在年度预算总规模内按照项目轻重缓急进行分级排序，编制市级政府投资项目年度计划，与财政年度预算衔接平衡。市财政部门根据经批准的预算，结合项目资金需求、预算执行进度、绩效监控情况等，及时足额拨付资金，监督管理政府投资项目财务活动。（责任单位：市发展改革委、市级各主管部门、市财政局）

（二）强化政府投资项目监控和绩效评价。市发展改革部门会同各主管部门对政府投资项目开展项目后评价，市财政部门对重大项目定期组织开展重点绩效评价，并对实施期超过一年的项目开展中期绩效评价。对项目进度、预算执行率、绩效评价结果不符合预期的项目，由市发展改革部门会同市财政部门调整市级政府投资项目年度计划和预算安排，并在下一年度市级政府投资项目年度计划编制中适当压减或取消预算安排。对超概算项目，市财政部门可暂停安排预算或拨款，待市发展改革部门实施调概审批后再恢复安排预算或拨款。（责任单位：市发展改革委、市级各主管部门、市财政局）

四、严格财政项目库管理

（一）实行项目库信息动态管理。统一建立财政项目库管理信息系统，包括部门项目储备库、财政项目管理库和对区转移支付项目库，项目库实行常态开放、数据互通、信息共享、动态管理。除维持政府运转的基本支出外，财政预算安排的项目支出一律纳入项目库管理，未纳入项目库的项目不得进入预算编制、预算追加、预算调整的范围。对入库项目实施全生命周期滚动管理，因预算新增、调整调剂或细化资金方案等原因需补充或调整项目的，相应动态调整项目库。（责任单位：市财政局、市级各主管部门，各区人民政府）

（二）规范项目申报入库管理程序。严格履行预算项目的提前研究谋划、事前评估、入库储备、排序优选等规范程序。各主管部门、各区围绕党中央、国务院重大决策部署、重大发展战略和市委、市政府部署要求，结合自身职能，严格项目库管理，提前一年左右做好项目的研究论证、组织入库工作。强化入库项目绩效管理，按轻重缓急排序，全面反映政策依据、支出内容、绩效目标、任务清单、资金需求、实施周期、立项论证情况和其他必要信息。项目信息填报不规范、不完整的不得推送至财政项目库。（责任单位：市级各主管部门，各区人民政府）

（三）压实项目库管理主体责任。市财政部门负责制定财政项目库管理制度和标准规范，明确项目入库条件，审核各主管部门、各区推送的储备项目，并将符合条件的纳入财政项目管理库，作为预算编制备选项目。各主管部门、各区负责各自项目库管理，做好提前谋划、评审论证、入库储备和排序优选等工作，根据项目储备和使用情况，办理项目的新增、调整和退出，做好项目督促实施、跟踪检查、绩效自评、考评验收、信息公示公开等工作。（责任单位：市财政局、市级各主管部门，各区人民政府）

五、健全预算绩效管理机制

（一）预算编制环节突出绩效导向。各主管部门在申请新设专项资金、提出重大政策和项目资金需求前，应开展事前绩效评估，出具事前绩效评估报告，未开展绩效评估的不得申请预算。市财政部门要健全绩效目标审核机制，将绩效目标设定作为预算编制的前置环节，并随预算编制流程同步提交、同步审核。未按要求提交绩效目标或绩效目标设定与实际脱节的，不得纳入年度预算。执行中需要调整项目预算的，要随预算调整申请同步报送绩效目标。（责任单位：市财政局、市级各主管部门，各区人民政府）

（二）预算执行环节加强绩效监控。各主管部门是实施绩效监控的主体，负责组织本部门开展预算绩效日常监控，对绩效监控信息进行汇总审核，偏离绩效目标的要分析原因，及时采取纠偏措施。对预算执行进度较慢、绩效情况较差的项目，各主管部门要限期整改，问题严重的要暂缓或停止财政拨款。市财政部门根据工作需要组织开展预算绩效重点监控，按照项目进度和绩效情况拨款。（责任单位：市级各主管部门、市财政局，各区人民政府）

（三）决算环节全面开展绩效评价。各主管部门按要求开展项目绩效自评，如实反映绩效目标实现结果，对绩效目标未达到或目标制定明显不合理的，要作出说明并提出改进措施。市财政部门建立自评抽查制度和重点绩效评价常态机制，对重大项目定期组织开展重点绩效评价。（责任单位：市级各主管部门、市财政局，各区人民政府）

（四）强化绩效结果和审计问题反馈应用。建立市级预算安排与审计问题、绩效结果挂钩的激励约束机制，根据审计问题和绩效结果实行分类分档排名，推动形成主动作为、竞相发展的良好局面，构建反馈、整改、提升绩效的良性循环。按照奖优罚劣的原则，对绩效评价结果较好的项目优先保障资金需求，对绩效一般的项目要督促改进，对评价结果较差、审计问题较多的项目压减或取消预算安排。（责任单位：市财政局、市审计局、市级各主管部门，各区人民政府）

六、全面盘活各类资金资源

（一）加大结转结余资金清收力度。严格执行结转结余清收政策规定，对于各主管部门基本支出结转的50%，以及项目支出结转超过两年，或预算下达当年执行率不足30%的结余部分，由市财政部门收回统筹使用。各主管部门要加大结转结余的消化力度，相关支出优先使用存量资金支付，对当年10月底仍未消化完毕的部门结转结余资金，由市财政部门提前清理收回统筹使用。加快当年预算执行进度，对各主管部门年初预算于当年9月底仍未细化到使用单位和具体用途的项目支出，以及当年10月底执行率不足30%的结余部分，一律收回预算统筹安排。建立各主管部门结转结余情况与转年预算挂钩机制，对跨年度项目存在结转结余的，相应核减下一年度预算安排规模。（责任单位：市财政局、市级各主管部门，各区人民政府）

（二）清理回笼财政借款。进一步加大财政借款清收力度，对行政事业单位和各区借款，市财政部门综合运用处置闲置资产、扣减财政补助等方式予以追回，用5年时间完成2018年以前形成的财政借款清理工作。严格控制对外借款新增规模和累计余额，除党中央、国务院特殊规定外，市财政部门只能向纳入本级预算管理的一级预算单位（不含企业）安排借款，不得经预算单位再转借企业。借款资金仅限用于临时性资金周转或应对社会影响较大突发事件的临时急需垫款，并提请市政府常务会议审定，借款期限不得超过一年。2019年以后，新增的财政借款累计余额不得超过同级财政一般公共预算和政府性基金预算本级支出之和的5%。各主管部门、各区要严格按照上述要求进行落实，全

力配合市财政部门清理控制财政借款。（责任单位：市财政局、市级各主管部门，各区人民政府）

（三）有效盘活公共资产资源。按照摸清家底、分类处置、统筹分配的原则，分别由市财政、国资、规划和自然资源部门牵头对市级行政事业单位资产、国有企业资产、土地资源进行全面清理盘查，核实闲置资产的数量和价值，提出处置意见，经第三方机构审计复核后报市人民政府审定。对行政事业单位闲置或低效使用房屋，通过市场化方式处置或由市人民政府指定相关机构运营管理；对政府投资股权，按照法治化、市场化原则适时有偿变现并及时纳入预算；对股权划归国有投资、运营公司的市属企业实现的混改产权转让收入，扣除转让费用后全额上缴国资收益，按照适当比例补充一般公共预算；对闲置土地资源，加快地块整理和出让进度，尽快回笼前期投资。资产处置收入统筹用于重点民生、重大项目和重大改革所需支出。（责任单位：市财政局、市国资委、市规划和自然资源局、市级各主管部门）

七、压实预算管理主责主业

（一）财政部门转变工作重心，从“管全程”转为“管两头”。市财政部门负责牵头制定综合性预算管理制度，组织总预算编制和执行；牵头制定专项资金管理办法，确定“战略领域”专项资金目录及预算规模，会同各主管部门共同确定“财政事权”专项资金目录、预算规模、绩效目标等；对重大项目的预算执行和绩效目标实现情况进行监控，并组织开展绩效评价。市财政部门聚焦预算编制审核和预算绩效管理，除法律法规和中央另有规定外，不再直接参与项目审批、项目实施、项目验收等具体事务。（责任单位：市财政局）

（二）各主管部门聚焦主责主业，全面履行预算执行主体责任。各主管部门是本部门预算编制、执行和绩效管理的主体，负责本部门及所属单位的项目库管理，申报专项资金预算和绩效目标，制定“政策任务”专项资金明细分配方案；编制本部门对口管理的转移支付预算，分解下达任务清单；对专项资金、转移支付等预算执行情况进行跟踪监

管和绩效管理；开展专项资金绩效评价、信息公开；组织项目验收和考评。（责任单位：市级各主管部门）

（三）审计部门检查重点聚焦政策执行、资金绩效和项目管理，强化对资金分配使用单位的审计监督。市审计部门完善审计监督方式，按照“谁审批、谁使用、谁负责”的原则，结合审计项目，对各主管部门直接负责分配使用的专项资金进行审计，重点关注预算执行、项目实施、盘活存量、规范收费、资产管理、绩效管理等政策落实情况，以及预算执行中存在的突出问题，督促审计整改主体落实第一责任人责任。健全完善审计整改问责机制，对审计问题频发、屡查屡犯、屡纠不改、监管缺失的单位，市审计部门依法依规移交有关部门作出处理，切实促进依法履职，提高财政资金使用绩效。（责任单位：市审计局）

二、吉林省

吉林省人民政府关于深化零基预算改革的实施意见

吉政发〔2024〕17 号

为深入贯彻党的二十届三中全会精神，全面落实省委十二届五次全会部署，深化零基预算改革，加快健全全面规范、标准科学、约束有力、讲求绩效的改革制度体系，现提出如下实施意见。

深化零基预算改革，应坚持以习近平新时代中国特色社会主义思想为指导，彻底打破“基数 + 增长”固有模式，以零基为起点，以财力为基础，以需求为导向，以绩效为关键，以执行为抓手，以监督为重点，坚持“量力而行、因事定钱、按事核资”，部门预算、重大项目、专项资金、转移支付等所有预算全部“从零编制”，不断提高财政管理的系统化、精细化、标准化、法治化水平。要通过深化零基预算改革，加强财政资源和预算统筹，充分发挥财政基础性、引领性、撬动性作用，为推动吉林全面振兴取得新突破、基本建成社会主义现代化新吉林提供财力支撑。

一、统筹资金资产资源

（一）科学合理编制收入预算。把依托行政权力、政府信用、国有资源资产获得的收入全部纳入政府预算管理，促进“四本预算”统筹衔接。综合考虑经济预期、财税体制改革、减税降费和收入划分调整等因素，积极稳妥测算税收、资产盘活、土地出让等一般公共预算和政府性基金预算收入预期，夯实综合财力来源。全面编制国有资本经营预算，完善收益收取管理机制，确保应纳尽纳、应收尽收。精细编制社会保险基金预算，充分考虑社会保险政策调整、征收体制改革等因素，全面、真实、准确、完整反映各项收入。

（二）统筹用好中央财政补助和债券资金。紧跟国家政策导向，抢抓东北振兴机遇，超前谋划储备项目，积极争取中央基建投资、超长期特别国债和试点示范类项目资金，以及各领域转移支付资金和企业职工养老保险调剂金等，增强财政保障能力。强化转移支付与本级资金、一般债券、专项债券的有机衔接，通过统筹安排、拼盘使用、错位配置等方式，集中财力办大事，提高重大战略和重点任务财政保障能力。

（三）强化部门和单位收入统筹管理。加强部门全口径预算管理，完整反映财政拨款收入、上级补助收入、附属单位上缴收入、事业收入、经营收入和其他收入等各类收入。完善财政拨款与非财政拨款的统筹管理，优先使用非财政拨款安排支出，通过下级单位上缴、上级补助下级等方式，在部门所属事业单位之间统筹调配非财政拨款资金，相应减少或不安排财政拨款。强化行政事业性国有资产收入管理，资产出租、处置等收入按规定上缴国库或纳入预算。

（四）盘活利用存量资金资产资源。建立存量资金定期核查和清理盘活机制，加快部门单位结余结转资金清理收回，加强对市县转移支付存量资金的统筹力度。分类加强国有自然资源、国有企业股权、行政事业单位资产和收入管理，严格各类资产登记和核算，推动国有资产共享共用。将论证存量资产可用性作为配置增量资产的必要前提，促进低效、闲置、超标准配置等资产调剂使用，按规定处置不需使用且难以调剂的国有资产，提高财政资源配置效益。结合化债工作合理安排年度资产盘活计划，作为“三保”尤其是债券付息支出的重要来源。

二、全面编制零基预算

（五）确定重点支出事项清单。聚焦国家和省委、省政府决策部署，结合各地区、各部门实际，围绕落实财政事权和支出责任，系统梳理评估现行支出政策，削减或取消效益不高、重复投入或与政策目标不符的支出事项，严格审核新增支出事项，按公共服务、公用事业、产业发展和要素支撑四类，编制具有战略性、全局性、基础性的重点支出事项清单，明确保障对象、内容、方式、标准和期限，作为预算安排的重要依据，与年度预算同步编制，报同级政府确定，每年根据政策变化、绩效评价、支出进度等动态调整和完善。

（六）合理划分保障边界。明确区分公共财政保障范围和市场自主调节领域，确保财政资金主要用于提供公共服务和解决市场失灵问题，市场机制能够自发调节的领域，原则上取消预算安排。优化财政支持方式，减少对竞争性行业的财政直接投入，充分运用贷款贴息、担保费补贴、风险补偿、拨投结合、政府投资基金等政策工具，更多采取免申即享、公平普惠的支持方式，更大力度运用市场机制，发挥市场功能。

（七）分类编制支出预算。人员经费据实核定。公用经费实行人均定额、物均定额、比例定额的核定方式，结合政策变化、财力状况和预算执行等动态调整，持续严控一般性支出。打破项目支出基数，根据机构运转和部门履职基本需要，结合过紧日子各项规定、支出标准体系建设、预算评审、绩效管理等，分类分档精细编制。重大项目、专项资金和转移支付根据重点支出事项清单，结合财政承受能力，统筹各类财力来源，有保有压、合理安排、动态调整。

（八）加强项目预算审核论证。坚持“先评审后入库”，强化项目支出事前绩效评估和预算评审。对除人员类项目、公用经费项目、有明确支出标准的项目外，所有项目纳入部门预算评审范围。对资金需求总额大、行业重点项目、基本建设项目、专业性强或技术复杂的项目开展财政预算评审。对执行率低、调整率高、监督检查、绩效评价及审计监督发现问题较多的项目实行重点审核论证。改进预算评审方法，提高评审质量，评审重点从立项依据、实施方案向绩效目标设置等扩展。

三、强化预算刚性约束

（九）强化财政绩效管理。坚持“花钱必问效，无效必问责”，建立覆盖财税政策、财政收支的分类绩效评价管理机制，强化绩效目标审核、过程监控和结果应用。项目安排和资金设立都以明确绩效目标为前提，确保预算与目标有机衔接，为绩效监控和评价奠定基础。专款专用专项资金，坚持项目法配置，强化资金主管部门专项任务统筹规划，以及财政部门审核、监督和评价职责。加强公共服务绩效管理，强化事前功能评估，科学合理确定财政增支事项，做到尽力而为、量力而行。

（十）树牢长期过紧日子思想。坚持勤俭办一切事业，把更多资金用于补短板、强弱项、惠民生。严格一般性支出管理约束，从严控制会议、差旅、培训等公务活动和购买服务事项，加强地点相同、对象重叠、内容相近等公务活动整合，对重大宣传、展会、论坛、庆典、赛事活动等，未经同级党委、政府批准不得列入预算。推动部门建立人均实物消耗量定额标准。开展落实过紧日子评估，定期通报预警信息，及时发现问题、堵塞漏洞、改进管理。

（十一）严格预算执行管理。严格执行人大批准的预算，依法依规有序组织收入，严控预算调剂，严禁无预算、超预算安排支出，严禁违规举债和挤占挪用资金。除落实国家相关政策、应对处置重大突发事件和抢险救灾等支出外，预算执行中一般不追加预算，不出台当年增支政策，严禁出台溯及以前年度的增支政策。确需出台的增支政策和事项，通过统筹当年相关资金解决，无法解决的纳入以后年度预算安排。

（十二）加强财会监督管理。严肃财经纪律，严控“三公”经费，严管“跑冒滴漏”，严格预算刚性约束。完善财会监督和财政运行监测机制，严查挤占挪用“三保+”资金，虚假盘活资产，虚增财政收入，超出承受能力铺摊子上项目，违规新增暂付款等行为。适时开展零基预算编制监督核查工作，完善年度预算安排与人大审查、巡视巡察、审计监督、财会监督等发现问题及预算执行情况、绩效评价结果挂钩的激励约束机制，原则上优先保障绩效好的，削减或取消预算执行率偏低、绩效较差、发现问题较多的项目或资金。

四、同步深化配套改革

（十三）优化“三保+”保障制度机制。加强全省财政一体化管理，统一各级财政基本运行制度机制。完善“两本预算”收入和“三保+”支出两张清单，厘清市县真实财力和必保支出底数。坚持“三保”优先，理顺自主财力范围和使用机制，压实责任保基本。优化财力下沉机制，分类规范对市县转移支付管理制度。强化预算提级审核，强化收入可靠程度与支出刚性程度动态匹配，夯实“三保+”财力保障。实行“三保+”资金专账管理，动态监控、有效管控预算指标与国库资金。

（十四）推进预算支出标准体系建设。将支出标准作为预算安排的基本依据，所有支出原则上都要按照支出标准编制和审核预算。进一步健全基本支出定额标准体系，建立与经济社会发展状况、财政收入水平、国家政策导向、市场价格、实际执行情况等因素联动的定额标准动态调整机制。加快推进项目支出“通用标准+专用标准”建设，逐个项目明确支出范围、适用标准，逐步建立起分行业、分领域、分类别，兼具约束力与灵活性的项目支出标准体系。

（十五）实施项目全生命周期管理。所有预算支出均以项目形式纳入预算项目库，未纳入项目库的项目一律不得安排预算。突出“精准谋划，做实项目”，推动政策谋划与预算管理统一、业务管理和资金管理衔接，做到预算一经批准即可实施，按照轻重缓急等排序，突出保障重点。实行项目滚动管理，及时清理到期和无须继续实施的项目。完善项目分年度预算安排机制，根据实施计划确定分年支出计划。

（十六）强化政府投资项目管理。严禁形象工程、面子工程，加强财政承受能力评估，健全预决算评审制度，完善按项目进度拨款审核机制，形成资金至资产的闭环。加强政府专项债券资金管理，完善使用监管、绩效考核、责任追究等监督机制。大力推行专项债券用作项目资本金，通过债贷组合方式吸引市场化融资，提高项目质量和资金使用效益。加强政府采购统筹管理和预算编制，推行集中带量采购和框架协议采购，发挥规模优势，实现降本增效。

（十七）优化国库资金管理。进一步完善国库集中收付制度，健全与全口径预算相适应的财政资金收付体系。从严管控财政专户、零余额账户和行政事业单位实有资金账户，完善公务卡结算，维护国库单一账户体系。开展预算执行常态化监督，进一步构建部门预算资金和转移支付资金的全面监控体系。完善国库资金调度机制，加强基层“三保”和重点领域保障，按需求进度拨款，兜牢财政运行底线。

（十八）持续推进省以下财政体制改革。强化重大战略任务省级事权和支出责任，强化“市区一体、州县一体”，加强市（州）对所辖县（市、区）的统筹兜底责任。推动完善开发区财政管理体制，深化乡财县管和探索村资县管，加强农村集体经济组织财务管理。建立市县财政高质量发展评价指标体系，激励市县提高财政运行质量和风险防控水平。加强政府专项债券项目管理，完善项目立项、建设监督、项目后评价及责任追究机制。

（十九）强化数据信息支撑。改进全省预算管理一体化系统，加强预算基础数据管理，优化预算编制功能，增强预算执行监控能力，完善绩效评估模块，规范业务流程和控制规则，推进数据信息互联互通、共享共用，为深化零基预算改革提供重要支撑。

各地区、各部门要切实提高政治站位，充分认识深化零基预算改革的重要意义，把思想和行动统一到省委、省政府决策部署上来。自编制2025年预算起，省级率先实施改革，鼓励有条件的市县试点跟进改革；自编制2026年预算起，各地全面实施改革。要加强组织领导，强化责任担当，密切协调配合，形成工作合力，聚焦堵点难点，加强顶层设计，完善制度机制，创新改革举措，优化资源配置，提升管理质效，确保各项改革任务有序实施、取得实效，推动全省预算管理水平再上新台阶。

三、上海市

上海市加强成本预算绩效管理的实施方案

沪府办发〔2023〕16号

成本预算绩效管理是一种基于成本、质量、效益分析与比较，将绩效与预算深度融合的预算资金管理模式，主要是通过成本效益分析等方法，以同等产出和效益情况下实现成本最小化为目标，确定相对高质量、低成本的项目效益水平，全面衡量各方投入成本，科学测算财政资金投入规模，推进财政资源高效配置和公共服务供给质量全面提升。为深入贯彻落实《中共中央、国务院关于全面实施预算绩效管理的意见》《国务院关于进一步深化预算管理制度改革的意见》，根据市委、市政府决策部署，制订本实施方案。

一、总体要求

（一）主要目标

加强顶层设计和制度创新，强化成本效益分析，加强成本管控，力争用三年左右时间建立“预算申请问成本、预算安排核成本、预算执行控成本、预算完成评成本”的成本预算绩效管理体系，推动预算管理与绩效管理“双融合、双促进、双提升”，推动实现公共服务标准、成本定额标准和财政支出标准协调统一，推动财政资金降本增效、财政支出结构优化、财政管理和业务流程改进提升。

（二）基本原则

1. 坚持总体设计，分步推进。统筹谋划成本预算绩效管理的路径和制度体系，将成本预算绩效管理从项目支出向部门预算、政府预算拓展，从市、区向镇（乡）延伸。

2. 坚持突出重点，务求实效。聚焦重点项目、重点政策、重点领域，找准绩效基线，对标流程规范，确定成本定额，强化成本管控约束，加大结果应用力度，提升财政资金使用效益。

3. 坚持优化机制，健全体系。将成本效益理念和方法融入预算管理全过程，建立科学规范、约束有力的成本预算绩效管理机制，逐步形成科学合理、动态调整、分类分档的支出标准体系。

（三）实施步骤

按照"三步走"分步实施成本预算绩效管理改革。

第一步：抓重点项目，分批试点。2023 年，选择公用事业、基础设施、教育卫生等重点领域项目和部分区，分两批开展试点工作。

第二步：建制度规范，全面推广。2024 年，总结试点经验，在全市范围内全面推开改革，进一步完善相关工作制度，形成一批支出标准。

第三步：重系统集成，提质增效。2025 年以后，扩大形成经验成果，进一步优化完善管理机制，推动预算管理和服务效率相互促进、持续提升。

二、主要任务

（一）全面实施成本预算绩效分析

1. 科学确定效益水平。根据部门管理实际，合理确定成本预算绩效分析对象，推动预算绩效管理关口前移。要充分考虑公共服务目标和服务标准，通过基线比较等方法，明确项目支出要达到的经济效益、社会效益、生态效益等水平。效益水平的设定，要与部门职能和中长期规划相衔接，与经济社会发展水平和公众需要相适应，与财政可承受能力相匹配。

2. 优化业务管理流程。重点聚焦工作流程和投入成本的直接对应关系，全面梳理业务流程，细化至业务末端节点，查找影响成本控制和效益发挥的制约因素，加强各环节成本合理性的分析研判，精简优化不科学的工作流程或环节。要通过座谈走访、现场踏勘等多种方式，深入全面把握实施情况，借鉴国际、国内先进做法，加快新技术、新模式的研究与应用，推动业务流程整合再造，加强成本管控和质量控制，提高业务管理效率。

3. 深化成本核算分析。根据分析对象的具体特点，细化项目分析指标，制定具有较强操作性和可行性的分析方案。要摸清财政项目支出的成本构成，对新增项目要合理估算成本，对延续性项目要细化核算历史成本，既要区别不变成本和可变成本，也要分析可控成本和不可控成本及其变动趋势。要合理选用作业成本法、最低成本法等成本效益分析方法，综合衡量产出内容和投入成本，选择最优实施方案。完善成本预算绩效分析质量控制机制，结合数据采集分析、成本效益指标设定等重要质控环节，加强专家评审论证，提高分析工作质效和报告质量。

4. 优化完善管理机制。扎实开展成本预算绩效分析工作，在预算管理方面，明确财政支出保障范围，优化支出结构，制定或调整支出标准，完善预算管理机制；在业务管理方面，积极运用成本预算绩效分析结果，进一步优化项目立项、组织实施，建立健全本部门、本单位和项目实施单位的成本管控工作机制。

（二）加强重点领域成本管控

5. 加强重大项目成本管控。围绕行业发展目标和战略规划，深化细化建设投资项目成本预算绩效分析。严格把控功能需要与建设规模，统筹考虑固定资产一次性投资和建成后开办经费、运营成本等长期刚性需要，完善全生命周期成本管控机制。

6. 加强民生保障成本管控。在教育、文化、卫生等民生保障领域，科学界定政府和市场的边界，坚持尽力而为、量力而行，合理确定财政保障范围和水平。建立完善成本定期分析评价机制，兼顾民生保障水平和资金效益实现，动态优化公共产品定价和财政补贴、扶持奖励等经费保障机制，增强财政保障合理性和政策可持续性。

7. 加强城市运行成本管控。结合深化成本规制工作，分批开展公用事业领域成本预算绩效分析。加强行业成本管理，探索创新适应不同行业特点的成本归集分摊方式，找准降低成本费用的关键环节，改进优化内部管理，建立绩效考核激励机制、财政补贴与成本管控挂钩机制，降低城市运行成本。推进各区厘清区级城市运行项目成本，加强成本信息共享和比较研究。

8. 加强行政运行成本管控。坚持政府带头过紧日子，厉行节约，勤俭办一切事业。加强机关运行成本控制，优化完善机关运行经费实物定额和服务标准，建立节约型机关。对购买政府履职辅助性服务项目开展成本预算绩效分析，深化对信息化项目的统筹集约管理，完善对重大会议、赛事活动的预算总额控制和分项控制标准，严控行政运行成本增长。

（三）优化全过程管理链条

9. 强化事前绩效评估。在新增项目支出预算申请环节，科学开展事前绩效评估，按照投入成本与产出效益相匹配的原则，充分借鉴和比较同类型项目成本预算绩效分析指标，提出统筹兼顾投入成本和预期绩效的最优方案，合理估算投入成本。成本估算方案要对业务流程的合理性和技术标准的适用性进行论证，结合财政可承受能力，综合研判项目立项必要性、投入经济性、绩效目标合理性、实施方案可行性。

10. 强化绩效目标管理。在预算编制环节，科学设置成本绩效目标，充分反映预期提供的公共产品或服务所产生的成本。要根据成本对象特点，从总成本、分项成本、单位成本等方面细化设定成本指标。对难以量化表述的部分社会成本和生态环境成本，应采用分级分档的形式定性表述，使其具有可衡量性。各级财政部门审核预算时，要重点关注成本指标和产出指标、效益指标的匹配情况。

11. 强化绩效运行监控。在预算执行环节，严格按照预算批复的绩效目标和成本指标推动项目实施，严禁超标准、超范围支出。对支出进度明显偏慢、资金结余较多的项目，对项目实施的成本效益重新分析评估，合理调整预算安排。对成本管控不到位、支出进度与当期效益、产出明显不符的，应及时采取预警管控措施。

12. 强化预算绩效评价。在决算环节，积极运用成本效益分析方法开展绩效评价，全面分析评价成本控制、产出完成和效益实现情况。将成本管控情况作为绩效评价的重要内容，科学设置成本指标权重，全面分析项目成本构成，研判成本列支依据是否充分，成本测算标准是否合理，重点关注效率低下、效果不佳或成本较高的流程节点，查找成本管控中存在的问题，提出优化流程、节约成本、提高资金使用效益的意见建议。

13. 强化绩效结果应用。将成本预算绩效管理工作结果与预算安排挂钩，并作为优化支出结构、完善政策制定的重要参考。建立成本预算绩效管理闭环，在预算申请环节，将成本预算绩效分析成果作为项目申报的重要依据；在预算编制和审核中，对成本测算不合理的项目不予保障；在项目执行过程中，对成本控制情况与绩效目标有较大偏差或存在问题的，要及时分析原因，按照规定调剂部门预算或调整绩效目标；在项目完成后，对评价发现成本管控不科学、不合理、不规范的情况，要在下年预算中予以调整、整改。

（四）加快标准体系建设

14. 推进公共服务标准建设。在已出台公共服务标准的领域，综合考虑项目实际情况，强化对项目质量标准、产出内容、产生效果的分析比较，明确项目效益和产出水平，完善绩效目标和指标及取值的设定。在尚未出台公共服务标准的领域，参考相关历史数据、行业标准、计划标准等，探索完善公共服务项目设施建设、设备配置、人员配备、服务规范和流程等定性或定量标准，不断完善基本公共服务标准体系，加快普惠性公共服务标准建设，着力提高公共服务质量和效率。

15. 推进成本定额标准建设。以实现公共服务标准和要求为目标，完善成本管控机制，结合业务活动特点改进分项核算方法，明确各项成本费用开支和资源消耗的用量和价格标准。深度剖析业务流程，梳理各种核心业务和辅助业务的关系，按照国家统一的会计制度规定，对相应业务活动产生的直接费用和间接费用进行归集、分摊，通过基准分析和趋势分析等方法，分析影响成本的关键因素和成本变动趋势，剔除历史成本中不合理因素，形成成本定额标准。通过对成本定额标准的执行监控和动态调整，以成本管控推动实现管理优化，切实做到降本增效。

16. 推进财政支出标准建设。将成本定额标准作为财政支出标准建设的重要参考，进一步厘清财政保障范围，优化财政保障方式，健全完善财政支出标准体系。加强部门标准建设，依托成本预算绩效分析，充分考虑流程再造、资源整合、技术进步等节支因素，探索形成一批部门支出标准。财政部门要完善支出标准动态管理，对试点平稳、符合预算实际的部门支出标准加强研究分析，逐步建立完善覆盖重点领域、分类分档的财政支出标准体系，并结合经济社会发展、物价变动、财力变化等情况，及时调整优化。

（五）建立健全管理制度体系

17. 建立成本预算绩效管理制度。市级财政部门要做好全市成本预算绩效管理总体规划，建立健全制度体系。区级财政部门要做好本区成本预算绩效管理工作，可以结合本区实际研究提出落实举措。市、区各部门要建立健全本部门成本预算绩效管理的内控机制，规范开展成本预算绩效管理各项工作。

18. 完善成本预算绩效管理工作规范。财政部门要制订本级成本预算绩效管理工作的操作指引，明确业务流程和技术规范。各部门、各单位要结合职能定位，建立和优化工作方案，加快构建分行业、分领域、分层次的成本预算绩效分析核心指标体系，推进运用成本效益分析等方法，针对性开展相关工作。

三、职责分工

各级政府负责统筹推进本级成本预算绩效管理改革，加强整体谋划，推动成本预算绩效管理改革同做好各项社会事业发展工作紧密结合。

各级财政部门负责成本预算绩效管理工作的总体推进。会同相关预算主管部门组织实施试点工作；会同政策牵头部门探索特定领域成本预算绩效管理改革；组织实施财政重点项目支出和重大财政政策的成本预算绩效分析工作；组织、指导下级财政部门开展成本预算绩效分析工作和工作考核。

各预算主管部门负责制定本部门成本预算绩效管理工作计划，推动业务工作与财务工作紧密衔接，推进各项具体工作落实。组织、指导下级单位开展成本预算绩效分析工作，督促、落实工作结果应用。

四、组织保障

（一）加强组织领导，强化统筹推进

在市级层面建立成本预算绩效管理改革工作机制，市委组织部、市发展改革委、市财政局、市大数据中心、相关预算主管部门和各区参加，统筹推进和协调落实成本预算绩效管理改革各项工作。各区、各部门、各单位要切实加强组织领导，建立工作推进机制。

（二）加强多方联动，形成工作合力

形成市委、市政府统一部署，财政部门牵头组织协调，各市级预算主管部门、各区主责落实共同推动的工作机制，切实增强工作合力。将成本预算绩效管理开展情况纳入党政领导班子年度绩效考核，建立上下协调、层层抓落实的工作责任制。加大成本预算绩效信息公开力度，主动接受人大、政协、审计和社会监督。

（三）加强宣传培训，营造良好氛围

广泛宣传成本预算绩效管理的理念、意义和要求，做好政策解读、业务培训，引导广大干部将成本绩效管理作为一项本领。各区、各部门、各单位要创新工作机制，加强经验总结和案例推广，促进形成讲成本、重成本、用成本、比效益的良好氛围。

（四）加强信息管理，夯实工作基础

充分运用大数据和信息化手段，推动数字化转型应用，优化成本信息归集利用，提高成本管理效率。依托预算管理一体化系统，优化成本定额标准对比机制，推进市、区两级部门、单位共建共享共用。

（五）加强专业支撑，提高工作质效

规范第三方机构参与，强化执业质量跟踪监督。完善专家学者咨询机制，发挥高校智库专业优势，引入行业管理前瞻研究，提高评估评价质量。

四、江苏省

江苏省深化零基预算改革方案

苏政发〔2024〕88 号

为加快健全现代预算制度，大力推进财政科学管理，提高财政资源配置效率和资金使用效益，增强对中央决策部署及我省重要工作的保障能力，根据《中华人民共和国预算法》《中华人民共和国预算法实施条例》《国务院关于进一步深化预算管理制度改革的意见》（国发〔2021〕5 号）以及《省政府关于进一步深化预算管理制度改革的实施意见》（苏政发〔2021〕58 号）精神，结合我省实际，制定本方案。

一、总体要求

坚持以习近平新时代中国特色社会主义思想为指导，全面贯彻落实党的二十大和二十届二中、三中全会精神，深入贯彻习近平总书记对江苏工作重要讲话精神，认真落实省委、省政府部署要求，自编制 2025 年预算起，以“大财政”理念指引全省全面深化零基预算改革，创新预算管理方式，打破支出固化格局，实行预算编制以零为起点，以中央和省重大决策为依据，以预算绩效为导向，以当年财力为基础，构建应保必保、该压尽压、讲求绩效的预算分配机制，切实增强财政统筹平衡能力和可持续发展能力，为推进中国式现代化江苏新实践提供有力支撑。

二、主要措施

（一）分类细化编制预算

1. 合理划分保障边界。坚持有效市场与有为政府相结合，市场机制能够自发调节的领域，原则上取消预算安排，减少对微观经济的不当干预。改变财政支持方式，减少直接补助、无偿补助等扶持方式，充分发挥贷款贴息、担保费补贴、风险补偿、拨投结合、政府投资基金等政策工具功能，更多采取免申即享、公平普惠的支持方式，鼓励采用集中统一运营、引入社会资本合作、REITs 等市场化方式盘活资产，更大力度运用市场机制、发挥市场功能。

2. 分类编制项目预算。坚持“资金跟着项目走、项目跟着政策走”，调整完善相关重点支出的预算编制程序，取消各部门各项目支出基数，压减非刚性非必要支出。各部门单位围绕同级党委政府确定的年度重点工作，细化具体支持项目，根据各类预算支出性质和用途，分别采用不同方法准确编制项目支出预算。

——人员类项目和公用经费项目。根据组织、编制、人社、公务用车管理等部门批准的机构编制、实有人员、工资政策、公务车辆等基础信息，按照定员定额标准据实编制支出预算。

——其他运转类项目。省级按照大型会议和培训、重大宣传和活动、重大课题和规划、信息化运行维护费、执法办案、大宗印刷费、专项设备购置、大型修缮等用途细化区分，以部门职责为基础，参考以前年度预算执行情况、年度重点工作目标任务等，剔除一次性因素后逐项细化编制支出预算。市县可参照执行。

——特定目标类项目。全面梳理现有项目，逐项核定执行期限，区分情况科学编制支出预算。（1）对已到期和政策目标已实现的项目，坚决予以取消，项目执行期限最长不超过 5 年，确需延长执行期限的，重新按照新项目开展评审论证后统筹研究确定；（2）对基本民生等共同财政事权项目，根据相关文件规定的保障范围、保障对象、保障标准和各级支出责任分担比例等编制支出预算；（3）对需要重点扶持的产业项目，根据同级党委政府明确的重点任务、专项行动方案、政策措施或实施意见等，通过评审论证、竞争立项等程序编制项目清单，明确支持对象、支持标准、支持周期和具体地区等；（4）对交通、水利、信息化等政府投资的基础设施建设项目，履行基本建设程序，根据核定的财政投资规模、项目实施进度、各级分担比例等编制支出预算，纯公益性项目以财政保障为主，有一定收益项目要通过政府债券、市场化融资等多种方式统筹保障。

各部门要将特定目标类项目资金细化到具体单位和项目，凡未按要求细化到位的，原则上不予安排；对年初确实无法细化的，经部门申请、财政审核后作为待分资金管理，严格控制待分资金数量和规模。对细化到单位的资金，财政部门随同年初预算一并批复到具体项目承担单位；对转移支付资金，有关部门要按规定配合财政部门做好资金提前下达，预算批复后在规定时间内下达资金。

3. 健全项目排序机制。上述各类项目原则上按照“三保”支出、政府债务还本付息支出、党委政府年度重点保障事项支出、部门必须开展的专项业务支出、一般事业发展支出和其他支出等依次排序，根据当年财力状况顺次安排预算。

（二）从严从紧安排预算

4. 科学测算可用财力。坚持量入为出、精打细算，科学测算当年各类收入，盘活各领域财政沉淀资金，把依托行政权力、政府信用、国有资源资产获取的收入全部纳入政府预算管理，以此为基础控制支出预算总规模。统一预算分配权，将所有预算资金纳入财政部门统一分配，做到预算一个“盘子”、收入一个“笼子”、支出一个“口子”，促进财政资金优化配置，确保财政运行短期能平衡、长期可持续。

5. 树牢长期过紧日子思想。贯彻落实党政机关习惯过紧日子要求，勤俭办一切事业。严格“三公”经费管理，从严控制会议、差旅、培训、论坛、庆典等公务活动，加强地点相同、对象重叠、内容相近等公务活动整合，未列入当年全省批准开展项目清单的创建示范评比表彰和节庆论坛展会活动不得安排支出，经批准开展的要从严控制、规范进行。充分运用大数据、云计算、网络视频等信息化手段开展工作，合理减少现场出差。深入开展国有资产清查利用专项监督行动，严格审核部门单位资产存量、配置限额和配置标准，优先用好存量，严格控制新增。对政策已到期、任务已完成或无法再实施的项目，绩效评价结果较差、资金管理使用存在违法违纪问题的项目，调减直至取消预算安排。

6. 加强项目预算审核论证。项目支出预算由单位编制并申报，主管部门开展初审，财政部门通过事前绩效评估、预算评审等方式开展审核论证，逐步扩大审核论证覆盖面，提高审核论证的精准度和严肃性。“三保”项目、政府债券还本付息项目、基本公共服务项目按照支出标准等实行简化审核论证，根据论证结果予以优先保障。其他共同财政事权项目、产业扶持项目、政府投资项目等，以及执行率低、调整率高、监督检查、绩效评价及审计监督发现问题较多的项目实行重点审核论证，根据论证结果，结合财力可能实行分类保障、总额控制。对部分暂时无法安排预算的项目，可筛选形成备选项目，在具备条件时视情安排或在以后年度预算优先安排。严格落实防范和纠治“新形象工程”长效机制，对列入负面清单的政府投资项目一律不安排预算。

7. 强化预算刚性约束。严格按照预算安排支出，严禁无预算超预算列支，严禁违规举债和挤占挪用资金。严控预算调剂追加，除落实国家相关政策、应对处置重大突发事件和抢险救灾等支出外，预算执行中一般不追加预算，也不出台增加当年支出的政策。对因特殊情况确需追加的重大紧急事项，应事先开展项目评审论证和财政承受能力评估，按程序报审。未按规定程序报审，部门在起草同级党委、政府相关文件代拟稿、研究制定地方性法规和规章时，不得包含新设专项资金、新增预算安排、新开支出口子等财政事项。

（三）强化资金统筹整合

8. 推进跨部门资金统筹。各部门要根据机构职责，梳理、整合、重构本部门主管的项目资金，聚焦党委政府重点工作，实行跨部门资金统筹整合，对目标相近、内容类同的财政资金原则上由一个行业主管部门牵头管理，避免交叉重复支持。对跨级次、跨区域的重大战略任务，根据支出责任做到横向联动、纵向协同、分级共担。

9. 强化部门和单位资金统筹。对部门单位资金全面实行预算管理，其各类收入全部纳入部门或单位预算，逐步加大与财政拨款统筹使用力度。非财政拨款资金可以满足或部分满足支出需要时，优先使用非财政拨款收入。部门单位的财政性资金结余统筹纳入预算使用，保障单位可持续支出，结余过大的收回总预算。按规定取消专项收入专款专用。政府非税收入征收与执收单位预算安排实行“收支两条线”管理。

10. 健全专项资金评估和退出机制。专项资金应明确执行期限且最长不超过5年，此前未明确的要逐项明确，资金预算一年一定。及时评估专项资金成效，对政策已到期、目标已完成、绩效评价结果较差或不再具备执行条件的，一律清理取消。新增重大项目重大政策应做好事前绩效评估和预算评审，评估评审结果作为预算安排的必备要件。

（四）深化配套制度改革

11. 加快预算支出标准体系建设。将支出标准作为预算安排的基本依据，不得超标准编制预算。健全支出标准体系，加强基本支出定员定额管理，根据履职需要、市场价格、实际支出水平等情况，建立完善动态调整机制，为预算编制提供科学依据。加强对项目支出预算执行情况的分析运用，逐步将科学合理的实际支出水平作为制定项目支出标准的依据，加快建立财政重点支出领域、部门主要共性项目、重大延续性项目支出标准体系。

12. 实施项目全生命周期管理。预算支出全部以项目形式纳入预算项目库，未纳入项目库的项目一律不得安排预算，严格做到“先谋事、再排钱”。各部门要提前研究谋划，常态化开展预算项目储备，新增入库项目必须具有明确政策依据，体现部门主要职责和重点工作，符合本级支出责任范围。认真做好项目滚动管理，及时清理到期项目和无须继续实施项目。加强项目排序管理，分清轻重缓急，合理确定项目分年支出计划，统筹编制三年支出规划建议，强化支出规划对年度预算的约束，促进跨年度预算平衡。

13. 推进预算绩效管理提质增效。按照“全方位、全过程、全覆盖”及“政策项目有评估、预算编制有目标、预算执行有监控、预算完成有评价、评价结果有应用”等要求，将预算收支全面纳入绩效管理，健全完善以绩效为导向的预算分配机制。结合部门实际情况，全面设置部门整体绩效目标、政策及项目绩效目标，开展绩效运行监控，提前防止和及时纠正偏差，避免资金损失浪费。加强公共服务绩效管理，强化事前功能评估，突出成本绩效分析，做到尽力而为、量力而行。完善绩效管理结果应用的激励约束机制，将评价结果作为预算安排、完善政策和改进管理的重要依据。

14. 强化数字财政赋能。完善预算管理一体化系统，数字赋能预算编制、执行、监督各环节，加快大数据智能化开发利用，推进数据信息互联互通、共享共用，实现资金来源去向全程留痕，做到顺向可控、逆向可溯，直观高效展现资金使用绩效，加快构建资金绩效指标体系，提高预算安排的精准性，为全面深化零基预算改革提供有力有效的技术支撑。

三、组织保障

各地各部门要高度重视零基预算改革工作，加强组织领导，强化责任担当，密切协调配合，形成推进零基预算改革的工作合力。各级财政部门要发挥好牵头组织作用，积极主动做好服务沟通和业务指导，严格审核把关，确保收支平衡；要密切跟踪工作进展情况，加大监督检查力度，发现问题及时堵塞漏洞，对推进不力的予以通报，确保改革措施落实到位。各部门作为实施主体，要切实转变预算编制和执行理念，加强项目谋划储备，强化资金统筹，细化预算编制，优化支出结构，做好项目排序，严肃预算执行，以深化零基预算改革为契机进一步提升预算管理质效，助力我省高质量发展继续走在前列。

五、安徽省

安徽省全面实施零基预算改革方案

皖政〔2022〕60 号

为进一步深化预算管理制度改革，加快建立标准科学、规范透明、约束有力的预算制度，根据《中华人民共和国预算法》《中华人民共和国预算法实施条例》《国务院关于进一步深化预算管理制度改革的意见》（国发〔2021〕5号），以及《安徽省进一步深化预算管理制度改革实施方案》精神，结合我省实际，制定本方案。

一、总体要求

坚持以习近平新时代中国特色社会主义思想为指导，全面贯彻落实党的十九大和十九届历次全会精神，全面落实习近平总书记对安徽作出的系列重要讲话指示批示，认真落实省第十一次党代会精神，牢固树立以政领财、以财辅政理念，坚持有效市场与有为政府相结合，进一步完善预算管理制度，创新预算管理方式，从编制2023年预算起，在全省范围内全面实施零基预算改革，打破支出固化格局，构建该保必保、应省尽省、讲求绩效的资金安排机制，增强党委、政府决策部署保障能力，推动经济社会高质量发展，为加快建设现代化美好安徽提供财力支撑。

二、编制政府年度重点保障事项清单

各级财政部门会同相关部门围绕党中央、国务院及省委、省政府决策部署，编制具有战略性、全局性、基础性的公共服务、产业扶持、重点建设项目三类政府年度重点保障事项清单，明确事项名称、保障对象、保障内容、保障标准、保障方式、保障期限、支出责任等。

（一）编制公共服务项目清单。主要包括教育、卫生健康、养老托幼、社会救助、文化体育等领域重大公共服务事项。各级财政部门会同主管部门根据中央及省规定的基本公共服务领域保障内容、保障范围、保障标准、分担比例等，以及同级党委、政府确定的其他重大公共服务事项，编制公共服务项目清单。各级财政主要保障普惠性、基础性、兜底性的基本公共服务事项，避免大包大揽、过高承诺。基本公共服务以外事项，更多通过市场化方式提供。各级要首先保障中央及省规定标准的落实。

（二）编制产业扶持项目清单。主要是根据各级国民经济发展规划确定的产业发展方向，需重点扶持的关键领域、关键环节项目，重点是三次产业高质量协同发展领域重大项目。各级行业主管部门要提前谋划储备项目，采取竞争立项、评审论证、公开公示等程序，确定具体支持对象、支持方式、支持标准、支持周期等，并按照轻重缓急进行排序。各级财政部门根据同级党委、政府年度重点工作安排，对各部门申报的支持项目，结合当年财力状况进行审核评估，统筹编制产业扶持项目清单。未能纳入当年产业扶持清单支持的项目，列入以后年度滚动支持。严格控制竞争性领域财政投入，减少直接补助、无偿补助等扶持方式，更多采取政府引导基金、融资贴息等市场化方式支持。

（三）编制重点建设项目清单。主要包括交通、水利、农业等领域基础设施建设项目，以及数据中心等重大信息化建设项目。各级财政部门会同相关部门，根据同级党委、政府决策部署，以及上级和同级有关部门批准的投资计划，编制重点建设项目清单，明确具体项目、实施计划、支出标准、分担比例、筹资方案等。纯公益性项目以财政保障为主，根据财力可能、发展需要，合理确定建设规模、标准和实施进度。有一定收益项目要通过地方政府专项债券、市场化融资等多种方式筹集建设资金，更多发挥市场作用。

（四）加强项目清单动态管理。政府年度重点保障事项清单是相关领域预算安排的重要依据，与年度预算同步编制，每年根据实施情况、资金使用绩效、年度重点工作变化等动态调整和完善。各级财政部门要将政府年度重点保障事项清单随年度预算提交同级政府审定。

三、创新预算编制方式

（一）取消支出基数。打破预算安排和资金分配的基数依赖，所有预算支出均以零为基点，以党委、政府决策部署和事业发展目标为导向，以政府当年可用财力为基础，根据资金实际需求、项目轻重缓急、绩效评价情况等统筹核定。

（二）分类编制预算。保工资、保运转支出，实行以定员定额为主的预算编制方法，根据组织、编制、人力资源社会保障、公务用车管理等部门批准的机构编制、实有人员、基本工资、津贴补贴、公务用车等基础信息，按照各级财政部门制定的定员定额标准据实编制。政府年度重点保障事项清单支出，根据清单所列事项细化编制到具体单位、地区。其他项目支出实行先有项目后有预算的编制方法，各部门要提前谋划储备项目。

（三）健全支出预算排序机制。各级预算原则上按以下顺序安排："保基本民生、保工资、保运转"支出，地方政府债券还本付息支出，政府年度重点保障事项清单确定的支出，部门必须开展的一般事业发展支出和其他支出。

四、推进财政资金统筹整合

（一）加强财政资金统筹。各部门要根据政府年度重点保障事项清单，梳理、整合、重构部门主管的项目资金，聚焦支持保障清单所列事项。推动跨部门资金统筹整合，对目标相近、内容类同的财政资金原则上由一个行业主管部门牵头管理。对跨级次、跨区域的重大战略任务，根据支出责任实行省、市、县（市、区）分级共担。

（二）强化部门和单位收入统筹。各部门和单位要将取得的各类收入纳入部门或单位预算，在部门非财政拨款收入可以满足支出需要时，不得申请新增财政拨款。严禁将政府非税收入征收情况与征收单位预算申请及安排挂钩。

（三）健全专项资金退出机制。专项资金预算一年一定，执行期限最长不超过 3 年。政策已到期、目标已完成、绩效评价结果较差或不再具备执行条件的项目，一律清理退出。未定执行期限项目，要逐项明确执行期限。编制 2023 年预算时，对执行超过 3 年的专项资金逐项清理退出。

五、硬化预算约束

（一）加强预算执行管理。将过紧日子作为预算管理长期坚持的方针，严控一般性支出。执行中原则上不出台新的增支政策，确需出台的政策，通过统筹当年相关资金解决，统筹当年资金无法解决的，纳入以后年度预算安排。严禁出台溯及以前年度的增支政策。未按预算管理规定履行审批程序，不得在政策文件、会议纪要等中对财政经费作出新增设立、提标扩面、增加额度等规定。

（二）盘活存量资金。健全预算执行通报机制，全面追踪转移支付资金在省、市、县（市、区）分配、拨付、使用情况。对未按时下达的转移支付、涉企补助资金、预计当年无法形成支出的项目资金，各级要及时收回预算，依规统筹用于经济社会发展亟须支持的领域。落实部门结转结余资金定期清理制度，除按规定留用外，一律收回预算统筹。

（三）健全激励约束机制。完善年度预算安排与人大审查、巡视巡察、审计监督等发现问题及预算执行情况、绩效评价结果等挂钩机制，原则上优先保障绩效好的项目，削减或取消预算执行率偏低、绩效较差、发现问题较多的项目。

六、深化配套制度改革

（一）深化预算绩效管理。将绩效管理实质性嵌入预算编制、执行、监督全过程。新增重大政策和项目，按规定开展事前绩效评估，未开展评估或评估未通过的，一律不得纳入预算安排。对实施期超过一年的重大政策、项目实行全周期跟踪问效。

（二）加快预算支出标准体系建设。加强基本支出定员定额管理，根据履职需要、市场价格、实际支出水平等情况，动态调整完善基本支出标准体系。以政府年度重点保障事项清单为基础，根据支出政策、项目要素及成本、财力水平、实际执行情况等，加快推进项目支出标准体系建设。

（三）实施项目全生命周期管理。预算支出全部以项目形式纳入预算项目库，未纳入预算项目库的项目一律不得安排预算。牢固树立“先谋事、再排钱”理念，提前研究谋划，常态化开展预算项目储备。加强项目入库、安排、分配、拨付、退出全流程管理，完善项目库滚动管理和定期清理机制，提高项目管理水平。

七、强化组织保障

（一）强化统筹协调。各地各部门要充分认识实施零基预算改革的重要意义，把实施零基预算改革工作作为优化财政资源配置、提高财政资金使用效益的重要手段，加强组织领导、强化协同配合，确保改革工作有序实施、取得实效。

（二）强化责任担当。各级财政部门牵头零基预算改革工作，加强对预算部门的业务指导，改进预算审核方式，完善配套制度。各级预算部门是零基预算实施主体，要切实转变预算编制和执行理念，加强内部沟通协调，落实落细各项改革任务。

（三）强化智慧治理。完善预算管理一体化系统，规范各级预算管理要素、业务流程和控制规则，加快大数据智能化开发利用，推进数据信息互联互通、共享共用，实现资金来源去向全程留痕、可追溯，为全面实施零基预算改革提供有效支撑。

六、河南省

河南省推进省级部门支出零基预算管理改革方案

豫财预〔2021〕18号

近年来，按照深化部门预算改革有关要求，省级积极运用零基预算理念，不断完善部门预算编制制度，全面加强部门预算基础管理，改变了以往“基数加增长”的预算编制模式，着力破解支出预算固化格局，努力提高预算编制的科学性、准确性和有效性，取得了一系列成效。但随着我国经济发展进入新常态，减税降费等政策积极有效实施，我省财政收入增速趋缓，中央转移支付补助增幅下降，省级可用财力增量有限，财政收支矛盾十分突出。同时，预算管理领域的深层次问题也逐步浮出水面，如预算统筹力度不足、约束力不强、项目库管理薄弱、部分支出规模及方向固化、预算资源配置效率有待提高等问题；要解决这些问题，必须创新预算管理方式，改革预算编制方法，推进零基预算管理改革，提高财政资源配置效率，增强新时代财政统筹保障能力。按照预算法及实施条例有关规定，制定本方案。

一、总体目标和原则

推进零基预算管理改革是落实好省委、省政府决策部署，优化财政资源配置，提高财政保障能力和财政资金使用效益的重要举措。

（一）工作目标

从编制2021年省级预算起，全面深化预算管理制度改革，加大零基预算实施力度，打破基数概念和支出固化格局，加强财政资源统筹，突出保基本、守底线，强化预算对落实党和国家重大政策的保障能力，提高预算编制的科学性和准确性。坚持统筹兼顾、突出重点，全力保障省委、省政府重大决策部署和重点领域改革。加强特定目标类项目资金管理，规范其资金设立和预算管理，统筹各类资金聚焦经济社会发展重点领域和关键环节。全面清理完善项目库，加强项目入库审核，切实发挥项目库基础作用。牢固树立艰苦奋斗、勤俭节约的思想，真正过紧日子，坚持精打细算、把钱花在刀刃上，坚决压减一般性支出。强化预算绩效管理，以问题为导向，以绩效为抓手，探索建立能增能减、有保有压、能上能下的预算安排机制，促进预算和绩效管理一体化，提升财政资金使用效益。

（二）基本原则

统筹平衡，保障重点。收入预算安排实事求是、积极稳妥，与经济社会发展状况相适应；支出预算着力优化支出结构，强化资金统筹，集中财力保障省委、省政府确定的重点支出。参考部门以往预算收支安排和执行进度，逐项审核部门年度各项支出预算，统筹收入、综合平衡后核定当年财政拨款。部门按综合预算要求，编制年度部门预算。

强化管理，硬化约束。坚持预算法定，严格按照预算法等有关规定编制预算，强化预算约束，严控预算调整和调剂，推进建立约束有力的预算制度；严格执行财政部印发的预算管理一体化规范，规范预算管理，实现项目全生命周期管理；完善部门职能职责引领项目支出设置机制，落实零基预算要求，逐项审核各项支出预算，着力增强预算安排科学性。

讲求绩效，提高效益。全面实施预算绩效管理，推进预算和绩效管理深度融合，实行预算编制、执行和监督全过程绩效管理，强化事前绩效评估，增强项目立项和预算安排的科学性；加强绩效运行和评价结果运用，着力提高财政资源配置效率和使用效益。

坚持底线，防范风险。把防风险摆在更加突出位置，统筹考虑当前和长远，避免过高承诺，形成稳定合理社会预期。聚焦应对重大挑战、抵御重大风险，加强中长期支出责任管理，牢牢守住不发生系统性风险的底线，维护社会长治久安。

二、主要措施

（一）加强预算编制管理

1. 以零为基点，打破部门界限和项目使用限制，立足当前重点改革任务、重点工作目标、重大项目建设，在成本效益分析的基础上，重新评估论证各项支出安排的必要性、急迫性，规模的合理性、科学性，坚决改变预算安排和资金分配的基数依赖，打破支出固化格局。

2. 人员经费支出预算以组织、编制、人社等部门批准的人员工资信息和省级预算支出标准据实核定，随工资增加的影子工资预算严格按国家和省级规定的计提口径和比例（标准）核定。

3. 公用经费综合定额预算以编制数为基础核定；公用经费分项定额严格按基础对象数量和预算编制标准核定，其中：车辆运维费预算严格按照编制内实有车辆数量和车辆运维费预算标准核定。结合以前年度预算执行情况，重新评估各项公用支出预算标准的科学性、合理性，视情况予以调整。

4. 部门运转类项目支出中经常性支出规模，以部门三定规定职能职责为基础，参考以前年度预算执行情况、预算年度工作重点任务及目标等，剔除一次性因素后统筹确定，部门在核定规模内统筹安排具体项目，确保将预算年度内履职所需各项经费足额纳入预算予以保障。

5. 部门运转类项目支出中临时性支出，根据其承担的工作任务和目标，逐项确定其预算支出规模，执行到期后坚决取消；对原定仍在实施期内的项目支出，逐项评估其任务目标完成情况，根据其剩余工作任务情况调整原预算支出安排，确保预算安排规模与承担的任务量相匹配；对原定项目执行到期后仍需实施的，按新增项目开展预算绩效评估，论证其安排的可行性、必要性和急需性，视评估结果再统筹考虑是否安排。

6. 对现有特定目标类项目资金全面梳理，逐项核实执行期限。区分不同类型特定目标类项目，科学核定预算金额。

（1）对到期和政策目标已完成的项目，坚决予以撤销。

（2）对未到执行期限的，核实其目标任务是否已完成、支持方向是否与国家和省委、省政府当前决策部署相一致，及时进行调整完善。

（3）对未明确执行期限的，依据支持方向和重点，明确执行期限，原则上不超过 3 年。对确需再延长执行期限的特定目标类项目资金，要结合上一执行期内实施情况和绩效评价结果，重新按新增项目开展事前评估论证后再统筹研究。

（4）对中央和地方共同财政事权项目，要严格按照文件规定和省市县各级负担比例，科学核定省级应负担预算金额。

（5）对落实省委、省政府重大决策部署项目，要依据分年度财力状况和支出需求核定预算金额；对有明确支出标准民生项目，要按照民生项目政策规定的具体支出标准、政策涵盖的支出范围、省级分担比例等，科学准确核定预算金额。

（6）对重大工程建设项目，要在项目履行相应审批手续基础上明确财政负担比例，根据预算评审结果，将相应年度支出列入预算。

（7）对政务信息化建设项目，要先审批立项，原则上依托省政务云平台建设，在云平台部署建设内容由项目审批牵头部门统筹实施，需单位自行开发建设内容，原则上由单位统筹现有部门预算资金解决。

7. 加强部门非财政拨款收入预算管理，实行综合预算、统筹安排，参照财政拨款收入进行预算管理，预算执行中发生的非财政拨款经费收入超收部分，当年不安排支出；发生的短收，按程序调减当年预算，切实增强部门预算约束力。

（二）强化预算执行约束

8. 年度预算批复后，部门要严格按照规定的项目和用途使用，不得随意变更，确需调整预算的，严格按程序进行报批；年度预算执行中，部门因工作任务增加或调整所需新增支出，由其统筹年初预算、上年结转资金和单位自有资金解决，一般不追加预算。对确需追加支出的事项，预算追加资金当年应支出完毕，年底剩余支出原则上不办理结转，以后年度也不再重新安排。

9. 严格预算级次管理，预算执行中省级部门预算支出和对下级转移支付支出原则上不得相互调整；今后凡将省级部门预算支出调整为对下级转移支付的，省财政按调整金额的一定比例扣减预算资金。省级安排的对市县一般性转移支付和专项转移支付要分别在省人代会批准年度预算后30日和60日内分配下达；除救灾、预留项目配套外，省级预算安排用于省级部门支出的特定目标类项目资金要于当年6月30日前分配下达，逾期未下达的，收回统筹使用。

10. 严格落实预算法实施条例有关规定，完善结转结余资金政策，人员类支出和运转类支出原则上不办理结转，特定目标类项目资金只办理一次结转，结余资金和结转一年以上资金一律收回；财政结转资金原则上要于当年6月30日前分配下达到具体单位和项目，部门结转资金9月底前支付完毕，逾期未支付的，省财政收回统筹用于亟须的关键领域；对年末财政存量资金规模较大的部门，要压减其下年度财政预算安排规模，完善财政存量资金与预算安排挂钩机制。

（三）完善相关配套制度

11. 加大资金统筹整合力度，对现有特定目标类项目资金进行清理整合，整合政策目标相似、资金投入方向类同、资金管理方式相近的项目，清理取消琐碎零散、政策绩效导向不明确、使用效果欠佳的项目；建立完善不同特定目标类项目资金之间以及同一资金内部不同使用方向之间的竞争分配机制，聚焦重点领域和关键环节，提升资金使用效益；

强化预算安排同执行、评审、审计、绩效的挂钩机制，对执行进度慢、评审审减率较高、存在屡查屡犯审计问题的部门，按一定比例压减其项目支出预算。

12. 规范转移支付管理，严格区分省本级部门预算支出和对下级转移支付支出，进一步评估论证各项转移支付设立的依据是否充分、支持领域是否符合要求、使用绩效是否明显、与财政事权和支出责任划分结果是否相匹配等，优化调整转移支付项目。对按比例或标准安排的转移支付，严格按政策足额予以保障；对补助引导类转移支付从严从紧控制；加强民生支出政策管理，坚持保基本、兜底线、可持续，既要尽力而为，也要量力而行，确保民生改善与经济发展相协调、民生支出与财力状况相匹配，切实防范在民生领域过高承诺过度保障而引发“悬崖效应”。

13. 将过紧日子作为部门预算管理长期坚持的基本方针，执守简朴、力戒浮华，厉行节约办一切事业，杜绝大手大脚花钱，奢靡浪费等现象；大力精简会议、差旅、培训、调研、论坛、庆典等公务活动，加强地点相同、对象重叠、内容相近等公务活动整合，积极采用视频、电话、网络等新型方式开展，努力节约日常经费开支；提倡通过市场化运作方式举办论坛、展会及招商引资活动。根据事业发展重心，压缩非急需、非刚性项目，优先保障省委、省政府重大改革、重要政策和重点项目所需支出；对非急需的，不属于本部门职责或省级财政事权范围的，以及市场能够有效发挥作用的领域，财政资金要坚决退出。

14. 落实部门和单位预算管理主体责任，部门和单位要对预算真实性、规范性、准确性和执行结果负责，建立内控制度，实施部门整体支出绩效报告制度；统筹使用本部门各类资金资产，结合非财政拨款收入情况统筹申请预算，统筹保障支出需求。部门依法取得的各类收入要按规定全部纳入预算统筹使用，未纳入预算的收入不得安排支出；切实加强预算编制基础管理，优化支出结构，将年度部门急需和重点支出足额纳入年初部门预算，提高预算编制质量。

15. 坚持“先谋事、再排钱”，全面做实项目库；所有进入项目库的项目必须按规定履行论证、评审、立项等必要程序。严格项目支出审核，根据项目支出用途和范围，完善项目支出分类，建立预算优先保障清单；做实做细项目储备，按轻重缓急、绩效目标和项目成熟度等对储备项目进行排序，突出保障重点；部门申报的项目必须有充分的立项依据、具体的支出内容、详细的支出计划、合理的绩效目标、成熟的实施方案，不具备条件之一的不得进入财政项目库，确保预算一经批复即可执行。

16. 按照“全方位、全过程、全覆盖”及“政策项目有评估、预算编制有目标、预算执行有监控、预算完成有评价、评价结果有应用”的要求，将预算收支全面纳入绩效管理。结合部门实际情况，全面设置部门整体绩效目标、政策及项目绩效目标，开展绩效运行监控，提前防止和及时纠正偏差，避免资金损失浪费。加快建立绩效评价结果应用的激励约束机制，将评价结果作为预算安排、完善政策和改进管理的重要依据，形成“花钱必问效，无效必问责”的机制。

17. 对省财政通知安排的特定目标类项目资金，省直有关部门要按要求细化到具体单位和项目，凡未按要求细化到位的，原则上不予安排；对年初确实无法细化的，应由部门提出申请、经财政审核后作为待分资金管理，严格控制待分特定目标类项目资金规模和数量；对难以细化到具体项目资金，一律由省财政收回统筹使用。对细化到省级单位资金，由省财政随同年初预算一并批复到具体项目承担单位；对细化到市县的转移支付资金，有关部门要按规定配合省财政做好资金提前下达，预算批复后在规定时间内下达剩余资金。

三、保障措施

（一）高度重视，加强领导。推进零基预算改革是落实党的十九大精神、深化预算管理改革的重大举措，是优化财政资源配置、提高财政资金使用效益的重要手段。省直各部门要高度重视，切实加强领导，把推进零基预算改革作为当前一项重要任务，认真组织，确保改革工作取得实效。

（二）统筹协调，强化指导。省财政厅负责牵头组织推进零基预算改革工作，加强对各省直部门开展改革工作的服务、沟通和指导，按规定按程序严格审核，保障预算编制质量。省直各部门要加强内部相关单位的沟通协调，真实、准确、完整编制基础数据和各项收支预算，提高预算编制准确性。

（三）建章立制，强化管理。省直各部门要结合本部门实际，建立健全部门预算编制、执行、决算、绩效管理各项制度，完善并落实内控机制，加快预算执行，强化预算管理。对零基预算编制和执行过程中存在的问题及时与省财政厅沟通，为深化预算管理制度改革积累经验。

七、湖南省

湖南省人民政府关于全面深化零基预算改革的指导意见

湘政发〔2024〕14 号

为全面贯彻党的二十届三中全会精神，深入落实省委十二届七次全会部署，健全预算管理制度，深化零基预算改革，强化重大战略任务和基本民生财力保障，现提出如下指导意见。

一、改革目标

坚持问题导向、破立并举，按照破基数、破边界、立观念、立事项、立优先序、立标准、立方法、立绩效的原则，从编制 2025 年预算起，在全省范围内全面深化零基预算改革，到 2026 年初步构建有保有压、突出重点、统筹有力、讲求绩效的预算安排机制，强化预算执行刚性约束，切实提升财政政策资金效能，为奋力谱写中国式现代化湖南篇章提供坚实保障。

二、重点任务

（一）改革预算编制方式

1. 制定大事要事保障清单。各级政府要全面清理评估现行支出政策和项目，坚决取消执行到期、无必要实施的政策和项目，整合归并零散碎片、性质相近的政策和项目，调整优化超出财政承受能力、难以落实、效益不高的政策和项目。在此基础上，各级财政部门会同相关部门围绕党中央、国务院和省委、省政府决策部署，制定本级年度大事要事保障清单，明确保障内容、政策标准、实施期限、支出责任等。大事要事保障清单与年度预算同步制定，根据重点工作任务、资金使用绩效和国家有关政策等情况动态调整。

2. 树立以事定钱的预算编制原则。全面打破预算安排和资金分配“基数”，按照“先定事后定钱”的原则，结合年度大事要事保障清单和财力可能，以零为起点编制预算。财政保障能力较强、改革基础较好的地区，可采取“压减总量、调整结构”方式优化预算安排，大力压减非重点非刚性非急需支出，加大重点领域保障力度。

3. 分类确定支出预算编制方法。保基本民生支出预算按照政策标准、对象数量、支出责任等因素编制。保工资支出预算按照工资支出政策标准和财政供养人数等因素据实编制。保运转支出预算主要采取定员定额方法编制。政府债务还本付息支出预算根据债务余额、利率、到期本金等因素编制。事业发展支出预算以党委、政府决策部署和事业发展目标为导向，根据本级财政可承受能力，量入为出统筹安排。

4. 严明支出预算安排顺序。全面梳理本级可统筹使用的各项财力来源，按以下五级优先序安排支出预算：“三保”支出（保基本民生、保工资、保运转支出），政府债务还本付息支出，年度大事要事保障清单事项支出，部门必须开展的一般性事业发展支出，其他支出。前序支出未足额保障的，不得安排后序支出。根据各类支出特点相应匹配财力来源，确保“三保”支出和地方政府债务付息支出有稳定的经常性财力支撑，防范财政运行风险。

（二）加强财政资源统筹

5. 加强专项资金统筹。严格控制专项资金数量，新增工作任务所需资金原则上通过既有专项资金解决，一般不新设专项资金。合理确定专项资金规模，根据事业发展需要动态调整，能增能减。推进专项资金深度整合，相关部门每年应会同财政部门，根据年度工作任务目标制定专项资金安排总体方案，明确具体支出方向和金额，报本级人民政府审批，不得按内设机构固化支出结构，杜绝各管一块“自留田”现象。在落实上级约束性目标任务基础上，部门应将上级转移支付与同领域本级专项资金统筹安排，统一制定资金分配方案，合力支持事业发展。

6. 加强跨部门资金统筹。对党委、政府部署的重大规划、重点工程、重要任务，相关部门要及时提出具体任务清单和资金需求，财政部门牵头制定资金筹措方案，优先通过统筹相关领域专项资金保障，确有不足的通过新增预算保障。对跨级次、跨区域的共同财政事权事项，根据支出责任实行省、市、县分级共担。对分属不同部门但支持方向相近的专项资金，探索建立部门协同联动机制，明确牵头主管部门，推动目标共商、政策共定、项目共管，避免重复投入。

7. 加强单位资金统筹。按照“收入一个笼子、支出一个口子、预算一个盘子”的原则，将部门和单位取得的事业收入、经营收入等各类单位资金全部纳入部门或单位预算管理，未纳入预算管理的不得安排支出。合理安排资金使用顺序，单位资金可以满足部门和单位支出需要时，不得申请新增财政拨款。

（三）深化配套制度改革

8. 建立健全财政支出标准体系。加快推进财政支出标准建设，构建以基本支出标准、项目支出标准、基本公共服务支出标准、资产管理标准为主体的财政支出标准体系，使支出标准成为预算安排的基础依据。基本支出标准采取人均定额、物均定额、按比例计提等方法制定。项目支出标准根据行业类别、项目类型分类制定。基本公共服务支出标准根据国家基础标准、公共服务状况、支出成本差异、财政承受能力等因素制定。资产管理标准根据资产配置量、耗用量、更新周期、采购价格等因素制定。支出标准制定应实事求是、量力而行，根据经济社会发展、物价变动和财力变化等因素适时调整。

9. 推进项目全生命周期管理。预算支出全部以项目形式纳入预算项目库，入库项目应具备政策依据、实施期限、绩效目标等要素，未入库项目不得安排预算。各部门作为项目管理主体，要提前研究谋划、常态化开展项目储备，于每年6月30日前启动下年度项目储备工作，加强项目入库、排序、调整、退出全流程管理，对长期未安排预算的项目应定期清理出库，实施进度缓慢、难以达到预期的项目应及时调整，并相应调减或取消预算安排。

10. 实施重大项目预算评审。完善预算评审制度，需申请预算安排的重大项目、技术复杂专业性项目，应事先开展预算评审，具体评审办法由各级财政部门根据实际情况制定。相关部门要及时提供项目资料，并对资料真实性、合规性负责。财政部门要强化事前功能评估，重点审核项目必要性、可行性、完整性和预算合规性、合理性、经济性。项目预算评审结果作为预算安排的重要依据。对虚报数据和资金需求的部门，酌情核减部门预算。

11. 提升预算绩效管理质效。优化制度设计，将绩效管理嵌入预算编制、执行、监督全过程，做到“政策项目有评估、预算编制有目标、预算执行有监控、预算完成有评价、评价结果有应用”。加强公共服务、转移支付资金、重大投资项目和国有资本资源资产使用等重点领域绩效管理，探索成本预算绩效管理。强化绩效评价结果运用，评价结果作为安排预算、完善政策、改进管理的重要依据。

（四）严格规范预算管理

12. 统一预算分配权。将依托行政权力、政府信用、国有资源资产获取的收入全部纳入政府预算管理。除法律有明确规定外，不得将支出预算安排与财政收支、生产总值的规模或增幅挂钩，不得与专项收入、罚没收入、国有资源（资产）有偿使用收入等非税收入挂钩。合理划分各级政府间财政事权和支出责任，上级不得以考核评比、下达任务、要求配套等任何形式，变相增加下级支出责任。

13. 硬化预算执行约束。将习惯过紧日子作为预算管理长期方针，坚决防止脱离实际乱提要求、乱表态、乱花钱、乱开口子。严格执行经人大批准的预算，非经法定程序不得调整。预算执行中一般性增支需求，原则上通过调整预算结构解决。加强国库暂付款管理，“三保”和债务还本付息等刚性支出压力较大的市州、县市区，不得新增国库暂付款。

14. 大力盘活存量资金。进一步规范结转结余资金管理，除中央明确要求专款专用的经费和按规定保留的科研经费外，部门人员经费、运转经费等基本支出原则上不予结转；项目支出当年无须使用的可提前收回预算，确有必要的最多办理一次结转；其他结转结余资金全部收回预算。全面清理财政专户，撤销未经财政部批准设置的财政专户，结存资金上缴国库或按规定处置，合规设置的财政专户要定期核对账务，除中央有明确规定外，专户利息和结转一年以上资金（不含收取的学费、保教费等）及时上缴国库。规范开设单位实有资金账户，未按规定备案登记设置的单位实有资金账户视同“小金库”处理，实有资金账户中的沉淀闲置和低效无效的单位资金及时上缴国库。

15. 构建财审联动管理闭环。针对重大财政支出政策、重点项目资金、资金资源密集部门开展重点审计和财会监督，加强财政、园区、平台“三本账”全口径监管，加大监督检查结果运用力度，强化监督结果与制度建设、预算安排、财政资金和新增债务限额分配挂钩，构建指标共商、信息共享、成果共用、整改共促的管理闭环，切实严肃财经纪律。

三、组织保障

各级各部门要提高思想认识，把深化零基预算改革作为深化财税体制改革的重要内容，以改革创新精神和动真碰硬勇气狠抓改革措施落实。省、市、县三级建立深化零基预算改革工作机制，负责研究改革相关重大事项，协调解决改革中遇到的突出困难和问题。财政部门牵头深化零基预算改革工作，加强对相关部门的工作指导，健全完善配套制度，将相关制度嵌入预算管理一体化系统，实现业务流、资金流、信息流贯通融合。其他部门作为零基预算实施主体，要切实转变预算编制和执行理念，加强内部统筹协调，确保改革取得实效。

八、云南省

深化零基预算改革的实施意见

云财预〔2022〕26号

为进一步深化预算管理改革，提高预算管理规范化、科学化、标准化水平，根据《中华人民共和国预算法》及其实施条例，《国务院关于进一步深化预算管理制度改革的意见》（国发〔2021〕5号）《云南省人民政府关于完善省以下财政体制深化预算管理制度改革的意见》（云政发〔2021〕20号）有关规定，经省人民政府同意，现就全面实施零基预算改革提出如下意见：

一、改革的重要意义

预算体现国家的政策和战略，规定政府活动的范围和方向，强化预算管理对于落实国家宏观调控政策、加强财政资源统筹、提高财政资金使用绩效具有重要作用。近年来，各级各部门深入推进预算管理改革，预算管理水平不断提高。但预算管理中支出基数固化、项目资金部门化、资金统筹难、预算约束不够有力、资金结转大等问题仍旧突出，与建立标准科学、规范透明、约束有力的预算制度相比还有差距，迫切需要进一步规范管理、提高效率、挖掘潜力、释放活力。

零基预算，是指不考虑过去的预算项目和收支水平，在编制预算时，对所有的预算支出均以零点为基础，从实际需要与可能出发，逐项审核各项支出的必要性、合理性以及支出数额，在综合平衡的基础上科学编制预算的方法。实施零基预算改革，是深化预算管理制度改革的重要内容，是加快建立现代财政制度、推进国家治理体系和治理能力现代化的有效举措，有利于各级政府统筹预算安排，打破财政支出固化格局，集中财力办大事；有利于增强财政投入的实效性，把钱用到刀刃上，提高资源配置和使用效率；有利于规范财政资金分配，实现政策、规划、预算的有机整合。

二、总体要求

以习近平新时代中国特色社会主义思想为指导，全面贯彻党的十九大、十九届历次全会精神和习近平总书记考察云南重要讲话精神以及省第十一次党代会精神，按照中央和省委、省政府关于深化财税体制改革的部署，全面实施零基预算改革，创新预算管理方式，改革预算编制方法，规范财政资金分配，优化财政支出结构，建立健全能增能减的资金安排机制，构建规范透明、标准科学、约束有力的公共财政预算编制体系，增强财政统筹平衡和可持续发展能力，为推动我省高质量跨越式发展提供财力保障。

实施零基预算改革坚持以下原则：

一是打破基数。取消各部门管理的财政资金“基数”，每年以零为基点编制预算，围绕党委政府决策部署和施政重点，根据财力状况、政策要求和项目储备情况，细化审核编制预算。完善项目排序机制，分清轻重缓急，集中财力保障重大战略、重要任务、重点改革。

二是统筹使用。推进各类各项资金的统筹使用力度，建立健全同一领域不同渠道资金、财政拨款资金与单位资金、不同年度间财政资金的统筹机制，盘活存量，用好增量，深入挖掘潜力，提升财政统筹保障能力。

三是硬化约束。增强法治观念，坚持预算法定，严格执行人大批准的预算，加快预算执行。严格规范预算调剂行为。强化地方和部门的主体责任，严肃财经纪律，着力提升制度执行力，维护法律的权威性和制度的刚性约束力。

四是注重绩效。坚持全面实施预算绩效管理与推进零基预算改革相结合，建立以绩效为导向的预算分配体系，加强绩效结果运用，健全预算安排与绩效结果挂钩的激励约束机制，大力削减或取消低效无效支出。

三、改革内容

（一）取消各类财政资金分配基数，改革预算分配方式

改变“基数+增长”的预算编制方式，以零为基点，实行预算一年一定。

1. 取消所有支出基数。所有支出安排不以上年保障水平为基数，坚持资金跟着项目走，严格审核论证，逐项审核支出的必要性、合理性，并按照轻重缓急的原则进行项目排序，优先保障重点支出。

2. 规范预算支出分类。所有支出以项目为管理单元，按支出性质和用途划分为人员类项目、运转类项目、特定目标类项目。人员类项目支出、运转类项目中的公用经费项目支出对应部门预算中的基本支出；特定目标类项目支出、运转类项目中的其他运转类项目支出对应部门预算中的项目支出。

3. 改进支出预算审核方式。部门申报的项目支出，着重审核项目支出的立项必要性、实施方案可行性、支出预算合理性、绩效目标适配性，根据审核结果和财力状况，统筹安排支出预算。对政策依据不充分、没有项目支撑和项目前期工作不成熟、实施条件不具备的，一律不纳入预算。属于部门承担的一次性或阶段性专项任务的支出，视财力可能和需求情况安排，不形成固定基数，专项工作任务完成后，预算安排相应取消。

4. 根据不同类型支出特点分类编制预算。部门预算中的人员类、运转类项目按照基础数据和定员定额标准，据实测算足额保障。特定目标类项目中，按项目法管理的资金应在年初全部细化到具体项目，按因素法管理的资金要细化到相关地区或部门。除应急救灾、预备费等项目资金外，凡未细化到具体支出和使用单位的项目资金，一律不安排预算。

（二）科学统筹财政资金，增强财政保障能力

改变现有按资金渠道分类核定预算、确定用途的管理模式，将各类预算资金，连同中央转移支付资金等，全部纳入支出预算盘子，统筹研

究预算安排意见，切实加强政策集成、资金统筹、资源集聚，破解财政资金统筹难的问题，增强重大战略部署的财力保障。

5. 规范重点支出的预算安排。调整完善相关重点支出的预算编制程序，不再与财政收支增幅或生产总值层层挂钩，根据项目轻重缓急以及财力状况，统筹安排重点支出。各级各部门在制定或者修改有关决定、规划、意见等文件时，不得再新出台挂钩事项。

6. 严禁将非税收入与征收单位支出挂钩。部门所有预算支出全部通过预算编审程序进行审核安排，不得与部门征收的行政事业性收费、罚没收入、国有资源（资产）有偿使用收入等非税收入挂钩。部门因执收非税收入发生的必要成本支出，在公用经费不足以保障的情况下，审核后纳入部门预算予以保障。新出台的税收收入或非税收入政策，不得规定以收定支。

7. 加强财政拨款资金与单位资金的统筹。加强全口径预算管理，部门和单位在财政拨款和财政专户管理资金基础上，将事业收入、经营收入等单位资金全部纳入部门预算管理，全面反映各项收入来源及构成，未列入预算的收入不得安排支出。在单位资金可以满足支出需要时，不得新增申请财政拨款。

8. 加强本级自有财力安排资金与上级转移支付资金的统筹。在符合规定的前提下，将上级转移支付资金与本级同领域专项资金相结合，一并研究预算安排和资金使用。

（三）加强项目库建设，全面实施项目全生命周期管理项目库是储备和筛选项目的重要工具。

加强项目库建设，不断完善项目库功能，依托项目库将零基预算管理要求嵌入项目前期谋划、项目储备、预算编制、项目实施、项目调整、项目终止等环节，动态监控部门项目，实时跟踪项目进展，完整反映项目的政策依据、项目总额、绩效目标、项目期限、预算安排、预算执行、结转结余等信息要素，构建顺向可控、逆向可追溯的全周期预算管理项目机制。

9. 推进全省项目库联网。预算支出全部以项目形式纳入预算项目库，省、州（市）、县（市、区）三级同步全面实行项目库管理。所有使用财政资金的单位，通过财政预算安排的项目均实行项目库管理，实现项目管理全省一体化、资金类型全覆盖、全生命周期管理。

10. 建立入库项目评审机制。除人员类、运转类项目外，所有进入项目库的项目应先评审后入库。部门可实行集中评审或分级评审，评审方式可选择内部集体研究、专家评审论证、委托第三方专业机构评审等，评审通过的项目方可纳入项目库。财政部门运用“一体四翼”编审体系对项目进行审核，研究提出预算安排意见。凡未纳入项目库的项目，一律不得安排预算。

11. 实时记录和动态反映项目信息。以预算项目库为基础，将预算编制、预算执行、绩效管理、资产管理、会计核算等财政核心业务链条贯穿起来，动态追溯项目预算下达、调整调剂、执行等全部情况，打通部门预算管理链条，全面提高预算管理的科学化、标准化、智能化水平。

（四）深化专项资金管理改革，提高财政资金使用效益

改变专项资金零星分散、结构固化、管理不规范的问题，进一步加大改革力度，建立健全专项资金设立、退出评估制度，构建权责明晰、设立规范、分配科学、讲求绩效的专项资金管理体系。

12. 清理整合专项资金。各级财政部门应加大专项资金的清理整合力度，对目标接近、资金投入方向类同、资金管理方式相近的专项资金予以整合归并为一项专项资金。统一规范专项资金项目名称等基础信息要素，为预算执行、统计分析、全生命周期管理奠定坚实基础。

13. 实行项目清单管理。在清理整合的基础上，各级财政部门应出台本地财政专项资金管理办法，统一和规范专项资金管理。建立专项资金清单目录，并实行动态调整，凡未纳入清单目录的，一律不得安排预算。

14. 清理到期政策。在年度预算开始编制前，对到期专项资金进行清理，凡属于政策到期的专项资金，一律清理退出。对已达既定目标或

不再具备执行条件的专项资金，一律清理退出。每个专项设立期限原则上1至3年，最长不超过5年。

15. 规范专项资金设立。对确有必要设立的专项资金，必须遵循部门申请、政策评估、财政审核、政府审批的程序办理，部门提出新设专项资金申请，包括但不限于政策依据、设立的必要性、测算标准、绩效目标等内容，经财政部门政策评估审核后报本级政府批准。对不属于部门职责或财政事权范围，以及市场能有效发挥作用的领域，不得安排专项资金。不得重复设立或增设与现有专项资金使用方向、用途相同或相近的专项资金。

16. 严禁随意设立专项资金。凡是未按规定程序报批的专项资金，不得在政策性文件、工作会议及会议纪要中，对专项资金新增设立、提标扩面、增加额度等事项作出规定、要求和表述。

（五）推进支出标准体系建设，增强预算安排合理性

科学、合理的预算标准是编制零基预算的必要前提和基础。各级财政部门要会同相关部门，进一步完善支出标准体系建设，充分发挥支出标准在预算管理中的重要支撑作用，增强预算安排的合理性。

17. 加快重点领域支出标准化建设。结合财政事权与支出责任划分改革，合理确定基本公共服务的范围和支出标准，突出普惠性、基础性、兜底性，避免作出超越财力承受能力的过高承诺。对过高承诺、过度保障的支出政策相应进行调整和完善。

18. 完善项目支出标准体系。规范定员定额标准，切实保障部门（单位）正常运转需要。稳步推进项目支出标准体系建设，加强对项目支出执行情况的分析和运用，逐步将科学合理的实际执行水平作为制定标准的依据。支持部门推进项目支出标准建设，将部分部门运用成熟的项目支出标准，通过以财政和部门共同行文方式固定或上升为财政支出标准，不断完善项目支出标准体系。

19. 建立标准动态调整机制。根据经济社会发展、物价变动和财力变化等情况及时调整支出标准，合理保障部门履职需要。加强标准应

用，将支出标准作为预算安排的基本依据，不得超标准编制预算。

（六）强化绩效管理，健全预算绩效管理机制

将绩效理念和方法深度融入预算编制、执行、监督全过程，更加注重结果导向、强调成本效益、硬化责任约束，充分发挥财政资金使用绩效。加强财政政策评估评价，增强政策可行性和财政可持续性。

20. 健全绩效指标体系。加快建立健全定量和定性相结合的共性绩效指标，为全过程绩效管理提供有力支撑。

21. 推进事前评估。对新出台的重大政策、项目，新设立和增加转移支付开展事前评估，对到期政策申请继续实施开展评估。加强结果运用，落实奖惩机制，对绩效好的项目优先保障，对绩效差的项目督促改进，对低效无效资金一律削减或取消。绩效目标作为预算申请与预算安排的前置条件，部门未编制绩效目标或绩效目标设置不合理的，一律不安排预算。

22. 建立绩效全过程管理机制。通过绩效目标管理、绩效自评、财政重点评价、结果运用等，对项目绩效目标完成情况进行运行监控、及时纠偏，确保绩效目标如期实现。加大绩效信息公开力度，推动绩效目标、绩效评价结果向社会公开。

（七）强化预算约束，增强预算安排约束力

强化预算管理主体责任，各部门和单位对预算完整性、规范性、真实性以及预算执行结果负责。

23. 规范部门预算草案决策程序。各部门预算草案在“一上”和“二上”阶段提交财政部门前，应提交本部门党组（党委）审议通过。

24. 建立预算安排约束机制。完善年度预算安排与编制质量、预算执行、项目绩效、人大和审计监督检查发现问题、结转结余挂钩机制。对人大和审计监督问题屡审屡犯和绩效评价结果差的项目，取消或削减下一年度预算安排。

25. 开展财政可承受能力评估。对于确需增加安排的重大紧急事项，必须事先开展项目评审论证和财政可承受能力评估，并按程序报

批。凡是评估认定财政不可承受的，一律不得安排预算。具体评估办法按照财政部相关规定执行。

26. 加大部门预算信息公开力度。各部门应进一步加大财政资金公开力度，细化部门预决算公开内容，项目预算安排、使用情况等项目信息和“三公”经费预决算信息应当依法依规向社会公开。

四、组织保障

（一）加强组织领导。各级各部门要充分认识深入推进零基预算改革的重要意义，强化运用零基预算理念，把零基预算改革工作作为提高预算管理水平的重要内容，推动高质量发展的重要支撑。要加强组织领导，周密部署，有序推进，切实提高财政资金安排的精准性和有效性，强化预算对落实党委政府重大政策的保障能力。

（二）加强沟通协调。各部门要强化沟通协调，完整编制基础数据和各项支出预算，提高预算编制的准确率。财政部门要加强对各预算单位的服务、沟通和指导，按编审程序严格审核，保障预算编制质量。

（三）加强资金管理。各部门要结合推进零基预算改革的要求，对管理的各项资金进行全面清理，涉及到期退出的政策和资金，要全面进行评估，及时与财政部门进行沟通协调。对于确需继续新增设立的专项资金，应及时组织按程序进行报批，认真做好衔接，确保政策落实不受影响。

（四）加强督促检查。财政部门是零基预算改革的牵头部门，要负责指导部门优化预算管理理念，改进预算审核方式，推动零基预算改革落到实处。省财政厅将加强对各州（市）推进零基预算改革情况的指导、督促和检查。

九、甘肃省

关于进一步深化零基预算改革的实施方案

甘政发〔2024〕63 号

为推进财政科学管理，提高财政资源配置效率，依据《中华人民共和国预算法》及其实施条例，结合实际，制定本方案。

一、总体要求

坚持以习近平新时代中国特色社会主义思想为指导，全面贯彻党的二十大和二十届二中、三中全会精神，深入落实习近平总书记视察甘肃重要讲话重要指示精神，加快健全现代预算制度，统一预算分配权，打破支出固化格局，以财政可承受能力为基础，以预算支出标准体系为支撑，健全完善分类施策、科学精准，保主保重、注重绩效的预算安排机制，推动财政可持续发展，增强重大战略任务和基本民生财力保障。

二、完善基本支出预算管理

坚持基本支出分类分档、定员定额管理，所有预算单位的基本支出按编制内实有人数（因机构改革造成的编外情况除外，下同）、经批准的实有资产数量、对应的类档标准测算安排。每个单位的同类人员只对应一个人员经费类档和一个公用经费类档。类档标准根据国家工资福利政策、单位履职基本需求、运行成本、财力状况等因素适时调整。

按类档标准测算安排的财政拨款人员经费不能满足国家政策规定的支出需求时，可根据编制内的实有人数、国家标准的年工资水平和保障政策测算后，安排定额补助。补助额度一年一定。

各单位的基本支出预算年初足额安排到位，年度预算执行中，除因机构改革、人员变动、工资福利政策调整等特殊情况外，一律不予追加。行政（含参公）单位当年预算安排的基本支出不予结转。

三、深化项目支出预算改革

（一）实行分类管理。根据工作任务、资金方向和用途，将项目支出分为保障运转、社会事业、产业发展、重点建设和特定事项 5 大类，逐项明确资金测算依据和安排方式。

1. 保障运转类。主要安排用于保障部门日常运转、基本履职需要的支出，其中：信息化运维、维修改造、房屋租赁等日常运转经费，依据主管部门审批意见、项目实施合同等，安排当年支出；专项工作经费、培训费、购买服务等支出，按照部门年度工作任务，从严从紧测算安排；因机构改革由财政定额安排单位包干使用的经费，根据上年实际执行情况测算安排，预算不超过改革时确定的金额。

2. 社会事业类。主要安排用于支持教育、卫生健康、养老托幼、社会保障、住房保障等社会事业的支出，根据中央及我省规定的保障内容、范围、标准和分担比例等因素测算后足额安排。超范围、超标准以及政策到期事项，一律不安排支出。

3. 产业发展类。主要安排用于支持三次产业、科技创新等重点领域加快发展的支出。按照党委政府部署的重点任务，主管部门编制项目清单，财政部门结合财力状况统筹安排。对补助补贴资金，根据政策确定的对象、任务、标准等测算后安排；对贴息、奖补资金，根据任务完成情况、补助标准等测算安排。优化财政补贴政策，完善支持领域、环节和方式，对竞争性领域一般不采取直接补助、无偿补助等方式，重点支持市场机制发挥作用不够或失灵的领域。

4. 重点建设类。主要安排用于支持交通运输、水利、信息化等基础设施建设的支出。行业主管部门根据财力可能、发展需要，合理确定建设规模，严格按照政府投资项目管理规定，履行基本建设程序，根据审批的政府投资规模、项目实施计划、各级分担比例等编制项目清单，财政部门结合财力状况统筹安排。预算内基建投资，按现行相关规定，由主管部门筛选项目，并按程序审批。有一定收益的项目通过地方政府专项债券、市场化融资等多种方式筹集建设资金。

5. 特定事项类。主要安排用于保障一定时期内特殊工作任务或特定活动的支出，其中：支持防范化解风险、应对突发性重大公共安全事件和自然灾害，以及其他促进经济社会高质量发展等方面的支出，根据党委政府有关决定安排；预备费按照当年一般公共预算支出额的1%—3%确定；经批准举办的节庆、展会、论坛、庆典等，由相关部门提出资金申请意见，按程序报批后测算安排，未经批准的一律不予安排资金；结算类事项根据明确的政策和金额，据实安排。

（二）加强重点项目全生命周期管理。除按人员、标准测算安排的支出外，对产业发展类、重点建设类、特定事项类中按项目法管理分配的资金，部门应加强项目储备，按照“合理排序、择优支持、动态调整”原则，强化项目入库、安排、退出全流程管理。

1. 加强项目储备。部门围绕重大政策、行业规划和年度工作任务，常态化开展项目储备，夯实部门项目库。采取竞争评审、评估论证等方式，提前确定下一年度实施的项目，明确支持对象、支持方式和支持标准，确保预算一经批准即可实施，改变年度预算执行中再分配资金的情况。

2. 合理申报预算。部门应结合年度重点任务、项目绩效情况等确定项目优先次序，按照保主保重原则，从部门项目库择优筛选项目，按程序申报当年预算。严禁超出实际需求申报预算。进一步推进省以下财政事权与支出责任划分改革，明晰省市县财政事权与支出责任，不得将本级应承担的支出事项转嫁下级，也不得大包大揽应由下级承担的支出事项。

3. 科学安排支出。项目资金不以上年预算安排为基数，以零为基点，按照轻重缓急、实际需求、绩效情况等重新测算安排。项目支出预算确定后，部门应将资金细化编制到具体实施单位或市县，按项目法分配的资金，原则上预算内基建投资、科技类专项年初预算细化比例不低于80%，其他项目资金不低于90%（除分配政策需作出重大调整的外）；需要跨年度实施的，分年度编入预算；对当年暂时无法安排的可筛选形成备选项目，具备条件时视情安排或在以后年度预算安排。

4. 完善清理机制。健全完善资金可增可减、项目可进可退的管理机制，定期梳理支出政策，政策已到期、目标已完成、绩效评价结果较差或不再具备执行条件的项目，及时清理退出；对性质相同、用途相近、管理分散的项目，进行优化整合。

四、严格预算管理

（一）落实过紧日子要求。按照党政机关习惯过紧日子要求，能省则省、精打细算，勤俭节约办一切事业。严格“三公”经费管理，从严控制会议、差旅、培训、论坛、庆典等公务活动，加强地点相同、对象重叠、内容相近等公务活动整合。

（二）硬化预算刚性约束。严禁无预算、超预算安排支出，预算执行中，原则上不得出台增加当年支出的政策，确需出台的，优先从部门现有专项中调剂解决。进一步清理规范财政支出挂钩事项，未按规定程序审批，在出台文件、研究制定相关政策措施时，不得明确新设专项、新增预算安排、加大财政投入等经费保障事宜，不得将预算安排与财政收支增幅、生产总值或其他经济社会指标挂钩，不得建立财政投入经常性增长机制。除党委政府明确规定外，专项工作经费、培训费、业务费等保障运转类项目，不得安排对下转移支付。

（三）加强财政承受能力评估。坚持量入为出、量力而行，在优先保障人员、机构运转、重点民生、地方政府债务化解等刚性支出的基础上，综合考虑财力状况，安排其他项目预算。对重大增支政策或新上政府投资项目应进行财政可承受能力评估，评估未通过的不得安排预算，严禁超财力上项目、铺摊子、搞建设。

（四）加快构建支出标准体系。将支出标准作为预算安排的基本依据，不得超标准编制预算。健全分行业、分领域的项目支出标准体系，合理确定支出标准、使用范围。

五、加大资金资产资源统筹

（一）强化项目资金统筹。聚焦党委政府重点任务，推进跨部门资金统筹，梳理、整合部门主管的项目资金，对目标相近、用途类同的，原则上由一个主管部门牵头管理，牵头部门由党委政府确定。采取“牵头+配合”的方式，聚力同一目标，牵头部门会同配合部门研究细化资金分配方案，集中财力办大事。

（二）强化各类收入统筹。把依托行政权力、政府信用、国有资源资产获取的收入全部纳入政府预算管理。推进部门预算全口径管理，将部门取得的财政拨款、事业收入、经营收入、上年结转等（包括实有账户资金）全部纳入预算。实有账户存放的无规定用途货币性资金编入年度预算后，统筹用于人员经费、公用经费以及项目支出；部门可在所属单位之间合理调配使用事业收入、经营收入、上年结转等收入，安排用于本部门本行业重点事项或弥补经费缺口；部门各类支出优先使用非财政拨款和货币性资金，能满足支出需求的，不得申请新增财政拨款。

（三）强化存量资金统筹。全面追踪资金分配、拨付、使用情况，对工作目标已完成或受政策变化、实施计划变更等因素影响提前终止，以及预计当年无法形成支出的资金应及时交回财政，统筹用于亟须支持的领域。持续落实部门结转结余资金定期和不定期清理制度，除政策另有规定的外，一律收回财政统筹使用。

（四）强化资产资源统筹。推进资产共享共用，打通不同部门资产调拨调剂渠道。推进高校、医院、科研机构等单位大型仪器设备及科研基础设施共享共用，提升设施设备使用效益。充分运用“财政＋国资”模式，加大国有资产资源清理盘活力度，促进资产管理与价值实现相互联动。按照“统一规划、集约建设、高效利用”原则，加强信息化资产资源管理，推进数据信息共享共用，避免多头管理、重复建设、资源浪费。

六、突出预算绩效管理

（一）构建绩效指标体系。按照“政策—投入—管理—执行—产出—效益”路径，对照党委政府工作要求，构建内容完整、重点突出、细化量化的绩效指标体系。部门编制年初预算时，根据项目目标任务，科学选取对应的绩效评价指标类型，合理设定绩效目标，加强对绩效目标的实质性审核。

（二）加强全过程绩效管理。部门出台重大支出政策和新增项目，应按规定开展事前绩效评估，评估结果作为申报预算的必要条件。财政部门统筹开展事前绩效再评估和预算评审，推动评估评审融合。健全“单位自评＋部门重点评价＋财政重点评价”的多层次评价体系，加强对项目资金绩效和政策实施效果的评价。推动成本绩效分析，客观反映项目支出效果，促进财政支出降本增效。强化重大支出政策执行情况评估，实行全周期跟踪问效。

（三）注重绩效结果运用。充分发挥绩效结果导向和激励约束作用，将评价结果作为预算安排、完善政策和改进管理的重要依据，以奖代补、以效定补。对绩效评价结果较好，且在“全生命周期”内的项目，给予保障；对绩效评价结果较差的，暂缓或终止预算安排。

各地要充分认识进一步深化零基预算改革的重要意义，加强组织领导，强化责任担当，形成改革合力。各部门要切实转变预算管理理念，制订细化本部门工作计划，分年度按步骤推进改革落地，持续优化支出结构，突出保障重点，提高财政资金使用效益。审计、财政等部门要加强工作联动，加大监督力度，强化督促问效，堵塞管理漏洞，推动预算管理提质增效。原有规定与本方案不一致的，以本方案为准。

第二节　预算支出标准

该部分整理了部分中央和地方的支出标准，既有会议费、差旅费等经常性支出内容的标准，也有自然资源相关业务、云计算服务相关业务的支出标准的构建，一方面提供了支出标准的计算方式和资金额度参考；另一方面，也为各职能部门、各业务条线制定本领域的预算支出标准提供了参考和借鉴。

一、中央和国家机关预算支出标准

（一）会议标准有关规定

文件依据：《财政部、国家机关事务管理局、中共中央直属机关事务管理局关于印发〈中央和国家机关会议费管理办法〉的通知》（财行

〔2016〕214 号)、《财政部、国管局、中直管理局关于〈中央和国家机关会议费管理办法〉的补充通知》（财行〔2023〕86 号)。

会议分类

一类会议。是以党中央和国务院名义召开的，要求省、自治区、直辖市、计划单列市或中央部门负责同志参加的会议。

二类会议。是党中央和国务院各部委、各直属机构，最高人民法院，最高人民检察院，各人民团体召开的，要求省、自治区、直辖市、计划单列市有关厅（局）或本系统、直属机构负责同志参加的会议。

三类会议。是党中央和国务院各部委、各直属机构，最高人民法院，最高人民检察院，各人民团体及其所属内设机构召开的，要求省、自治区、直辖市、计划单列市有关厅（局）或本系统机构有关人员参加的会议。

四类会议。是指除上述一、二、三类会议以外的其他业务性会议，包括小型研讨会、座谈会、评审会等。

以上四类会议包括线下会议和线上会议。线上会议是指采取电视电话、网络视频等方式召开的会议，含线上与线下相结合的会议。

审批程序

一类会议。应当由主办单位报经党中央和国务院批准。会议总务、经费预算及费用结算等工作分别由中共中央直属机关事务管理局（以下简称中直管理局）和国家机关事务管理局（以下简称国管局）负责。

二类会议。党中央和国务院各部委、各直属机构，各人民团体应当于每年 12 月底前，将下一年度会议计划（包括会议名称、召开的理由、主要内容、时间地点、代表人数、工作人员数、所需经费及列支渠道等）送财政部审核会签，按程序经中央办公厅、国务院办公厅审核后报批。各单位召开二类会议原则上每年不超过 1 次。

三类会议。各单位应当建立会议计划编报和审批制度，年度会议计划（包括会议数量、会议名称、召开的理由、主要内容、时间地点、代表人数、工作人员数、所需经费及列支渠道等）经单位领导办公会或党组（党委）会审批后执行。

四类会议。由单位分管领导审核后列入单位年度会议计划。

会议天数

一类会议会期按照批准文件，根据工作需要从严控制；二、三、四类会议原则上不超过1天半，传达、布置类会议不得超过1天。会议报到和离开时间，一、二、三类会议合计不得超过1天半，四类会议合计不得超过1天。

会议人数

一类会议参会人员按照批准文件，根据会议性质和主要内容确定，严格限定会议代表和工作人员数量。

二类会议参会人员不得超过300人，其中，工作人员控制在会议代表人数的15%以内；不请省、自治区、直辖市和中央部门主要负责同志、分管负责同志出席。

三类会议参会人员不得超过150人，其中，工作人员控制在会议代表人数的10%以内。

四类会议参会人员视内容而定，一般不得超过50人。

线上会议的主会场和分会场参会人数合计不得超过相应会议类别参会人数上限，不请外地同志到主会场参会。

会议地点

各单位召开会议，在符合保密和网络信息安全要求的前提下，提倡采用线上会议形式。线上会议优先选择单位内部电视电话、电子政务内网视频会商等现有应用系统。单位现有应用系统无法保障的，应当结合工作性质、保密要求等，选择专用系统、运营商服务系统、第三方软件服务系统等。

不能够采用电视电话、网络视频召开的会议实行定点管理。各单位会议应当到定点会议场所召开，按照协议价格结算费用。未纳入定点范围，价格低于会议综合定额标准的单位内部会议室、礼堂、宾馆、招待所、培训中心，可优先作为本单位或本系统会议场所。

无外地代表且会议规模能够在单位内部会议室安排的会议，原则上在单位内部会议室召开，不安排住宿。参会人员以在京单位为主的会议不得到京外召开。各单位不得到党中央、国务院明令禁止的风景名胜区召开会议。

各单位应当加强对会议内容相近、参会人员范围相同会议的统筹，严格控制各类会议规模，简化办会形式，合理确定参会人员范围，减少参会人员数量，减少陪会。

会议费开支范围

会议费开支范围包括线下费用（住宿费、伙食费、会议场地租金、交通费、文件印刷费、医药费等）和线上费用（能够明确对应具体会议的设备租赁费、线路费、电视电话会议通话费、技术服务费、软件应用费、音视频制作费等）。交通费是指用于会议代表接送站，以及会议统一组织的代表考察、调研等发生的交通支出。会议代表参加会议发生的城市间交通费，按照差旅费管理办法的规定回单位报销。各单位应在规定的开支范围和开支标准内从严从紧核定会议费预算，节约会议经费开支。

会议费开支渠道

一类会议费在部门预算专项经费中列支，二、三、四类会议费原则上在部门预算公用经费中列支。会议费由会议召开单位承担，不得向参会人员收取，不得以任何方式向下属机构、企事业单位、地方转嫁或摊派。

会议费开支标准

线下费用按照《中央和国家机关会议费管理办法》有关规定以实际发生的费用项目分项定额标准总额为上限，结合线下实际参会人数、会议时间进行核算（见表5－1）。各项费用之间可以调剂使用，未实际发生的费用项目不得参与调剂。线上费用不纳入《中央和国家机关会议费管理办法》规定的综合定额标准内核算，凭合法票据原则上在单位年度会议费预算内据实列支。各单位应当按照厉行节约、提高效率的原则，通过市场调研、充分议价，合理选择线上会议应用系统，细化完善本单位线上会议支出标准。

表5－1　会议费综合定额标准　单位：元/人·天

会议类别	住宿费	伙食费	其他费用	合计
一类会议	500	150	110	760
二类会议	400	150	100	650
三、四类会议	340	130	80	550

会议费报销规定

各单位在会议结束后应当及时办理报销手续。会议费报销时，线下费用应当提供会议审批文件、会议通知及实际参会人员签到表、定点会议场所等会议服务单位提供的费用原始明细单据、电子结算单等凭证；线上费用应当提供费用清单和使用相关应用系统所开具的合法票据，签署服务合同的，需一并提供相关合同。财务部门要严格按规定审核会议费开支，对未列入年度会议计划，以及超范围、超标准开支的经费不予报销。

各单位会议费支付，应当严格按照国库集中支付制度和公务卡管理制度的有关规定执行，以银行转账或公务卡方式结算，禁止以现金方式结算。具备条件的，会议费应当由单位财务部门直接结算。

严禁各单位借会议名义组织会餐或安排宴请；严禁套取会议费设立“小金库”；严禁在会议费中列支公务接待费。

各单位应严格执行会议用房标准，不得安排高档套房；会议用餐严格控制菜品种类、数量和分量，安排自助餐，严禁提供高档菜肴，不安排宴请，不上烟酒；会议会场一律不摆花草，不制作背景板，不提供水果。不得使用会议费购置电脑、复印机、打印机、传真机等固定资产以及开支与本次会议无关的其他费用；不得组织会议代表旅游和与会议无关的参观；严禁组织高消费娱乐、健身活动；严禁以任何名义发放纪念品；不得额外配发洗漱用品。

（二）培训费标准有关规定

文件依据：《财政部、中共中央组织部、国家公务员局关于印发〈中央和国家机关培训费管理办法〉的通知》（财行〔2016〕540号）。

开支范围

培训费是指各单位开展培训直接发生的各项费用支出，包括师资费、住宿费、伙食费、培训场地费、培训资料费、交通费以及其他费用。其他费用是指现场教学费、设备租赁费、文体活动费、医药费等与培训有关的其他支出。

开支标准

除师资费外，培训费实行分类综合定额标准，分项核定、总额控制，各项费用之间可以调剂使用。综合定额标准如表5－2所示。

表5－2　　**培训费综合定额标准表**　　单位：元/人·天

培训类别	住宿费	伙食费	场地、资料、交通费	其他费用	合计
一类培训	500	150	80	30	760
二类培训	400	150	70	30	650
三类培训	340	130	50	30	550

一类培训是指参训人员主要为省部级及相应人员的培训项目，二类培训是指参训人员主要为司局级人员的培训项目，三类培训是指参训人员主要为处级及以下人员的培训项目。以其他人员为主的培训项目参照上述标准分类执行。

综合定额标准是相关费用开支的上限。各单位应在综合定额标准以内结算报销。30天以内的培训按照综合定额标准控制；超过30天的培训，超过天数按照综合定额标准的70%控制。上述天数含报到撤离时间，报到和撤离时间分别不得超过1天。

师资费在综合定额标准外单独核算。

一是讲课费（税后）执行以下标准：副高级技术职称专业人员每

学时最高不超过500元，正高级技术职称专业人员每学时最高不超过1000元，院士、全国知名专家每学时一般不超过1500元。讲课费按实际发生的学时计算，每半天最多按4学时计算。其他人员讲课费参照上述标准执行。同时为多班次一并授课的，不重复计算讲课费。

二是授课老师的城市间交通费按照中央和国家机关差旅费有关规定和标准执行，住宿费、伙食费按照本办法标准执行，原则上由培训举办单位承担。

三是培训工作确有需要从异地（含境外）邀请授课老师，路途时间较长的，经单位主要负责同志书面批准，讲课费可以适当增加。

其他要求

培训实行中央和地方分级管理，各单位举办培训，原则上不得下延至市、县及以下。各单位开展培训应当在开支范围和标准内优先选择党校、行政学院、干部学院以及组织人事部门认可的其他培训机构承办。组织培训的工作人员控制在参训人员数量的10%以内，最多不超过10人。

禁止事项

严禁借培训名义安排公款旅游；严禁借培训名义组织会餐或安排宴请；严禁组织高消费娱乐健身活动；严禁使用培训费购置电脑、复印机、打印机、传真机等固定资产以及开支与培训无关的其他费用；严禁在培训费中列支公务接待费、会议费；严禁套取培训费设立“小金库”。培训住宿不得安排高档套房，不得额外配发洗漱用品；培训用餐不得上高档菜肴，不得提供烟酒；除必要的现场教学外，7日以内的培训不得组织调研、考察、参观。

（三）差旅费标准有关规定

文件依据：《财政部关于印发〈中央和国家机关差旅费管理办法〉的通知》（财行〔2013〕531号）、《中央和国家机关差旅费管理办法有关问题的解答》（财办行〔2014〕90号）、《关于调整中央和国家机关差旅住宿费标准等有关问题的通知》（财行〔2015〕497号）、《财政部关于印发〈中央和国家机关工作人员赴地方差旅住宿费标准明细表〉

的通知》（财行〔2016〕71 号）。

城市间交通费

城市间交通费按乘坐交通工具的等级凭据报销，订票费、经批准发生的签转或退票费、交通意外保险费凭据报销。

出差人员应当按规定等级乘坐交通工具，乘坐交通工具的等级如表 5－3 所示。

表 5－3　　出差人员乘坐交通工具等级表

交通工具级别	火车（含高铁、动车、全列软席列车）	轮船（不包括旅游船）	飞机	其他交通工具（不包括出租小汽车）
部级及相当职务的人员	火车软席（软座、软卧）高铁/动车商务座，全列软席列车一等软座	一等舱	头等舱	凭据报销
司局级及相当职务人员	火车软（软座、软卧），高铁/动车一等座，全列软席列车一等软座	二等舱	经济舱	凭据报销
其余人员	火车硬（硬座、硬卧），高铁/动车二等座、全列软席列车二等软座	三等舱	经济舱	凭据报销

部级及相当职务人员出差，因工作需要，随行一人可乘坐同等级交通工具。未按规定等级乘坐交通工具的，超支部分由个人自理。

到出差目的地有多种交通工具可选择时，出差人员在不影响公务、确保安全的前提下，应当选乘经济便捷的交通工具。

乘坐飞机的，民航发展基金、燃油附加费可以凭据报销。

乘坐飞机、火车、轮船等交通工具的，每人次可以购买交通意外保险一份。所在单位统一购买交通意外保险的，不再重复购买。

住宿费

在标准限额之内凭发票据实报销。

财政部分地区制定住宿费限额标准（见表 5－4）。

表5-4　中央和国家机关工作人员赴地方差旅住宿费标准明细　　单位：元

序号	地区（城市）		住宿费标准			旺季地区	旺季浮动标准			
							旺季期间	旺季上浮价		
			部级	司局级	其他人员			部级	司局级	其他人员
1	北京	全市	1100	650	500					
2	天津	6个中心城区、滨海新区、东丽区、西青区、津南区、北辰区、武清区、宝坻区、静海区、蓟县	800	480	380					
		宁河区	600	350	320					
3	河北	石家庄市、张家口市、秦皇岛市、廊坊市、承德市、保定市	800	450	350	张家口市	7—9月、11—(次年)3月	1200	675	525
						秦皇岛市	7—8月	1200	680	500
						承德市	7—9月	1000	580	580
		其他地区	800	450	310					
4	山西	太原市、大同市、晋城市	800	480	350					
		临汾市	800	480	330					
		阳泉市、长治市、晋中市	800	480	310					
		其他地区	800	400	240					
5	内蒙古	呼和浩特市	800	460	350					
		其他地区	800	460	320	海拉尔区、满洲里市、阿尔山市	7—9月	1200	690	480
						二连浩特市	7—9月	1000	580	400
						额济纳旗	9—10月	1200	690	480
6	辽宁	沈阳市	800	480	350					
		其他地区	800	480	330					
7	大连	全市	800	490	350	全市	7—9月	960	590	420
8	吉林	长春市、吉林市、延边州、长白山管理区	800	450	350	吉林市、延边州、长白山管理区	7—9月	960	540	420
		其他地区	750	400	300					

续表

序号	地区（城市）		住宿费标准			旺季地区	旺季浮动标准			
							旺季期间	旺季上浮价		
			部级	司局级	其他人员			部级	司局级	其他人员
9	黑龙江	哈尔滨市	800	450	350	哈尔滨市	7—9 月	960	540	420
		其他地区	750	450	300	牡丹江市、伊春市、大兴安岭地区、黑河市、佳木斯市	6—8 月	900	540	360
10	上海	全市	1100	600	500					
11	江苏	南京市、苏州市、无锡市、常州市、镇江市	900	490	380					
		其他地区	900	490	360					
12	浙江	杭州市	900	500	400					
		其他地区	800	490	340					
13	宁波	全市	800	450	350					
14	安徽	全省	800	460	350					
15	福建	福州市、泉州市、平潭综合实验区	900	480	380					
		其他地区	900	480	350					
16	厦门	全市	900	500	400					
17	江西	全省	800	470	350					
18	山东	济南市、淄博市、枣庄市、东营市、烟台市、潍坊市、济宁市、泰安市、威海市、日照市	800	480	380	烟台市、威海市、日照市	7—9 月	960	570	450
		其他地区	800	460	360					
19	青岛	全市	800	490	380	全市	7—9 月	960	590	450
20	河南	郑州市	900	480	380					
		其他地区	800	480	330	洛阳市	4—5 月上旬	1200	720	500
21	湖北	武汉市	800	480	350					
		其他地区	800	480	320					

续表

序号	地区（城市）		住宿费标准			旺季地区	旺季浮动标准			
							旺季期间	旺季上浮价		
			部级	司局级	其他人员			部级	司局级	其他人员
22	湖南	长沙市	800	450	350					
		其他地区	800	450	330					
23	广东	广州市、珠海市、佛山市、东莞市、中山市、江门市	900	550	450					
		其他地区	850	530	420					
24	深圳	全市	900	550	450					
25	广西	南宁市	800	470	350					
		其他地区	800	470	330	桂林市、北海市	1—2月、7—9月	1040	610	430
26	海南	海口市、三沙市、儋州市、五指山市、文昌市、琼海市、万宁市、东方市、定安县、屯昌县、澄迈县、临高县、白沙县、昌江县、乐东县、陵水县、保亭县、琼中县、洋浦开发区	800	500	350	海口市、文昌市、澄迈县	11—(次年)2月	1040	650	450
						琼海市、万宁市、陵水县、保亭县	11—(次年)3月	1040	650	450
		三亚市	1000	600	400	三亚市	10—(次年)4月	1200	720	480
27	重庆	9个中心城区、北部新区	800	480	370					
		其他地区	770	450	300					
28	四川	成都市	900	470	370					
		阿坝州、甘孜州	800	430	330					
		绵阳市、乐山市、雅安市	800	430	320					
		宜宾市	800	430	300					
		凉山州	750	430	330					
		德阳市、遂宁市、巴中市	750	430	310					
		其他地区	750	430	300					

续表

序号	地区（城市）		住宿费标准			旺季地区	旺季浮动标准			
							旺季期间	旺季上浮价		
			部级	司局级	其他人员			部级	司局级	其他人员
29	贵州	贵阳市	800	470	370					
		其他地区	750	450	300					
30	云南	昆明市、大理州、丽江市、迪庆州、西双版纳州	900	480	380					
		其他地区	900	480	330					
31	西藏	拉萨市	800	500	350	拉萨市	6—9 月	1200	750	530
		其他地区	500	400	300	其他地区	6—9 月	800	500	350
32	陕西	西安市	800	460	350					
		榆林市、延安市	680	350	300					
		杨凌区	680	320	260					
		咸阳市、宝鸡市	600	320	260					
		渭南市、韩城市	600	300	260					
		其他地区	600	300	230					
33	甘肃	兰州市	800	470	350					
		其他地区	700	450	310					
34	青海	西宁市	800	500	350	西宁市	6—9 月	1200	750	530
		玉树州、果洛州	600	350	300	玉树州	5—9 月	900	525	450
		海北州、黄南州	600	350	250	海北州、黄南州	5—9 月	900	525	375
		海东市、海南州	600	300	250	海东市、海南州	5—9 月	900	450	375
		海西州	600	300	200	海西州	5—9 月	900	450	300
35	宁夏	银川市	800	470	350					
		其他地区	800	430	330					

续表

序号	地区（城市）		住宿费标准			旺季地区	旺季浮动标准			
			部级	司局级	其他人员		旺季期间	旺季上浮价		
								部级	司局级	其他人员
36	新疆	乌鲁木齐市	800	480	350					
		石河子市、克拉玛依市、昌吉州、伊犁州、阿勒泰地区、博州、吐鲁番市、哈密地区、巴州、和田地区	800	480	340					
		克州	800	480	320					
		喀什地区	780	480	300					
		阿克苏地区	700	450	300					
		塔城地区	700	400	300					

出差人员应当在职务级别对应的住宿费标准限额内，选择安全、经济、便捷的宾馆住宿。不要求出差人员必须入住定点饭店，从2015年起，财政部也不再组织招标采购出差的定点饭店。

出差人员实际发生住宿而无住宿费发票的，如果是住在自己家里，或到边远地区出差，无法取得住宿费发票的，由出差人员说明情况并经所在部门领导批准，可以报销城市间交通费、伙食补助费和市内交通费，其他情况一般不予报销差旅费。

伙食补助费

伙食补助费按出差目的地的标准报销，在途期间的伙食补助费按当天最后到达目的地的标准报销。

伙食补助费按出差自然（日历）天数计算，按规定标准包干使用。

财政部分地区制定伙食补助费标准（见表5-5）。

出差人员应当自行用餐。凡由接待单位统一安排用餐的，应当向接待单位缴纳伙食费。

表 5-5　　中央和国家机关差旅伙食补助费标准表　　单位：元

省份	伙食补助费标准	省份	伙食补助费标准
北京	100	青岛	100
天津	100	河南	100
河北	100	湖北	100
山西	100	湖南	100
内蒙古	100	广东	100
辽宁	100	深圳	100
大连	100	广西	100
吉林	100	海南	100
黑龙江	100	重庆	100
上海	100	四川	100
江苏	100	贵州	100
浙江	100	云南	100
宁波	100	西藏	120
安徽	100	陕西	100
福建	100	甘肃	100
厦门	100	青海	120
江西	100	宁夏	100
山东	100	新疆	120

市内交通费

市内交通费按规定标准报销。

市内交通费按出差自然（日历）天数计算，每人每天 80 元包干使用。往返驻地和机场的交通费在按规定发放的市内交通费内统筹解决，不再另外报销。

出差人员由接待单位或其他单位提供交通工具的，应向接待单位或其他单位缴纳相关费用。

参加会议、培训等的差旅费

工作人员外出参加会议、培训，举办单位统一安排食宿的，会议、培训期间的食宿费和市内交通费由会议、培训举办单位按规定统一开支；往返会议、培训地点的差旅费由所在单位按照规定报销。其中，伙食补助费和市内交通费按往返各1天计发，当天往返的按1天计发。

（四）出国培训费用开支标准有关规定

文件依据：《财政部、国家外国专家局关于印发〈因公短期出国培训费用管理办法〉的通知》（财行〔2014〕4号）、《国家外国专家局、财政部关于调整中长期出国（境）培训人员费用开支标准的通知》（外专发〔2012〕126号）。

因公短期（90天以内，不含90天）出国培训费用

因公短期出国培训费用开支范围包括培训费、国际旅费、国外城市间交通费、住宿费、伙食费、公杂费和其他费用。其中，培训费是指出国培训团组用于授课、翻译、场租、资料、课程设计、对口业务考察或业务实践活动等在国外培训所必需发生的费用。

国际旅费、国外城市间交通费、住宿费、伙食费、公杂费、其他费用的管理要求和开支标准参照《因公临时出国经费管理办法》（财行〔2013〕516号）执行。

培训费开支按分国家和地区标准执行，并在规定的标准之内据实报销（见表5-6）。

出国培训团组需在国内开展预培训和培训总结所发生的费用，参照国内培训费相关规定执行。

由外方资助出国培训经费的，各单位不得重复支付。外方对费用开支有明确规定的，按其规定执行；没有规定的，参照本办法规定的标准和要求执行。外方资助经费不足以弥补规定培训费用开支的，可以按照本办法的开支标准，由各单位补足其费用差额部分。

表 5－6　　因公短期出国（地区）培训费开支标准表

序号	国家（地区）	币种	培训费（每人每天）
亚洲			
1	韩国	美元	80
2	日本	日元	8400
3	印度	美元	51
4	以色列	美元	65
5	泰国	美元	41
6	新加坡	美元	80
7	中国香港	港币	500
欧洲			
8	德国	欧元	66
9	英国	英镑	56
10	荷兰	欧元	57
11	瑞典	瑞典克朗	90
12	丹麦	丹麦克朗	79
13	挪威	挪威克朗	90
14	意大利	欧元	48
15	比利时	欧元	67
16	奥地利	欧元	48
17	瑞士	瑞士法郎	95
18	法国	欧元	60
19	西班牙	欧元	48
20	芬兰	欧元	66
21	爱尔兰	欧元	59
22	匈牙利	美元	63
23	俄罗斯	美元	67
美洲			
24	美国	美元	87
25	加拿大	加元	80
26	巴西	美元	65
大洋洲			
27	澳大利亚	澳元	86
28	新西兰	新西兰元	81
非洲			
29	南非	美元	65

公费派出的中长期出（境）国培训人员费用

中长期出国（境）培训是指90天以上（含90天）的出国（境）培训。费用开支项目包括伙食费、住宿费、交通费、通信费、书籍资料费、医疗保险费和零用费等。

中长期出国（境）培训人员费用开支标准分为“高级职称”人员开支标准和“普通职称”人员开支标准两类（见表5－7）。“高级职称”指高级工程师（或相当高级工程师的其他职称）及以上职称、正县（处）级及以上行政职务。“普通职称”指工程师（或相当工程师的其他职称）及以下职称、副县（处）级及以下行政职务。

表5－7　　中长期出国（境）培训人员费用开支标准表

序号	国家（地区）	币种	标准（每人每月）	
			高级职称	普通职称
美洲、大洋洲				
1	美国（一类地区）	美元	2000	1800
	美国（二类地区）	美元	2000	1700
	美国（三类地区）	美元	2000	1400
2	加拿大	加元	2600	1700
3	澳大利亚	澳元	2100	1800
4	新西兰	新西兰元	2200	2000
5	其他国家（地区）	美元	1100	600
欧洲				
6	俄罗斯	美元	1400	1100
7	白俄罗斯	美元	1150	800
8	乌克兰	美元	1150	800
9	其他独联体国家	美元	1100	700
10	德国	欧元	1800	1300
11	法国	欧元	1800	1300
12	芬兰	欧元	1800	1300
13	荷兰	欧元	1800	1300
14	爱尔兰	欧元	1800	1300

续表

序号	国家（地区）	币种	标准（每人每月）	
			高级职称	普通职称
15	奥地利	欧元	1800	1300
16	比利时	欧元	1800	1300
17	卢森堡	欧元	1800	1300
18	葡萄牙	欧元	1800	1100
19	西班牙	欧元	1800	1100
20	希腊	欧元	1800	1100
21	意大利	欧元	1800	1100
22	冰岛	欧元	1800	1100
23	塞浦路斯	欧元	1800	1100
24	马耳他	欧元	1800	1100
25	斯洛文尼亚	美元	1100	800
26	保加利亚	美元	1100	800
27	匈牙利	美元	1100	800
28	波兰	美元	1400	950
29	英国（伦敦地区）	英镑	1400	1150
	英国（其他地区）	英镑	1400	1000
30	丹麦	丹麦克朗	12000	9500
31	挪威	挪威克朗	13000	11000
32	瑞典	瑞典克朗	15000	13000
33	瑞士	瑞士法郎	2500	2000
34	其他国家（地区）	美元	1100	700
亚洲、非洲				
35	日本	日元	200000	160000
36	韩国	美元	2000	1400
37	新加坡	新元	2200	2100
38	印度	美元	1100	600
39	以色列	美元	1200	1000
40	南非	美元	1100	760
41	其他国家（地区）	美元	1100	600
42	中国香港	港币	14000	12000

二、项目支出标准

（一）自然资源部印发《测绘类项目支出标准（2023）》（选编）

1. 说明

为加强测绘类项目预算管理，提高预算编制规范性、科学性、合理性及资金使用效益，保证国家测绘类工作顺利实施，根据国家和部门有关制度、办法和规定，结合国家测绘类工作特点和预算管理要求，研究制定本预算标准。

本标准适用于纳入自然资源部管理体系的单位，用于国家测绘类项目的预算编制、审查及管理。

本标准由大地测量，遥感数据获取，摄影测量与遥感，数据采集与编辑，地图编制，数据库建设与维护，系统开发与平台建设，界线测绘，海洋与内陆水域水下测量，测绘仪器装备检定测试，质量管理、地图审查与标准化，自然资源技术支撑，实景三维中国建设，全球地理信息资源建设与维护更新共计十四个章节的预算内容构成。

本标准中暂缺的测绘类业务内容，根据工作内容相似程度，可参考已有预算标准，也可参考使用相关行业预算（费用）标准或市场价格，并加注说明。没有可参考使用的标准时，可根据实际情况和有关资料自行测算确定，使用时应说明并附测算依据。

本标准中各测绘工作项目的成本费用是以2018年至2023年国家经济发展水平和测绘类项目生产成本费用实际消耗水平为基础，分析影响测绘生产成本费用变动的各种经济因素和技术因素，经过反复测算和论证后确定的。本标准中成本费用计算的几项因素的确定如下：

——人员费用扣除了中央财政拨款基本支出中的人员经费拨款。

——预算构成比例：直接费用82%，间接费用6%，期间费用12%。

——包含了1.5%的测绘工作项目设计费和3.0%的成果验收费。

——不包含软件、硬件购置和折旧费用。

本标准由自然资源部财务与资金运用司和国土测绘司共同负责解释，自然资源部所属预算单位应使用本标准编制部门预算，不再使用原《测绘生产成本费用定额计算细则》（财建〔2009〕17号），原细则仅对社会单位具有参考作用。

2. 系统开发与平台建设支出标准

2.1 系统平台建设

（1）工作内容

系统平台建设包括基础数据平台（地理信息时空数据管理系统、遥感监测平台、应急保障平台、实景三维平台等）、时空地理信息服务平台（地理信息公共服务平台、位置服务平台、遥感数据服务平台、时空大数据平台等）、业务服务平台（测绘成果分发服务系统、“多测合一”信息管理平台、测绘管理系统、地理信息行业应用平台、公益性标准地图服务系统等）等。

主要涵盖系统平台开发、功能升级改造、数据处理与服务发布及运维服务等，不含因机房环境调整或为用户单位部署的数据迁移和用户的技术支持等。一是根据测绘地理信息业务需要，开发系统功能模块。二是按需开发新增功能模块，以及对已有功能模块优化升级，并完成系统功能集成。三是对基础地理信息、地名地址、卫星遥感、实景三维、行业专题等数据进行整合处理、脱密、索引构建、瓦片生产、质检、打包，并将处理后的数据导入相应平台，实现数据治理与集成应用。四是运行维护，在限定运维周期内根据服务级别协议要求开展例行操作、响应支持、优化改善和调研评估等服务及相关的项目管理、支持活动等。

（2）预算标准

参照GB/T 36964—2018《软件工程软件开发成本度量规范》执行。

2.2 工具软件

（1）工作内容

为满足测绘地理信息数据生产、质检、更新和发布的需求，定制开发用于测绘地理信息数据处理的工具软件。其中测绘地理信息数据生产软件功能开发主要包括数据加载、数据浏览、数据编辑、数据转换、数据导出等内容；测绘地理信息数据质检工具软件功能开发主要包括数据读取、质检规则定制、问题指标输出等内容；测绘地理信息数据更新维护的工具软件功能开发主要包含数据库设计、数据检查导入、数据检索、数据浏览、数据更新、权限管理等内容；测绘地理信息数据服务发布的工具软件功能开发主要包括开发数据轻量化处理、场景配置、服务发布共享、服务管理、权限管理等内容。

（2）预算标准

参照 GB/T 36964—2018《软件工程软件开发成本度量规范》执行。

2.3 基础设施建设

（1）自建机房基础设施建设

①工作内容

i. 数据采集设备

包括摄像机、扫描设备、传感器、监测设备等。

ii. 数据传输设备

包括交换机、路由器、光传输设备、无线网络接入设备、无线网络控制设备等。

iii. 数据存储设备

包括存储服务器、磁盘阵列、网络附加存储、光纤通道交换机、分布式存储、存储备份一体机、磁带机（库）等。

iv. 数据计算设备

包括机架式服务器、机柜式服务器、刀片式服务器、塔式服务器、GPU 服务器等。

v. 应用展示设备

包括 LED 显示屏、LCD 显示屏、拼接屏、显示器、投影仪、会议触控平板、智能终端等。

vi. 安全设备

包括防火墙、入侵检测、主动防御、抗 DDOS、WEB 应用防火墙、网页防篡改、日志审计、上网行为管理、数据库审计、病毒防火墙、数据隔离与交换设备、VPN 网关、堡垒机、负载均衡、态势感知等。

②预算标准

设备购置费＝Σ（设备市场价格×数量）

（2）公有云服务租赁

①工作内容

租赁公有云资源，实现系统的部署、数据传输与管理、安全防护、互联网访问等。一是按照建设规模和实际应用需求采购公有云的计算、存储、数据库、网络、中间件、安全等云资源来支撑系统平台的部署与稳定运行。二是采购相应的技术支持与云资源运维服务，保障系统与云资源的一体化集成配置以及无故障运行。

②预算标准

参照国内外近年来市场报价确定预算标准。

2.4 运行维护

（1）工作内容

指运维团队在限定运维周期内根据服务级别协议要求开展例行操作、响应支持、优化改善和调研评估等服务及相关的项目管理、支持活动。主要包括系统和平台的运行维护以及安全运行维护。

其中，系统和平台的运行维护具体包括设计系统部署架构，完成系统的部署、安装与调试，对系统平台进行运行维护，实时监控基础运行环境、基础软件、门户网站、APP 等运行情况，对相关软件及数据进行备份管理，及时处理平台运行出现的问题。安全运行维护指为信息系统在运行过程中所发生的一切与信息安全相关的管理与维护行为，包括对信息系统提供的安全巡检、安全加固、脆弱性检查、渗透性测试、安全风险评估、应急保障等服务内容。安全运维对象为保证信息系统安全所涉及的软硬件，包括但不限于操作系统、应用软件、数据库、中间件、服务器、存储、交换机、路由器、防火墙/虚拟专用网络（VPN）、入侵防御、杀病毒软件、审计等其他安全设备或软件。

（2）预算标准

参照 GB/T 36964—2018《软件工程软件开发成本度量规范》和 GB/T28827.7－2022《信息技术服务运行维护第 7 部分：成本度量规范》执行。

3. 自然资源技术支撑支出标准

3.1 地理国情监测

（1）地表覆盖

①工作内容

地表覆盖图斑变化信息发现与提取，疑问图斑核查，内业编辑整理，库前检查和预处理。

②困难类别（见表 5－8）

表 5－8

分辨率 F（米）	图斑密度 G				
	G≤50	50＜G≤100	100＜G≤150	150＜G≤200	G＞200
F＞2	Ⅰ	Ⅱ	Ⅱ	Ⅲ	Ⅲ
1＜F≤2	Ⅰ	Ⅱ	Ⅲ	Ⅲ	Ⅳ
F≤1	Ⅰ	Ⅱ	Ⅲ	Ⅳ	Ⅴ

注：单位面积图斑密度 G 等于县级监测区域上一年度的地表覆盖图斑总数量与县级监测区域面积的比值。

③预算标准（见表 5－9）

表 5－9 单位：元/平方千米

工作内容	预算标准				
	Ⅰ	Ⅱ	Ⅲ	Ⅳ	Ⅴ
地表覆盖	10.58	12.09	15.11	18.13	19.64

（2）重要地理要素

①工作内容

专题数据资料收集、整理、分析和整合，重要地理要素变化信息发现与提取，疑问要素核查，内业编辑整理，入库前检查和预处理。

②困难类别（见表5－10）

表5－10

困难类别	划分依据
Ⅰ	G≤1
Ⅱ	1＜G≤2
Ⅲ	2＜G≤3
Ⅳ	3＜G≤5
Ⅴ	G＞5

注：单位面积要素密度G等于县级监测区域上一年度的地理要素总数量与县级监测区域面积的比值。

③预算标准（见表5－11）

表5－11　　单位：元/平方千米

工作内容	预算标准				
	Ⅰ	Ⅱ	Ⅲ	Ⅳ	Ⅴ
重要地理要素	7.05	8.06	10.07	12.09	13.10

3.2 卫片执法工作

（1）日常图斑自动提取

①工作内容

自动提取变化图斑。

②困难类别（见表5－12）

表5－12

分辨率F（米）	图斑密度G		
	G≤0.1	0.1＜G≤1	G＞1
F＞2	Ⅰ	Ⅱ	Ⅲ
F≤1	Ⅱ	Ⅲ	Ⅲ

注：单位面积图斑密度G等于县级区域上一年度的图斑总数量与县级区域面积的比值。

③预算标准（见表5-13）

表5-13 单位：元/100平方千米

工作内容	困难类别		
	Ⅰ	Ⅱ	Ⅲ
日常图斑自动提取	11.52	13.46	15.34

（2）日常图斑人工编辑

①工作内容

对自动提取变化图斑开展人工去伪、补漏、边界修正和图斑属性分类赋值等工作。

②困难类别（见表5-14）

表5-14

分辨率F（米）	图斑密度G				
	G≤0.1	0.1<G≤0.3	0.3<G≤0.5	0.5<G≤2	G>2
F>2	Ⅰ	Ⅱ	Ⅲ	Ⅳ	Ⅴ
F≤1	Ⅱ	Ⅲ	Ⅳ	Ⅳ	Ⅴ

注：单位面积图斑密度G等于县级区域上一年度的编辑图斑总数量与县级区域面积的比值。

③预算标准（见表5-15）

表5-15 单位：元/平方千米

工作内容	困难类别				
	Ⅰ	Ⅱ	Ⅲ	Ⅳ	Ⅴ
日常图斑人工编辑	2.09	3.11	4.22	5.23	7.26

（3）补充图斑提取

①工作内容

在日常卫片执法图斑成果基础上，利用其他专题资料，补充提取新增建设用地（或矿产卫片）图斑。

②困难类别（见表5－16）

表5－16

困难类别	划分依据
Ⅰ	G≤500万
Ⅱ	500万<G≤1000万
Ⅲ	1000万<G≤3000万
Ⅳ	G>3000万

注：图斑数量G等于叠加分析的图斑数量。

③预算标准（见表5－17）

表5－17　　单位：元/个

工作内容	困难类别			
	Ⅰ	Ⅱ	Ⅲ	Ⅳ
补充图斑提取	1.04	1.57	2.10	2.61

（4）比对套合与图斑下发

①工作内容

对执法图斑自动比对套合耕地、永久基本农田、用地审批、矿业权属性等相关管理信息，并下发各级自然资源执法部门。

②困难类别（见表5－18）

表5－18

困难类别	划分依据
Ⅰ	G≤3000
Ⅱ	3000<G≤8000
Ⅲ	8000<G≤15000
Ⅳ	G>15000

注：图斑个数G等于比对套合的图斑数量。

③预算标准（见表5－19）

表 5－19　　单位：元/次

工作内容	预算标准			
	Ⅰ	Ⅱ	Ⅲ	Ⅳ
比对套合与图斑下发	1296.76	1579.37	1833.33	2113.83

（5）内业抽查

①工作内容

对地方填报的卫片执法成果开展内业抽查和“互联网＋”在线核查，综合判断图斑填报成果准确性。

②困难类别（见表 5－20）

表 5－20

困难类别	划分依据
Ⅰ	G≤300
Ⅱ	300＜G≤800
Ⅲ	800＜G≤1500
Ⅳ	G＞1500

注：图斑个数 G 等于县域范围内图斑个数。

③预算标准（见表 5－21）

表 5－21　　单位：元/县

工作内容	困难类别			
	Ⅰ	Ⅱ	Ⅲ	Ⅳ
内业抽查	887.20	1942.55	3718.44	4664.10

（6）外业实地核查

①工作内容

对典型地区和疑似问题图斑，通过外业实地抽查和查阅相关部门文件资料，对相关问题核实并定性。

②困难类别（见表 5－22）

表 5 – 22

困难类别	划分依据
Ⅰ	G > 30
Ⅱ	10 < G≤30
Ⅲ	5 < G≤10
Ⅳ	G≤5

注：1. 图斑密度 G 等于每 10 平方千米范围内图斑个数。

2. 图斑面积大于等于 50 亩的图斑，图斑系数为 3，即 1 个按 3 个算。

3. 图斑面积大于等于 100 亩的图斑，图斑系数为 5，即 1 个按 5 个算。

③预算标准（见表 5 – 23）

表 5 – 23　单位：元/个

工作内容	困难类别			
	Ⅰ	Ⅱ	Ⅲ	Ⅳ
外业实地核查	539.51	674.33	870.98	1157.20

注：变化图斑主要分布在坡度级较高的丘陵和山区的县级单元，预算标准增加 20%—40%。

（7）数据统计分析

①工作内容

利用全国卫片执法数据开展年度或历年卫片执法数据统计分析。

②困难类别（见表 5 – 24）

表 5 – 24

困难类别	划分依据
Ⅰ	基础数据规范标准，分类、分项信息简单直观，可直接获取，统计图表制作量较少
Ⅱ	基础数据比较规范标准，分类、分项信息较复杂，需做简单挖掘提取，统计图表制作量一般
Ⅲ	基础数据规范标准化较差，分类、分项信息复杂，需深入挖掘提取，统计图表制作量较多

③预算标准（见表5－25）

表5－25 单位：元/次

工作内容	困难类别		
	Ⅰ	Ⅱ	Ⅲ
数据统计分析	13008.12	15750.76	24682.93

（8）报告编制

①工作内容

按需编制统计分析报告。

②困难类别（见表5－26）

表5－26

困难类别	划分依据
Ⅰ	成果数据、行业资料需求较少，覆盖领域、区域较小，分析难度较小
Ⅱ	成果数据、行业资料需求一般，覆盖领域、区域一般，分析难度一般
Ⅲ	成果数据、行业资料需求较多，覆盖领域、区域广，分析难度较大

③预算标准（见表5－27）

表5－27 单位：元/个

工作内容	困难类别		
	Ⅰ	Ⅱ	Ⅲ
报告编制	15219.51	46097.56	83170.73

（9）数据异地备份

①工作内容

对卫片执法相关数据进行异地备份。

②困难类别（见表5－28）

表 5－28

困难类别	划分依据
Ⅰ	数据量较小，数据类型分类较少，对接支撑单位较少，数据管理信息化程度要求较低
Ⅱ	数据量较小，数据类型分类一般，对接支撑单位一般，数据管理信息化程度要求一般
Ⅲ	数据量较大，数据类型分类较多，对接单位较多，数据管理信息化程度要求高

③预算标准（见表 5－29）

表 5－29　　单位：元/县/次

工作内容	困难类别		
	Ⅰ	Ⅱ	Ⅲ
数据异地备份	155.54	219.94	273.85

（10）第三方监督

①工作内容

对卫片执法工作各环节、部相关支撑单位和各省级自然资源执法部门工作进度、工作质量、日常管理等方面开展监督。

②困难类别（见表 5－30）

表 5－30

困难类别	划分依据
Ⅰ	G≤100
Ⅱ	100＜G≤300
Ⅲ	300＜G≤600
Ⅳ	600＜G≤1000
Ⅴ	G＞1000

注：图斑个数 G 等于上一年度卫片执法图斑数量。

③预算标准（见表 5－31）

表 5－31　　单位：元/县

工作内容	预算标准				
	Ⅰ	Ⅱ	Ⅲ	Ⅳ	Ⅴ
第三方监督	2066.77	3458.27	4638.09	5677.09	7762.09

3.3 督察技术支撑

(1) 内业数据分析

①工作内容

收集基础资料，数据对比分析，分类汇总，编制督察方案。

②困难类别（见表5-32）

表5-32

困难类别	划分依据
Ⅰ	G≤7.5
Ⅱ	7.5<G≤15
Ⅲ	G>15

注：单位面积图斑密度G等于下发分析的图斑总数量与县级区域面积的比值。

③预算标准（见表5-33）

表5-33

单位：元/县

工作内容	困难类别		
	Ⅰ	Ⅱ	Ⅲ
内业数据分析	2118.36	2651.65	3047.85

(2) 疑似问题筛选

①工作内容

人工复核筛选、形成问题线索清单；进行省域、区域研判，提出实地核查地区名单和重大典型问题线索。

②困难类别（见表5-34）

表5-34

困难类别	划分依据
Ⅰ	G≤7.5
Ⅱ	7.5<G≤15
Ⅲ	G>15

注：疑似问题线索密度G等于疑似问题线索图斑总数量与县级区域面积的比值。

③预算标准（见表5－35）

表5－35　　单位：元/县

工作内容	困难类别		
	Ⅰ	Ⅱ	Ⅲ
疑似问题筛选	3180.29	3950.19	4529.88

（3）疑似问题成果审核

①工作内容

疑似问题审核确认，提出实地核查图斑清单及重大典型问题线索。

②困难类别（见表5－36）

表5－36

困难类别	划分依据
Ⅰ	G≤0.075
Ⅱ	0.075＜G≤0.15
Ⅲ	G＞0.15

注：单位面积疑似问题线索密度G等于疑似问题线索图斑总数量与县级区域面积的比值。

③预算标准（见表5－37）

表5－37　　单位：元/县

工作内容	困难类别		
	Ⅰ	Ⅱ	Ⅲ
疑似问题成果审核	3890.13	4948.36	5650.05

（4）外业实地核查

①工作内容

采取查阅相关部门文件资料，审核台账卷宗，走访座谈，实地调查举证等方式查清事实，查实责任。

②困难类别（见表5－38）

表 5－38

困难类别	划分依据
Ⅰ	G＞0.10
Ⅱ	0.05＜G≤0.10
Ⅲ	G≤0.05

注：单位面积问题线索密度 G 等于外业核查的疑似问题线索总数量与县级区域面积的比值。

③预算标准（见表 5－39）

表 5－39 单位：元/个

工作内容	困难类别		
	Ⅰ	Ⅱ	Ⅲ
外业实地核查	1150.06	1325.45	1850.29

注：问题线索图斑主要分布在坡度级较高的丘陵和山区的县级单元时，预算标准增加 20%—40%。

（5）问题清单确认

①工作内容

结合线上审核与实地督察成果，形成最终问题清单，并将问题清单与各级政府进行沟通确认。

②困难类别（见表 5－40）

表 5－40

困难类别	划分依据
Ⅰ	G＞0.05
Ⅱ	0.025＜G≤0.05
Ⅲ	G≤0.025

注：单位面积问题清单密度 G 等于问题清单总数量与县级区域面积的比值。

③预算标准（见表 5－41）

表 5－41 单位：元/个

工作内容	困难类别		
	Ⅰ	Ⅱ	Ⅲ
问题清单确认	165.00	205.12	240.04

(6) 报告编制

①工作内容

对发现问题进行统计分析，提出督察意见，形成督察报告。

②困难类别（见表 5－42）

表 5－42

困难类别	划分依据
Ⅰ	外业督察线索少，违法类型少，各类违法问题不突出，分析及报告编写难度小
Ⅱ	外业督察线索较多，违法类型较多，各类违法问题较为突出，分析及报告编写难度一般
Ⅲ	外业督察线索多，违法类型复杂，各类违法问题突出，分析及报告编写难度大

③预算标准（见表 5－43）

表 5－43　　单位：元/省

工作内容	困难类别		
	Ⅰ	Ⅱ	Ⅲ
报告编制	47958.00	57720.00	68812.00

4. 摄影测量与遥感支出标准

4.1 控制测量

(1) 高级地形控制点测量

①工作内容

选点，埋石立杆，量标高，外业观测，成果计算，检查，测区内搬迁。

②困难类别

(i) 1:500—1:2000 摄影测量与遥感外业控制测量（含测图控制）困难类别如表 5－44 所示。

表 5－44

困难类别	划分依据	
	一般地区	建筑与工业区
Ⅰ	1. 通行通视条件好，刺点目标较少或判读刺点容易的平地。 2. 通行通视和判读刺点均不困难的丘陵地、山地	1. 通视条件好，有规律的房屋与其他建筑物占图面 40% 以内，或无规律的房屋占图面 25% 以内的平地。 2. 通视条件好，有规律的房屋与其他建筑物占图面 20% 以内，或无规律的房屋占图面 10% 以内，地域开阔的丘陵地
Ⅱ	1. 易于判读刺点，通行通视较困难的平地、沼泽、盐碱地和树林（竹林）覆盖占图面 10%—40% 的平地、丘陵地、山地；或通视条件较好，刺点目标稀少的平地、沙漠、草原及隐蔽的半水网区。 2. 通视条件较好，刺点目标稀少和通行较困难的丘陵地、山地及通视条件好的高山地	1. 部分地区通视较困难，有规律的房屋与其他建筑物占图面 40%—60%；或无规律的房屋占图面 25%—40% 的平地。 2. 通视较困难，有规律的房屋与其他建筑物占图面 20%—40%；或无规律的房屋占图面 10%—25% 的丘陵地、山地。 3. 居民地和其他建筑物及花、树等绿化园林占图面 60%—70% 的地区
Ⅲ	居民地稠密，通视困难的平地，刺点目标稀少，通行通视困难的沼泽地、盐碱地及各类沙丘、沙窝地区和树林（竹林）占图面 40% 以上的平地、丘陵地、山地，以及河流沟	1. 行人车辆频繁，有规律的房屋与其他建筑物占图面 60% 以上；或无规律的房屋占图面 40% 以上的平地。 2. 行人车辆较多，有规律的房屋与其他建筑物占图面 40% 以上；或无规律的房屋占图面 25% 以上的丘陵地、山地

（ii）1∶5000—1∶50000 摄影测量与遥感外业控制测量（含测图控制）困难类别按照《测绘生产困难类别细则》（2009 版）1∶5000—1∶50000 摄影测量与遥感外业控制测量困难类别图划分。

③预算标准（见表 5－45）

表 5－45　　单位：元

工作内容	计量单位	困难类别		
		Ⅰ	Ⅱ	Ⅲ
电磁波测距导线测量	点	4461.09	6955.81	8489.09
地形控制点 GNSS 测量	点	4502.41	5343.96	6832.99
等外水准测量	千米	444.43	650.10	846.38

（2）航天摄影像片控制点连测

①工作内容

图幅设计，像片选点，野外判读刺点，打桩，外业观测，成果计算，像片整饰，绘点位略图和点位说明，手簿及成果检查整理，填写图历表，测区内搬迁。

②困难类别

按照《测绘生产困难类别细则》（2009 版）1∶5000—1∶50000 摄影测量与遥感外业控制测量困难类别图划分。

③预算标准

按照本节高级地形控制点测量中地形控制点 GNSS 测量预算标准执行。

（3）航空摄影像片控制点连测

①工作内容

图幅设计，像片选点，野外判读刺点，打桩，外业观测，成果计算，像片整饰，绘点位略图和点位说明，手簿及成果检查整理，填写图历表，测区内搬迁。

②困难类别

同本节高级地形控制点测量困难类别。

③预算标准（见表 5－46）

表 5－46 单位：元/幅

比例尺	困难类别		
	Ⅰ	Ⅱ	Ⅲ
1:50000	2971.62	4429.90	5386.88
1:25000	1817.15	2727.18	3289.67
1:10000	1240.68	1788.51	2451.26
1:5000	1005.33	1424.04	1830.24
1:2000	927.81	1321.41	1702.23
1:1000	729.62	1008.97	1381.45
1:500	429.32	705.65	963.94

注：1. 1:50000—1:5000 为区域网布点预算标准，全野外布点时，预算标准增加 50%。

2. 1:2000—1:500 为区域网布点预算标准；全野外布点时，预算标准增加 40%；航线网布点时，预算标准增加 20%。

3. 采用机载 GNSS 或 IMU/GNSS 航摄时，按测图控制中高级地形控制点预算标准执行。

（4）低空（无人机）摄影像片控制点连测

①工作内容

图幅设计，像片选点，野外判读刺点，打桩，外业观测，成果计算，像片整饰，绘点位略图和点位说明，手簿及成果检查整理，填写。

②困难类别

同本节高级地形控制点测量困难类别。

③预算标准（见表 5－47）

表 5－47 单位：元/幅

比例尺	困难类别		
	Ⅰ	Ⅱ	Ⅲ
1:2000	1443.77	2056.25	2648.84
1:1000	1135.36	1570.05	2149.68
1:500	668.07	1098.06	1499.98

注：1. 1:2000—1:500 为区域网布点预算标准；全野外布点时，预算标准增加 40%；航线网布点时，预算标准增加 20%。

2. 采用机载 GNSS 或 IMU/GNSS 航摄时，按测图控制中高级地形控制点预算标准执行。

(5) 倾斜摄影像片控制点连测

①工作内容

像控点设计，像片选点，野外判读刺点，打桩，外业测量，成果计算，像片整饰，绘点位略图和点位说明，手簿及成果检查整理，填写图历表，测区内搬迁。

②困难类别

同本节高级地形控制点测量困难类别。

③预算标准（见表5-48）

表5-48　　单位：元/幅

比例尺	困难类别		
	Ⅰ	Ⅱ	Ⅲ
1:2000	3921.56	5669.63	7364.64
1:1000	2904.85	3940.31	5362.43
1:500	1770.08	2784.23	3781.06

注：1. 1:2000—1:500为全野外布点预算标准；航线网布点时，预算标准减少15%；区域网布点时，预算标准减少30%。

2. 采用机载GNSS或IMU/GNSS航摄时，按测图控制中高级地形控制点预算标准执行。

(6) 近景摄影像片控制点连测

①工作内容

作业准备，选点，埋石，观测，测定气象元素，绘点之记，计算，检查修改，成果资料整理。

②困难类别（见表5-49）

表5-49

困难类别	划分依据
Ⅰ	路线沿平坦大道通过，无干扰，水准平均每千米设站不超过15站
Ⅱ	路线沿一般街道、铁路、乡村路、河岸、农田草地边缘或干扰、障碍不大的地带通过，通行不便，地面有起伏，水准平均每千米设站不超过25站
Ⅲ	路线通过行人车辆繁杂的市区、工矿区或河流、水网、丘陵、林带等崎岖小径，通行困难，有的地方需打尺桩，水准平均每千米设站不超过25站以上

③预算标准（见表 5－50）

表 5－50 单位：元/点

工作内容	困难类别		
	Ⅰ	Ⅱ	Ⅲ
一、二级导线	1012. 58	2169. 94	3254. 82
三级导线	1799. 33	3855. 84	5783. 67

注：1. 利用已有控制点标志时，预算标准减少 40%。

2. 埋设简易标志时，预算标准减少 30%。

3. 三级导线的预算标准中不含埋石。

4.2 空中三角测量

（1）航天摄影空中三角测量

①工作内容

资料准备，内定向，相对定向，绝对定向，区域网平差计算，接边，检查，成果资料整理。

②困难类别

1:5000—1:50000 航天空中三角测量的困难类别划分参考《测绘生产困难类别细则》（2009 版）摄影测量与遥感内业困难类别图。

③预算标准（见表 5－51）

表 5－51 单位：元/幅

比例尺	困难类别		
	Ⅰ	Ⅱ	Ⅲ
1:50000	297. 43	407. 81	502. 97
1:25000	206. 69	293. 72	373. 96
1:10000	137. 00	185. 85	233. 70
1:5000	94. 65	111. 51	147. 32

注：1. 1:50000 成图，卫星影像为分辨率（2—10 米）。

2. 1:10000、1:5000 成图，卫星影像为高分辨率（优于 1 米）。

（2）航空摄影空中三角测量

①工作内容

资料准备，内定向，相对定向，绝对定向，区域网平差计算，接边，检查，成果资料整理。

②困难类别

（i）1:500—1:2000 航空空中三角测量困难类别如表 5－52 所示。

表 5－52

困难类别	划分依据	
	一般地区	建筑与工业区
Ⅰ	1. 地面较平坦，起伏有规律，坡度在 2 度以内的地区。 2. 居民地占图面 5% 以内，道路、水系少，土质、植被较简单待地区	1. 地面起伏不大，工业厂房及有规律房屋占图面 40% 以内，或无规律的房屋占图面 30% 以内的地区。 2. 地面起伏有规律，开阔的工矿、学校等公共地区
Ⅱ	1. 地较比较完整，地面起伏较大，有规律，坡度在 2—6 度的地区；或地貌破碎的小丘陵地区。 2. 居民地约占图面 15% 以内，道路、水系较多，土质、植被较复杂的地区；或有较多围堤和水工建筑物的水网地区	1. 工业厂房及有现律房屋占图面 40%—50%，或无规律房屋占图面 30%—40% 的市街区。 2. 居民地、道路较发达的水网区
Ⅲ	1. 地貌较完整，地面起伏变化大，切割强烈，坡度在 6—25 度的地区。 2. 居民地占图面 15%—25%，道路、水系发达，土质、植被复杂，森林覆盖面达 40% 以上的地区；或沟坡卷叉密集，有大量河流，沟渠和人工建筑物的水网地区	1. 工业厂房及有规律房屋占图面 50% 以上，或无规律房屋占图面 40% 以上，街道复杂的地区。 2. 地面起伏较大，建筑物密集，高楼林立的城区

（ii）1:5000—1:50000 航空空中三角测量困难类别划分参考《测绘生产困难类别细则》（2009 版）摄影测量与遥感内业困难类别图。

③预算标准（见表5-53）

表5-53 单位：元/幅

比例尺	困难类别		
	Ⅰ	Ⅱ	Ⅲ
1:5000	142.19	197.07	252.10
1:2000	120.00	174.89	229.92
1:1000	87.43	127.45	167.53
1:500	54.86	80.00	105.14

注：1. 航摄比例尺分母与成图比例尺分母之比小于2时，预算标准增加18%。

2. 若需内业选测检测（保密）点，并对测绘产品进行精度检测时，预算标准增加5%。

（3）低空（无人机）摄影空中三角测量

①工作内容

资料准备，内定向，相对定向，绝对定向，区域网平差计算，接边，检查，成果资料整理。

②困难类别

同本节航空摄影空中三角测量困难类别。

③预算标准

按照本节航空摄影空中三角测量的预算标准增加10%。

（4）倾斜摄影空中三角测量

①工作内容

资料准备，内定向，相对定向，绝对定向，区域网平差计算，接边，检查，成果资料整理。

②困难类别

同本节航空摄影空中三角测量困难类别。

③预算标准

按照本节航空摄影空中三角测量的预算标准增加20%。

4.3 地物地貌调绘

（1）工作内容

调绘工作底图制作，绘制调绘范围线，地物、地貌的调绘，补测新增地物，量注比高，调查地名和境界，编写地名表（少数民族地区），调绘成果整饰（编辑），接边，填写图历表，测区内搬迁。

（2）困难类别

①1:500—1:2000 地物地貌调绘困难类别如表 5－54 所示。

表 5－54

困难类别	划分依据	
	一般地区	建筑与工业区
Ⅰ	1. 有部分居民地，地物稀少，地貌完整、局部隐蔽的地区。 2. 通行较困难的沼泽和盐碱地	1. 地面平坦，通行通视条件好，检修井较少，建筑物占图面 35% 以内的城镇、工矿区。 2. 地面有一定起伏，通行通视条件较好，检修井较少，房屋建筑占图面 20% 以内的地区
Ⅱ	1. 地貌切割较强烈，且部分隐蔽的地区；或地貌较复杂的沙丘地区。 2. 居民地占图面 10% 以内，地物地貌较复杂且较隐蔽的平地、丘陵地及通行困难的沼泽地和半隐蔽的半水网地区	1. 地面有一定起伏，通行通视条件较困难，检修井较多，房屋建筑占图面 35%—50% 的地区。 2. 地面起伏较大，通行通视条件较困难，检修井较多，房屋建筑物占图面 20%—35% 的地区
Ⅲ	1. 地物地貌复杂且隐蔽的平地、丘陵地；或地貌破碎，量注比高较多，且隐蔽的地区。 2. 居民地占图面 10% 以上，水系、道路发达构成纵横交错网络的地区	1. 地形起伏大，通行通视条件困难，检修井多，房屋建筑物占图面 50% 以上的地区。 2. 地貌破碎，通行通视条件困难，检修井很多，房屋建筑物占图面 35% 以上的地区

②1:5000—1:50000 地物地貌调绘困难类别按照《测绘生产困难类别细则》（2009 版）外业调绘、地形图更新（地物）困难类别图划分。

(3) 预算标准（见表5－55）

表5－55 单位：元/幅

比例尺	困难类别		
	Ⅰ	Ⅱ	Ⅲ
1:50000	51652.04	72277.90	94621.85
1:25000	29071.66	38444.38	47329.67
1:10000	18333.68	25525.91	30301.90
1:5000	8872.69	16740.19	21751.91
1:2000	4248.77	8061.89	11396.39
1:1000	2656.11	5375.41	7197.75
1:500	1369.14	3685.99	5935.42

注：1. 采用传统像片调绘方法作业时，预算标准增加30%。

2. 全野外测定碎部点高程时，预算标准增加30%。

3. 1:10000—1:50000测绘（更新）图幅量少于10幅或不连片时，预算标准增加10%。

4.4 航天摄影测量内业

(1) 数字线划地图（DLG）

①工作内容

资料准备，要素数据采集，数据与属性编辑，建拓扑关系，元数据制作，填写图历表，检查，成果整理，不包括空中三角测量。

②困难类别

按照《测绘生产困难类别细则》（2009版）地图数字化1:5000—1:50000数字线划地图（DLG）困难类别图划分。

③预算标准（见表5－56）

表5－56 单位：元/幅

比例尺	困难类别		
	Ⅰ	Ⅱ	Ⅲ
1:50000	11859.06	19655.35	28701.57
1:25000	10991.32	16652.45	22854.96

续表

比例尺	困难类别		
	Ⅰ	Ⅱ	Ⅲ
1:10000	9950.38	14117.59	18285.40
1:5000	8527.74	11945.65	15639.92

注：1. 1:50000 成图，卫星影像为中分辨率（2.5—10 米）。

2. 1:10000、1:5000 成图，卫星影像为高分辨率（优于 1 米）。

3. 生产 DLG 的影像源获取方式为合成孔径雷达时，预算标准增加 10%。

（2）数字高程模型（DEM）

①工作内容

资料准备，数据预处理，特征点、线采集，生成 DEM 单模型，数据整理，元数据制作，填写图历表，检查，成果整理，不包括空中三角测量。

②困难类别

按照《测绘生产困难类别细则》（2009 版）1:5000—1:50000 数字高程模型（DEM）困难类别图划分。

③预算标准（见表 5 - 57）

表 5 - 57　　单位：元/幅

比例尺	困难类别		
	Ⅰ	Ⅱ	Ⅲ
1:50000	4247.49	6049.83	7450.03
1:25000	3207.06	4575.45	5574.75
1:10000	2249.12	2782.96	3655.35
1:5000	1398.23	1806.78	2289.51

注：1. 生产 DEM 的数据源获取方式为合成孔径雷达时，预算标准减少 10%。

2. 生产 DEM 的数据源获取方式为激光雷达时，预算标准减少 30%。

（3）数字正射影像图（DOM）

①工作内容

资料准备，影像配准，多光谱数据融合，精校正，影像处理，注记、图面整饰，元数据制作，填写图历表，检查，成果整理等，不包括空中三角测量。

②困难类别（见表5－58）

表5－58

困难类别	划分依据
Ⅰ	以平原区为主。获取外业控制点难度较低，地物标志明显，较容易在影像上量测控制点和同名点，且需要量测的控制点和同名点数量较少即可达到精度要求
Ⅱ	以山地丘陵区为主。获取外业控制点具有一定的难度，部分区域地物标志不够明显，在影像上量测控制点和同名点具有一定难度，且需要量测较多数量的控制点和同名点才能达到精度要求
Ⅲ	以中高山区为主。获取外业控制点的难度较高，部分区域地物标志不明显，在影像上量测控制点和同名点具有较高的难度，且需要量测大量控制点和同名点才能达到精度要求

③预算标准（见表5－59）

表5－59 单位：元/幅

比例尺	工作内容	困难类别		
		Ⅰ	Ⅱ	Ⅲ
1:50000	立体影像数据	2877.14	3716.72	4577.04
	多光谱数据	959.05	1161.47	1373.11
	全色或单波段数据	599.42	696.88	801.00
1:25000	立体影像数据	1918.09	2322.95	3661.63
	多光谱数据	839.18	1045.33	1258.70
	全色或单波段数据	479.52	580.74	686.56
1:10000	立体影像数据	953.80	1162.44	1419.66
	多光谱数据	715.35	929.95	1147.32
	全色或单波段数据	357.69	464.98	573.67
1:5000	立体影像数据	718.21	898.72	1086.43
	多光谱数据	478.81	674.04	869.15
	全色或单波段数据	239.40	337.03	434.57

(4) 数字表面模型 (DSM)

①工作内容

资料准备，影像配准，特征点、线采集，生成 DSM 单模型，数据整理，元数据制作，填写图历表，检查，成果整理等，不包括空中三角测量。

②困难类别（见表 5　60）

表 5－60

困难类别	划分依据
Ⅰ	以平原区为主。获取外业控制点难度较低，地物标志明显，较容易在影像上量测控制点和同名点，且需要量测的控制点和同名点数量较少即可达到精度要求
Ⅱ	以山地丘陵区为主。获取外业控制点具有一定的难度，部分区域地物标志不够明显，在影像上量测控制点和同名点具有一定难度，且需要量测较多数量的控制点和同名点才能达到精度要求
Ⅲ	以中高山区为主。获取外业控制点的难度较高，部分区域地物标志不明显，在影像上量测控制点和同名点具有较高的难度，且需要量测大量控制点和同名点才能达到精度要求

③预算标准（见表 5－61）

表 5－61　　单位：元/幅

比例尺	困难类别		
	Ⅰ	Ⅱ	Ⅲ
1:50000	5208.86	7055.53	8914.29
1:25000	3342.57	4869.67	6746.00
1:10000	2306.42	3257.81	4191.86
1:5000	1658.71	2141.27	2675.94

4.5 航空/低空（无人机）摄影测量内业

(1) 数字线划地图 (DLG)

①工作内容

资料准备，要素数据采集，数据与属性编辑，建拓扑关系，元数据制作，填写图历表，检查，成果整理，不包括空中三角测量。

②困难类别

（i）1:500—1:2000 数字线划地图困难类别如表 5－62 所示。

表 5－62

困难类别	划分依据	
	一般地区	建筑与工业区
Ⅰ	1. 地面平坦，一般坡度在 2 度左右，通行通视条件好的地区；或地面起伏不大的丘陵地区。 2. 地物较少，道路、水系简单，树林、竹林占图面 10% 以内局部隐蔽的地区	1. 地面平坦，或局部有起伏，一般坡度在 2 度以内，通行方便。 2. 房屋建筑占图面 35% 以内，排列整齐的城镇、工矿区
Ⅱ	1. 地面起伏不大，地貌较完整的山地或地貌切割较强烈的丘陵地区。 2. 居民地占图面 10% 以内，地物较多，树林、竹林覆盖面积占图面 10%—40% 的地区	1. 地面起伏较大，一般坡度在 2—10 度的地区。 2. 房屋建筑占图面 35%—50%，房屋排列不太整齐地区
Ⅲ	1. 地貌切割强烈的地区，或通行困难的沼泽地区。 2. 居民地占图面 10% 以上，地物复杂，道路、水系发达的地区；或树林、竹林覆盖面积占图面 40% 以上的隐蔽地区	1. 地面起伏变化很大，一般坡度在 10 度以上的地区。 2. 房屋建筑占图面 50% 以上，房屋排列杂乱的地区

（ii）1:5000—1:50000 数字线划地图困难类别按照《测绘生产困难类别细则》（2009 版）1:5000—1:50000 数字线划地图（DLG）困难类别图划分。

③预算标准（见表 5－63）

表 5－63 单位：元/幅

比例尺	困难类别		
	Ⅰ	Ⅱ	Ⅲ
1:5000	9169.59	13004.18	16838.78
1:2000	6719.28	9361.83	13205.55

续表

比例尺	困难类别		
	Ⅰ	Ⅱ	Ⅲ
1:1000	4540.58	7183.15	10546.42
1:500	3000.00	4890.52	6870.84

注：1. 航摄比例尺分母与成图比例尺分母之比小于3时，预算标准增加18%。

2. 利用DRG或已有控制成果作业时，预算标准增加5%。

3. 采用室内外综合判调（含先内后外）方法作业时，预算标准增加20%。

4. 若需房檐改正，预算标准增加20%。

5. 生产DLG的影像源获取方式为合成孔径雷达时，预算标准增加10%。

（2）数字高程模型（DEM）

①工作内容

资料准备，数据预处理，特征点、线采集，生成DEM单模型，数据拼接，元数据制作，填写图历表，检查，成果整理，不包括空中三角测量。

②困难类别

（i）1:500—1:2000数字高程模型（DEM）困难类别如表5－64所示。

表5－64

困难类别	划分依据	
	一般地区	建筑与工业区
Ⅰ	1. 地面较平坦，起伏有规律，坡度在2度以内的地区。 2. 居民地图面5%以内，道路、水系少，土质、植被较简单的地区	1. 地面起伏不大，工业厂房及有规律房屋占图面40%以内，或无规律的房屋占图面30%以内的地区。 2. 地面起伏有规律，开阔的工矿、学校等公共地区
Ⅱ	1. 地貌比较完整，地面起伏较大，有规律，坡度在2—6度的地区；或地貌破碎的小丘陵地区。 2. 居民地约占图面15%以内，道路、水系较多，土质、植被较复杂的地区；或有较多围堤和水工建筑物的水网地区	1. 工业厂房及有规律房屋占图面40%—50%，或无规律房屋占图面30%—40%的市街区。 2. 居民地、道路较发达的水网区

续表

困难类别	划分依据	
	一般地区	建筑与工业区
Ⅲ	1. 地貌较完整，地面起伏变化大，切割强烈，坡度在6—25度的地区。 2. 居民地占图面15%—25%，道路、水系发达，土质、植被复杂，森林覆盖面达40%以上的地区；或沟坡巷叉密集，有大量河流，沟渠和人工建筑物的水网地区	1. 工业厂房及有规律房屋占图面50%以上，或无规律房屋占40%以上，街道复杂的地区。 2. 地面起伏较大，建筑物密集，高楼林立的城区

（ii）1:5000—1:50000数字高程模型困难类别按照《测绘生产困难类别细则》（2009版）1:5000—1:50000数字高程模型（DEM）困难类别。

③预算标准（见表5－65）

表5－65 单位：元/幅

比例尺	困难类别		
	Ⅰ	Ⅱ	Ⅲ
1:5000	2123.64	2945.00	3766.38
1:2000	1792.23	2613.59	3434.98
1:1000	1432.50	2249.54	3049.09
1:500	1257.05	1863.65	2663.20

注：1. 立体制作DOM预算标准中包含生产低精度DEM。

2. 若需内业选测检测（保密）点，并对测绘产品进行精度检测时，预算标准增加5%。

3. 生产DEM的数据源获取方式为合成孔径雷达时，预算标准减少10%。

4. 生产DEM的数据源获取方式为激光雷达时，预算标准减少30%。

（3）数字正射影像图（DOM/TDOM）

①工作内容

数据准备，影像匹配，生成DEM，数字微分纠正计算，生成DOM，DOM镶嵌裁切与整饰，元数据制作，成果资料整理，不包括空中三角测量。

②困难类别（见表 5－66）

表 5－66

困难类别	划分依据	
	一般地区	建筑与工业区
Ⅰ	1. 地面平坦，一般坡度在 2 度左右，通行通视好的地区；或地面起伏不大的丘陵地。 2. 地物较少，道路、水系简单，树林、竹林占图面 10% 以内局部隐蔽的地区	1. 地面平坦，或局部有起伏，一般在 2 度以内，通行方便。 2. 房屋建筑占图面 35% 以内，排列整齐的城镇、工矿区
Ⅱ	1. 地面起伏不大，地貌较完整的山地或地貌切割较强烈的丘陵地。 2. 居民地占图面 10% 以内，地物较多，树林竹林覆盖面积占图面 10%—40% 的地区	1. 地面起伏较大，一般坡度在 2—10 度的地区。 2. 房屋建筑占图面 35%—50%，房屋排列不太整齐地区
Ⅲ	1. 地貌切割强烈的地区，或通行困难的沼泽地区。 2. 居民地占图面 10% 以上，地物复杂，道路、水系发达的地区；或树林、竹林覆盖面积占图面 40% 以上的隐蔽地区	1. 地面起伏变化很大，一般坡度在 10 度以上的地区。 2. 房屋建筑占图面 50% 以上，房屋排列杂乱的地区

③预算标准（见表 5－67）

表 5－67　　　　单位：元/幅

比例尺	困难类别		
	Ⅰ	Ⅱ	Ⅲ
1:5000	1808.68	2644.87	3133.56
1:2000	1667.49	2156.18	2644.87
1:1000	1423.15	1667.49	1911.84
1:500	1178.82	1426.63	1674.45

（4）数字表面模型（DSM）

①工作内容

数据准备，点云数据生成，DSM 编辑拼接，DSM 镶嵌裁切，DSM

接边，元数据制作，成果资料整理，不包括空中三角测量。

②困难类别（见表5－68）

表5－68

困难类别	划分依据	
	一般地区	建筑与工业区
Ⅰ	1. 地面平坦，一般坡度在2度左右，通行通视好的地区；或地面起伏不大的丘陵地。 2. 地物较少，道路、水系简单，树林、竹林占图面10%以内局部隐蔽的地区	1. 地面平坦，或局部有起伏，一般在2度以内，通行方便。 2. 房屋建筑占图面35%以内，排列整齐的城镇、工矿区
Ⅱ	1. 地面起伏不大，地貌较完整的山地或地貌切割较强烈的丘陵地。 2. 居民地占图面10%以内，地物较多，树林竹林覆盖面积占图面10%—40%的地区	1. 地面起伏较大，一般坡度在2—10度的地区。 2. 房屋建筑占图面35%—50%，房屋排列不太整齐地区
Ⅲ	1. 地貌切割强烈的地区，或通行困难的沼泽地区。 2. 居民地占图面10%以上，地物复杂，道路、水系发达的地区；或树林、竹林覆盖面积占图面40%以上的隐蔽地区	1. 地面起伏变化很大，一般坡度在10度以上的地区。 2. 房屋建筑占图面50%以上，房屋排列杂乱的地区

③预算标准（见表5－69）

表5－69 单位：元/幅

比例尺	困难类别		
	Ⅰ	Ⅱ	Ⅲ
1:5000	1410.29	1813.44	2204.39
1:2000	1227.02	1617.97	2008.92
1:1000	1031.54	1422.49	1813.44
1:500	836.08	1230.50	1624.93

（5）实景三维 Mesh 模型

①工作内容

数据准备，点云数据生成，构建 TIN，纹理切片映射，模型整饰编辑，不包括空中三角测量。

②预算标准

参照《工程勘察服务成本要素信息》（2022 版）执行。

（6）单体模型

①工作内容

资料准备，几何白模数据构建，纹理映射编辑，市政设施部件模型采集，数据编码整理，元数据制作，检查，成果整理。

②困难类别（见表 5－70）

表 5－70

困难类别	划分依据
Ⅰ	1. 农村区域，城乡接合部，普通乡镇，工业园区，棚户区。 2. 地物地貌简单，建筑稀疏，建模特征无遮挡，不需处理实地照片。 3. 地物对象结构简单，仅制作房屋及其附属设施等少量类别模型，无部件模型。 4. 四级模型为主，模型几何细节表现与实际地物相似性要求低，纹理图片无明显错误即可。 5. 农村宅基地，普通民宅（3 层以下），工矿厂房等
Ⅱ	1. 中小城市，发达乡镇，城市普通区域。 2. 地物地貌相对简单，建筑密集适中，仅处理少量实地照片。 3. 地物对象结构适中，表示城镇主要地物类别和少量城镇重要部件模型。 4. 二、三级模型为主，模型几何细节表现与实际地物相似性要求中等，图片纹理与实际对应。 5. 高档社区；高层住宅区，普通小区；学校医院、政府机关、体育场馆、商住一体楼；沿街建筑，普通写字楼；旅游景点一般建筑等
Ⅲ	1. 特大城市，地区行政中心，城市核心区域。 2. 地物地貌复杂，建筑密集，地物特征有部分遮挡，需要粘贴现场高清纹理照片。 3. 地物对象结构复杂，建模地物类别齐全，需要构建完整的城市部件模型

续表

困难类别	划分依据
Ⅲ	4. 一级模型为主，模型几何细节表现与实际地物相似性要求高，纹理图片干净整洁、位置正确。 5. 古建筑群、寺庙、旅游景点主体建筑；多功能综合楼、中心商务区、大型商业体、地标性建筑等

③预算标准（见表5－71）

表5－71 单位：元/平方千米

工作内容	困难类别		
单体模型	Ⅰ	Ⅱ	Ⅲ
	36207.14	107642.86	430571.43

注：1. 仅生产几何白模时，预算标准减少25%—35%。

2. 需要录入和编辑模型属性时，预算标准增加20%—40%。

3. 采用倾斜立体建模时，预算标准增加30%。

4. 面积小于1平方千米或不连片时，预算标准增加10%—30%。

（7）城市三维模型

①工作内容

资料准备，几何白模数据构建，纹理映射编辑，市政设施部件模型采集，数据编码整理，元数据制作，检查，成果整理。

②困难类别

同本节单体模型困难类别。

③预算标准（见表5－72）

表5－72 单位：元/平方千米

工作内容	困难类别		
单体模型	Ⅰ	Ⅱ	Ⅲ
	36207.14	107642.86	430571.43

注：1. 仅生产几何白模时，预算标准减少25%—35%。

2. 需要录入和编辑模型属性时，预算标准增加20%—40%。

3. 采用倾斜立体建模时，预算标准增加30%。

4. 面积小于1平方千米或不连片时，预算标准增加10%—30%。

（8）点云分类数据成果

①工作内容

数据准备，参数转换改正，噪音点滤除（明显低点、高点剔除）、点云自动分类，人工分类编辑，检查，成果资料整理。

②困难类别

同本节数字高程模型（DEM）困难类别。

③预算标准（见表5－73）

表5－73 单位：元/幅

比例尺	困难类别		
	Ⅰ	Ⅱ	Ⅲ
1:10000	2519.06	3701.89	4884.73
1:5000	2179.01	3021.79	3864.58
1:2000	1838.96	2681.73	3524.54
1:1000	1487.81	2308.19	3128.59
1:500	1289.83	1912.24	2732.64

（9）高（多）光谱数据成果

①工作内容

资料准备，数据预处理，辐射、几何校正，数据整理，元数据制作，填写图历表，检查，成果整理。

②困难类别

同本节数字正射影像图（DOM/TDOM）困难类别。

③预算标准（见表5－74）

表5－74 单位：元/幅

比例尺	困难类别		
	Ⅰ	Ⅱ	Ⅲ
1:5000	1325.42	1524.37	1821.06
1:2000	1520.89	1814.10	2107.31
1:1000	1814.10	2400.53	2889.22
1:500	2004.15	2889.22	3475.64

注：1. 获取的数据为高光谱时，预算标准增加5%。

2. 光谱重建采用经验线性法实测光谱数据时，预算标准增加2%。

4.6 近景摄影测量

（1）数字表面模型（DSM）

①工作内容

像控点成果收集，影像数据分析准备，影像匹配，数据编辑，镶嵌裁切，数据检查与整理。

②困难类别（见表5－75）

表5－75

困难类别	划分依据
Ⅰ	建模对象表面总体平整，模型相对中误差1毫米以内
Ⅱ	建模对象表面有一定起伏，模型相对中误差1/10毫米以内
Ⅲ	建模对象表面凹凸不平，有许多附属物，模型相对中误差1/50毫米以内

③预算标准（见表5－76）

表5－76 单位：元/平方米

工作内容	困难类别		
	Ⅰ	Ⅱ	Ⅲ
数字表面模型	100.00	200.00	300.00

注：若DSM与DOM或等值线图同时生产时，预算标准减少30%。

（2）数字正射影像（DOM）

①工作内容

像控点成果收集，影像数据分析准备，数字微分纠正，影像拼接，镶嵌裁切，数据检查与整理。

②困难类别（见表5－77）

表5－77

困难类别	划分依据
Ⅰ	建模对象表面总体平整，模型相对中误差1毫米以内
Ⅱ	建模对象表面有一定起伏，模型相对中误差1/10毫米以内
Ⅲ	建模对象表面凹凸不平，有许多附属物，模型相对中误差1/50毫米以内

③预算标准（见表5－78）

表5－78　单位：元/平方米

工作内容	困难类别		
	Ⅰ	Ⅱ	Ⅲ
数字正射影像	200.00	400.00	600.00

注：若DOM与DSM或等值线图同时生产时，预算标准减少30%。

（3）等值线图

①工作内容

像控点成果收集，影像数据分析准备，立体模型构建，等值线绘制，图面整饰，数据检查与整理。

②困难类别（见表5－79）

表5－79

困难类别	划分依据
Ⅰ	建模对象表面总体平整，模型相对中误差1毫米以内
Ⅱ	建模对象表面有一定起伏，模型相对中误差1/10毫米以内
Ⅲ	建模对象表面凹凸不平，有许多附属物，模型相对中误差1/50毫米以内

③预算标准（见表5－80）

表5－80　单位：元/平方米

工作内容	困难类别		
	Ⅰ	Ⅱ	Ⅲ
等值线图	200.00	400.00	600.00

注：若等值线图与DSM或DOM同时生产时，预算标准减少30%。

（4）三维模型

①工作内容

像控点成果收集，影像数据分析准备，表面三维模型生成，体块三维模型构建，纹理映射，数据检查与整理。

②困难类别（见表 5－81）

表 5－81

困难类别	划分依据
Ⅰ	建模对象表面总体平整，模型相对中误差 1 毫米以内
Ⅱ	建模对象表面有一定起伏，模型相对中误差 1/10 毫米以内
Ⅲ	建模对象表面凹凸不平，有许多附属物，模型相对中误差 1/50 毫米以内

③预算标准（见表 5－82）

表 5－82　　单位：元/平方米

工作内容	困难类别		
	Ⅰ	Ⅱ	Ⅲ
三维模型	500.00	1000.00	1500.00

注：若三维模型与 DOM/DSM/等值线图同时生产时，预算标准减少 20%。

1.5 数据采集与编辑支出标准

1.5.1 全野外地形数据采集与编辑

（1）数字线划图（DLG）

①工作内容

作业准备，图根控制测量，野外采集数据，属性调查，绘示意图，室内编辑，建拓扑关系和元数据文件，检查修改、成果资料整理，数据格式转换。

②困难类别（见表 5－83）

表 5－83

困难类别	划分依据	
	一般地区	建筑与工业区
Ⅰ	1. 地面平坦，一般坡度在 2 度左右，通行通视好的地区；或地面起伏不大的丘陵地。 2. 地物较少，道路、水系简单，树林、竹林占图面 10% 以内局部隐蔽的地区	1. 地面平坦，或局部有起伏，一般在 2 度以内，通行方便。 2. 房屋建筑占图面 35% 以内，排列整齐的城镇、工矿区

续表

困难类别	划分依据	
	一般地区	建筑与工业区
Ⅱ	1. 地面起伏不大，地貌较完整的山地或地貌切割较强烈的丘陵地。 2. 居民地占图面10%以内，地物较多，树林竹林覆盖面积占图面10%—40%的地区	1. 地面起伏较大，一般坡度在2—10度的地区。 2. 房屋建筑占图面35%—50%，房屋排列不太整齐地区
Ⅲ	1. 地貌切割强烈的地区，或通行困难的沼泽地区。 2. 居民地占图面10%以上，地物复杂，道路、水系发达的地区；或树林、竹林覆盖面积占图面40%以上的隐蔽地区	1. 地面起伏变化很大，一般坡度在10度以上的地区。 2. 房屋建筑占图面50%以上，房屋排列杂乱的地区

③预算标准（见表5－84）

表5－84 单位：元/平方千米

比例尺	困难类别		
	Ⅰ	Ⅱ	Ⅲ
1:2000	23790.00	39076.00	60556.00
1:1000	73578.00	115738.00	180329.00
1:500	130582.00	182180.00	251673.00

（2）数字地形图

①工作内容

作业准备，收集资料，编写图幅编绘说明，基本资料加工，重新设计图层、由数据向图层的归化，增补现势资料，转换数据，生成数学基础（包括坐标换算、图廓生成、坐标网、控制点），图形纠正，要素综合取舍，数据图形化及图形间的关系处理，符号化，图内图外数学基础、整饰内容的编辑，元数据制作，打样校对，检查修改，数据转换为印刷格式等印前处理或转换为电子地图格式。

②困难类别

同本节数字线划图（DLG）困难类别。

③预算标准（见表5－85）

表5－85 单位：元/平方千米

比例尺	困难类别		
	Ⅰ	Ⅱ	Ⅲ
1:2000	1219.00	1960.00	2645.00
1:1000	4143.00	5622.00	7599.00
1:500	19447.00	29206.00	38534.00

(3) 数字高程模型（DEM）

①工作内容

作业准备，图根点控制测量，野外采集高程数据，编辑处理，接边，内插DEM，检查修改，成果资料整理。

②困难类别（见表5－86）

表5－86

困难类别	划分依据
Ⅰ	1. 地面平坦，地域开阔，通视条件好，比高在20米以内的平地、丘陵地；或破碎地貌占图面5%以内的地区 2. 房屋和高秆植物分散，占图面小于10%，以及水系简单，不成网状的地区
Ⅱ	1. 地面起伏较大，通视条件较差，比高在20—80米的丘陵地；或破碎地貌等占图面5%—20%的地区 2. 房屋和高秆植物较多，占图面10%—20%，以及水系复杂，防洪堤坝多的地区
Ⅲ	1. 地面起伏大，通视条件困难，比高大于80米的丘陵地、山地；或破碎地貌等占图面20%以上的地区 2. 房屋和高秆植物多，占图面20%以上的地区

③预算标准（见表5－87）

表 5－87　　单位：元/平方千米

比例尺	困难类别		
	Ⅰ	Ⅱ	Ⅲ
1:2000	10948.00	15142.00	20488.00
1:1000	30948.00	45360.00	57524.00
1:500	51812.00	81467.00	116883.00

注：若 DEM 与 DLG 数据同时采集时，预算标准减少 50%。

5.2 基础地理信息数据转化

（1）数字线划图（DLG）

①工作内容

收集整理原始资料，规范化预处理，经数据转换、编辑、转化、格式转换等技术处理，生成转化数据成果。

②困难类别（见表 5－88）

表 5－88

困难类别	划分依据
Ⅰ	地面平坦，一般坡度在 2 度左右，通行通视条件好的地区或地面起伏不大的丘陵地区。地物较少，道路、水系简单。或房屋建筑占图面 35% 以内，排列整齐的城镇、工矿区
Ⅱ	地面起伏不大，地貌较完整的山体或地貌切割较强烈的丘陵地区。居民地占图面 10% 以内，地物较多的地区。或房屋建筑占图面 35%—50%，房屋排列不太整齐地区
Ⅲ	地貌切割强烈的地区。居民地占图面 10% 以上，地物复杂，道路、水系发达的地区。或房屋建筑占图面 50% 以上，房屋排列杂乱的地区

③预算标准（见表 5－89）

表 5－89　　单位：元/平方千米

比例尺	困难类别		
	Ⅰ	Ⅱ	Ⅲ
1:50000	3.04	5.06	7.36

续表

比例尺	困难类别		
	Ⅰ	Ⅱ	Ⅲ
1:25000	11.71	18.48	25.82
1:10000	41.86	59.45	77.03
1:5000	141.66	200.90	2660.14
1:2000	648.79	903.95	1275.09
1:1000	1753.70	2774.33	4073.32
1:500	4634.74	7555.42	10614.85

（2）数字高程模型（DEM）

①工作内容

收集整理高精度数字高程模型数据，重采样，镶嵌与裁切，数据编辑，数据接边，元数据制作，成果数据整理。

②困难类别（见表5－90）

表5－90

困难类别	划分依据
Ⅰ	1. 原始资料好，地面平坦，通视条件好，平地、丘陵地为主；或破碎地貌占图面5%以内的地区。 2. 房屋和高秆植物分散，占图面小于10%，以及水系简单，不成网状的地区
Ⅱ	1. 原始资料较好，地面起伏较大，通视条件较差，丘陵地为主；或破碎地貌等占图面5%—20%的地区。 2. 房屋和高秆植物较多，占图面10%—20%，以及水系复杂，防洪堤坝多的地区
Ⅲ	1. 原始资料差，地面起伏大，通视条件困难，丘陵地、山地为主；或破碎地貌等占图面20%以上的地区。 2. 房屋和高秆植物多，占图面20%以上的地区

③预算标准（见表5－91）

表 5－91　　单位：元/平方千米

格网间距 F（米）	困难类别		
	Ⅰ	Ⅱ	Ⅲ
F＜5	13.49	20.11	23.10
5≤F＜10	8.72	12.05	14.54
10≤F	4.01	5.50	6.77

（3）兴趣点采集

①工作内容

资料收集，数据整合提取，外业实地核查及补充采集，成果整理。

②困难类别（见表 5－92）

表 5－92

困难类别	划分依据
Ⅰ	市县级主城区，点位分布密集
Ⅱ	乡镇级主城区，点位分布一般密集
Ⅲ	其他区域，点位分布稀疏

③预算标准（见表 5－93）

表 5－93　　单位：元/千点

工作内容	困难类别		
	Ⅰ	Ⅱ	Ⅲ
兴趣点采集	3500.00	7800.00	13400.00

注：1. 兴趣点只采集名称、位置及行政区划属性，若增加其他属性预算标准增加10%—40%。

2. 没有基础资料时，根据实际情况可提高 2—4 倍。

3. 地名地址与兴趣点同时采集，其预算标准按照兴趣点预算标准计算。

（4）地名地址数据采集

①工作内容

资料收集，数据整合提取，外业实地核查及补充采集，成果整理。

②困难类别（见表5－94）

表5－94

困难类别	划分依据
Ⅰ	市县级主城区，点位分布密集
Ⅱ	乡镇级主城区，点位分布一般密集
Ⅲ	其他区域，点位分布稀疏

③预算标准（见表5－95）

表5－95　　单位：元/千点

工作内容	困难类别		
	Ⅰ	Ⅱ	Ⅲ
地名地址数据采集	14500.00	28900.00	38500.00

（二）广西壮族自治区本级政务信息化建设和运维项目预算支出标准（选编）

1.1 预算构成及范围

项目预算由软件开发费、软件产品购置费、硬件设备购置费、系统集成费、测试费、咨询服务费、工程监理费、预备费及其他费用等费用科目构成。

根据实际内容，项目预算可包含上述全部或部分费用科目。科目或标准未作规定的，按照实际情况从严编制。

1.2 预算编制及支出标准

相关定额标准是预算支出的上限标准，不是必须达到的标准，应根据实际需求进行预算编制。

有关支出定额标准原则上作为编制预算支出的上限，确因特殊情况个别单项支出需突破标准的，部门单位在编制方案中应详细说明原因，经自治区财政厅审核同意后，个别单项支出可按实际情况编制预算。

1.2.1 软件开发费

软件开发费按实际需求及任务量计算，开发周期一般不超过一年，费用包含需求分析、设计、编码、测试、部署实施以及项目管理、培训等。

采用开发方式测算软件开发费用的，建设方（采购方）应拥有新开发软件的完整知识产权（包括但不限于：可执行文件、开发的源代码、说明文档、部署文档、测试文档等），开发过程中应用第三方软件产品应当取得合法授权。软件开发应包含终验通过后至少一年的免费维护服务，国家相关规定或行业通行做法中有大于一年免费维护服务规定的，从其规定。

软件开发费优先按照功能点估算法进行估算，也可按照工作量估算法进行估算。

1.2.1.1 工作量估算法

1.2.1.1.1 工作量估算法是通过估算软件项目各细分可识别模块所耗费的资源进行费用估算，资源数包含人力和时间，一般用人天、人月的形式来衡量。系统应按子系统、模块进行细化分层，一般系统分两层，复杂系统应分三层或更多，参照表5－96进行测算。

表5－96　　　　软件开发预算表（工作量估算方式）

序号	项目阶段及功能	需求描述	工作量（人月）	人员类型	单价（万元/人月）	金额（万元）	备注
一	需求分析				1.9		
二	系统设计				1.9		
三	软件开发（编码）						
（一）	子系统一				1.7		
1	功能1				1.7		
1.1	子模块1				1.7		
1.2	子模块2				1.7		
……	……	……	……	……	1.7	……	……
2	功能2						
……	……	……	……	……	1.7	……	……

续表

序号	项目阶段及功能	需求描述	工作量（人月）	人员类型	单价（万元/人月）	金额（万元）	备注
（二）	子系统二				1.7		
……	……	……	……	……	1.7	……	……
四	系统测试				1.6		
五	实施部署				1.4		
合计							

注：1. “子系统一”“功能模块1”等用具体的名称替换。

2. 属于基于成熟软件产品定制开发的费用计算方法：成品软件采取购买方式计价，不采用软件开发方式计价，定制开发内容采用软件开发计算费用。属于统一开发部署的软件计算统一开发的软件费用，各实施地只计算部署实施费用，不重复计算软件开发费用。

3. 费用 = 单价 × 工作量 × 复用系数 × 风险系数。

1.2.1.1.2 工作量估算法人工成本标准

（1）需求分析、系统设计阶段按照1.9万元/人·月计算；

（2）软件开发（编码）阶段按照1.7万元/人·月计算；

（3）系统测试阶段按照1.6万元/人·月计算；

（4）实施部署阶段按照1.4万元/人·月计算；

（5）风险系数一般取1；复用系数根据开发内容确定复用系数；

（6）人工成本含税费以及所有直接和间接成本。

1.2.1.2 功能点估算法

1.2.1.2.1 功能点估算法参考《软件工程软件开发成本度量规范》（GB/T36964－2018）。

有关术语、定义和缩略语如表5－97所示：

表5－97　功能点估算法术语、定义和缩略语

术语	定义	英文简称
服务管理方	对政务信息化服务进行管理、监督和指导的主管部门	—
服务使用方	使用政务信息化服务的部门	—
服务提供方	按合同承担政务信息化服务相关工作的单位	—

续表

术语	定义	英文简称
功能点	衡量软件功能规模的一种单位	FP
基准数据	经过筛选并维护数据库中的一个或一组测量值或者派生测量值，用来表征目标对象相关属性与这些测量值的关系	—
内部逻辑文件	在系统边界内维护的、用户可识别的逻辑相关数据组或控制信息。其主要目的是保存由被计数的应用的一个或多个基本处理所维护的数据	ILF
外部接口文件	由一系统引用、另一系统维护的，用户可识别的逻辑相关数据组或控制信息。其主要目的是保存由被计数的系统边界内的一个或多个基本处理所引用的数据。一个系统所计数的外部接口文件必定是另一个系统的内部逻辑文件	EIF
外部查询	发送数据或控制信息到应用程序边界外的一个基本处理，其主要目的是通过检索来自内部逻辑文件或外部接口文件的数据或控制信息，并向用户提供信息。处理逻辑既不包含数学公式或计算，也不创建派生的数据。处理期间不维护内部逻辑文件，也不改变系统行为	EQ
外部输入	数据或控制信息由外向内穿越应用程序边界的一个基本处理过程，其主要目的是维护一个或多个内部逻辑文件和/或改变系统行为	EI
外部输出	发送数据或控制信息到应用程序边界外的一个基本处理目的是通过检索数据或控制信息，并通过处理逻辑来向用户提供信息。其中，处理逻辑必须包含至少一个数学公式或计算，或创建派生的数据，或维护一个或多个内部逻辑文件，或改变系统行为	EO
预估功能点计数	只针对内部逻辑文件和外部接口文件进行计数的功能点计数方法。在此方法中，每个内部逻辑文件计为 35 个 FP 每个外部接口文件计为 15 个 FP	—

续表

术语	定义	英文简称
估算功能点计数	针对内部逻辑文件、外部接口文件、外部输入、外部输出、外部查询进行计数，但不调整每类功能点计数项复杂度的功能点计数方法。在此方法中，每个内部逻辑文件计为 10 个 FP，每个外部接口文件计为 7 个 FP，每个外部输入计为 4 个 FP，每个外部输出计为 5 个 FP，每个外部查询计为 4 个 FP	—
百分位数	对于某实数集合中的元素 X，如果该集合中有且仅有 p% 的数据不大于 X，则称 X 为该集合的 p 百分位数。示例：如果仅有 50% 的数据不大于 X，则 X 为该集合的 50 百分位数简称 P50	—

1.2.1.2.2 功能点估算法计算方式

根据项目实际情况和预算编制要求，选用 IFPUG 方法或 NESMA 方法，IFPUG 方法参考《ISO/IEC20926 软件和系统工程－软件度量－IFPUG 功能规模度量方法 2009》，NESMA 方法参考《SJ/T11619－2016 软件工程功能规模测量 NESMA 方法》，按中等复杂度进行核算。关键参数参考政府部门公布的统计数据、权威研究机构和行业组织发布的统计数据、并结合行业实际核算。

具体公式如下：

定制软件开发费用＝功能点数×软件开发生产率基准/人月折算系数×软件开发基准人月费率＋直接非人力成本

其中：

功能点数，单位为个，计算公式如下：

功能点数＝未调整功能点数量（UFP）×软件类别调整因子×复用系数。

未调整功能点数量（UFP）可采用预估功能点计数和估算功能点计数两种方式进行计算。

——采用预估功能点计数方法，未调整功能点数量计算公式如下：

UFP = 35 × ILF + 15 × EIF

ILF：内部逻辑文件的数量；

EIF：外部接口文件的数量。

——采用估算功能点计数方法，未调整功能点数量计算公式如下：

FP = 10 × ILF + 7 × EIF + 4 × EI + 5 × EO + 4 × EQ

其中：

ILF：内部逻辑文件的数量；

EIF：外部接口文件的数量；

EI：外部输入的数量；

EO：外部输出的数量；

EQ：外部查询的数量。

软件类别调整因子和复用系数取值参考表 5 – 98。

表 5 – 98　　　　软件类别调整因子和复用系数取值

<table>
<tr><th>序号</th><th>软件类别</th><th>范围</th><th>调整因子</th><th>复用度调整系数</th></tr>
<tr><td>1</td><td>业务处理</td><td>各类业务应用系统、政务服务系统、协同办公系统等</td><td>0. 8—1. 0</td><td rowspan="4">高复用度：1/3
中复用度：2/3
低复用度：1</td></tr>
<tr><td>2</td><td>应用集成和科学计算</td><td>应用集成、公共支撑平台、企业服务总线、地理信息系统等；科学计算、模拟、统计等</td><td>1. 0—1. 2</td></tr>
<tr><td>3</td><td>大数据、多媒体</td><td>图形、影像、声音等多媒体应用领域；大数据分析系统</td><td>1. 0—1. 3</td></tr>
<tr><td>4</td><td>人工智能</td><td>自然语言处理、深度学习等</td><td>1. 0—1. 5</td></tr>
</table>

注：软件类别调整因子，根据定制开发软件类型因素进行取值。对于定制软件开发内容包含多种软件类型的情况（例如系统中包含了业务处理和部分人工智能），原则上按照主体功能的类型取值，如多种类型功能占比比较均衡，可取各类型调整因子平均值。凡取值超过 1 的，需列明具体取值依据。

1.2.1.2.3 复用度调整系数

对功能复用情况进行分析，识别出可复用的功能规模及可复用的程度，并根据复用程度对规模和工作量进行量化调整。在预算阶段，新建项目的复用度调整系数默认取值为1（复用度低），根据实际情况进行调整；在已有软件系统或功能模块基础上进行优化完善或调整改造的，复用度调整系数默认取值为2/3（复用度中），根据实际情况进行调整。

1.2.1.2.4 复用度根据实际情况的调整方式

复用度取值一般从可复用的功能规模和复用程度两个方面综合考虑。

（1）判断复用度取值时，应首先对逻辑文件和基本过程的复用度进行判断，原则如表5－99、表5－100所示。

表5－99　逻辑文件的复用度判断

逻辑文件	复用规模	取值
系统中已有同样的逻辑文件，本次开发时可直接使用	高	1/3
系统中有类似的逻辑文件，本次开发可修改后重用	中	2/3
系统中没有此逻辑文件，本次开发时需重新开发	低	1

表5－100　基本过程的复用度判断

基本过程	复用规模	取值
已有的基本过程可满足此次开发的需求，直接使用	高	1/3
系统已有的基本过程需要适当的修改后用于满足本次开发的需求	中	2/3
系统中没有相似的基本过程需要重新开发	低	1

（2）举例

①举例1：某系统二期建设主要增加统计分析功能，即在一期建设已有的数据基础上，生成新的报表功能。

经分析，二期建设中涉及的20个内部逻辑文件中，10个逻辑文件可直接使用，10个内部逻辑文件可修改后使用，二期建设中增加的30

个报表项（EO）中，新开发的为20个，10个为原有报表基础上修改。由此分析复用情况如表5－101所示。

表5－101　　复用度计算示例1

ILF（功能点数：10）			
复用度	复用系数	数量	调整后功能点数
高复用	1/3	10	10×10×1/3＝33.3
中等复用	2/3	10	10×10×2/3＝66.7
EO（功能点数：5）			
复用度	复用系数	数量	调整后功能点数
中等复用	2/3	10	5×10×2/3＝33.3
低复用	1	20	5×20＝100
合计			233.3

复用度调整之后的功能点数之和为：233.3。

②举例2：某系统二期建设对现有的功能进行了优化，根据新的政策要求，对要填报的表格进行了修改，主要是对原有表格的字段优化。

经分析，此次要修改的逻辑文件共15个，涉及的基本过程（为简便计算，均记为EI）共60个。经分析修改的具体内容，判断均为中等复用，如表5－102所示。

表5－102　　复用度计算示例2

ILF（功能点数：10）			
复用度	复用系数	数量	调整后功能点数
中等复用	2/3	15	10×15×2/3＝100
E（功能点数：4）			
复用度	复用系数	数量	调整后功能点数
中等复用	2/3	60	4×60×2/3＝160
合计			260

复用度调整之后的功能点数之和为：260。

1.2.1.2.5 软件开发生产率基准，单位为人时/功能点，根据2022

年中国软件行业基准数据（CSBMK－202210版本）数据（以每年公布的最新版本为基准），电子政务领域软件开发生产率基准数据取中位值P50（6.72人时/功能点），根据实际情况可上下浮动20%。

人月折算系数，单位为人时每月，取值为174（174＝21.75×8）。

1.2.1.2.6 软件开发基准人月费率标准

根据广西经济社会发展水平、本地软件和信息技术服务业工资水平，结合国内软件行业基准数，采用功能点法进行计算的软件开发基准人月费率取值1.7万元/人月（包含软件开发的直接人力成本、间接成本及合理利润等）。

1.2.2 办公自动化系统（OA）预算支出标准（见表5－103）。

表5－103　　办公自动化系统（OA）预算支出标准

序号	名称及类别	预算标准	使用说明
一	基本功能		满足协同办公日常使用的功能
（一）	个人办公、信息管理、公文管理、请示审批、内部信息、人事管理、物品管理、车辆管理、档案管理、工作交流、邮件管理、会议管理、系统管理、常用管理工具、附件程序等	基本功能费用不超过50万元	根据单位日常运作和管理而开发的基本功能模块基本功能按不超过100用户测算超出100用户部分，每用户400元
二	扩展功能		OA业务中针对性较强的相关业务系统，涉及专业类的定制化开发工作
（一）	即时通信	10万元	配置1套
（二）	第三方接口	1.2万元/接口	OA系统与第三方系统的数据集成所需要衔接开发，按业务系统数量配置
（三）	CA认证	50元/用户	承担公钥体系中公钥的合法性检验，按用户数配置

续表

序号	名称及类别	预算标准	使用说明
（四）	U－key	40 元/个	一种 USB 接口的硬件存储设备，有一定的存储空间，利用 U－key 内置的公钥算法实现对用户身份的认证，按用户数配置
（五）	数字签名与电子签章	18 万元	一种类似写在纸上的物理签名，使用了公钥加密领域的技术，用于鉴别数字信息默认 100 个章，超出 100 个章部分，每 1 个章 400 元
（六）	电子邮件	50 元/用户	按用户数配置
（七）	资产管理	2 万元	对固定资产进行管理，配置 1 套
（八）	财务管理	5 万元	对财务行为进行管理，按需求配置
（九）	其他扩展功能		根据各部门不同需求而开发的功能模块，按内容进行软件开发费用测算确定
（十）	移动办公	不超预算总价的 30%	是利用无线网络实现办公自动化的技术，它将原有 OA 系统上的公文通讯录日程文件管理、通知公告等功能迁移到手机配置 1 套 如有复杂的移动端应用，按照正常的软件开发进行取费

1.2.3 政府门户网站信息化项目预算标准。

政府门户网站已经发展成为广泛使用且比较成熟的产品，费用水平相对稳定。为此，综合考虑项目历年经费保障水平、市场价格变化和专家经验，单独制定相关预算费用标准如表 5－104 所示。

表 5－104　　政府门户网站相关预算支出标准

序号	名称及类别	预算标准	说明	备注
一	域名	300 元/年	用于在数据传输时标识计算机的电子方位，具有唯一性，也是计算机处理过程中：IP 地址的助记符	预算标准包括唯一官方域名及两个相近域名
二	三大功能板块	300000 元	根据国家互联网信息办公室要求，政府网站必须包含：信息公开板块网上办事（公共服务）板块和互动交流板块	其他功能板块另行测算确定
三	子站	20000 元/个	根据各部门不同需求开发的功能板块	数量根据网站设计数确定
四	微站	上述总价的 40%	通过移动客户端对浏览体验与交互性能要求的新一代网站，兼容 IOS、Android、WP 等各大操作系统，可以与微信、微博等应用链接，同时包含手机客户端和 WAP	主要指与微博、微信等应用链接，以及手机客户端、WAP

1.2.4 系统迁移（重构）预算标准

系统迁移主要是指出于业务的实际需要，将旧系统迁移至新系统平台的工作，其中可能包括应用迁移、应用重构、数据迁移、数据库重构、联调测试等工作。

政务信息化系统的系统迁移目前主要考虑云平台的迁移服务。工作内容主要包括：业务系统现状调研、系统迁移可行性评估、网络架构规划与设计、容量规划与设计、安全规划与设计、灾备规划与设计、割接方案设计、迁移方案送审、资源申请单编制、资源开通、资源接收、应用迁移、数据迁移、联调测试、系统割接、系统验收、安全评测、安全整改等工作。涉及国产化改造的系统，应参考“2.1.2.1 软件开发费”计算预算。

在进行系统迁移时，如发生应用重构（大量改写代码，或采用新的业务架构等)，或数据库重构（超过50%数据库表结构需重新设计)，应按照定制软件的估算方法编制预算。如未发生应用重构、数据库重构，则应从业务数据总量、关联接口数量、业务中断时间三个角度对系统迁移的工作量进行判断。确定难度级别时，满足两个指标即升级(见表5－105)。

表5－105　　系统迁移难度分级

难度依据	1级	2级	3级	4级	5级
业务数据总量（TB）	≤1	(1，10]	(10，30]	(30，100]	>100
接口数量	≤20	21—50	51—100	101—200	>200
业务中断时间	≤48	≤12	≤8	≤1	不可间断
费用上限（万元每系统）	5.3	10.6	21.2	42.4	单独计算

注：1. 业务数据总量指需要迁移的系统产生的生产数据。

2. 接口数量是指本系统与外部系统之间相互关联依赖的接口数量，单位：个。

3. 业务中断时间是指业务系统割接时允许停止服务的最长时间，单位：小时。

实际预算编制中应当根据系统迁移的具体内容，及本单位的实际业务需求，编制详细的系统迁移预算支出表。

1.2.5 软件产品购置费

软件产品购置费是指各类单项工程中所需的软件产品，如系统软件、基础软件、安全软件、应用软件、商用（套装）软件、支撑软件等的购置（租用）费用（见表1－106）。

表5－106　　软件产品购置预算支出表（例表）

序号	分析名称	参考品牌型号	性能参数	数量	单价	金额	备注
1	操作系统						
1.1	操作系统1						
1.2	操作系统2						
	……						
2	数据库软件						
2.1	数据库1						

续表

序号	分析名称	参考品牌型号	性能参数	数量	单价	金额	备注
	……						
3	中间件						
3.1	应用中间件						
3.2	消息中间件						
	……						
4	安全软件						
4.1	数字证书						
4.2	杀毒软件						
4.3	备份软件						
	……						
5	其他商用软件						
5.1	办公软件						
5.2	财务软件						
	……						
6	开发/管理工具						
6.1	工具软件 1						
6.2	工具软件 2						

注：1. 如果计算相关定额的，在表格中自行插入定额计算的列。

2. 如果价格为设备综合单价的，不用单独进行定额计算。

3. 如有相关价格依据的一并提供。参考品牌型号一般不少于 3 个。

（1）通用软件产品的购置应以满足基本功能需要为前提，选用性价比较高的通用产品，不得购置性能远超需求的产品、与应用场景不相符合的产品或非常规参数产品。

（2）软件产品购置费用如果有相关文件规定的，不得超过文件规定的标准。

（3）购置软件产品应符合正版化要求。

（4）安装定额以广西壮族自治区相关定额标准计算；广西壮族自治区无相关定额的参考其他相关推荐标准；国家标准有强制性规定的，按照国家标准执行。

1.2.6 硬件设备购置费

硬件设备购置费是指各类单项工程中所需的硬件设备或设施，如数据采集、数据传输、数据存储、数据计算、应用展示、网络安全等设备及其附带软件的购置（租用）费用（见表5－107）。

表5－107　　　硬件设备购置预算支出表（例表）

序号	分项名称	参考品牌型号	性能参数	数量	单价	金额	备注（用途）
1	网络设备						
1.1	核心交换机						
1.2	汇聚层交换机						
1.3	接入层交换机						
1.4	光纤模块						
1.5	网管软件						
1.6	路由器						
1.7	VPN 设备						
1.8	无线控制器						
1.9	无线接入点						
	……						
2	主机设备						
2.1	服务器						
2.2	服务器配件						
2.3	小型机						
2.4	工作站						
2.5	周边设备						
	……						
3	存储和备份						
3.1	磁盘阵列						
3.2	磁带库						
3.3	网络存储						
3.4	存储备份管理软件						
3.5	数据保护软件						
	……						

续表

序号	分项名称	参考品牌型号	性能参数	数量	单价	金额	备注（用途）
4	安全设备						
4.1	防火墙						
4.2	入侵检测系统						
4.3	安全审计						
4.4	加密设备						
	……						
5	安全软件						
5.1	数字证书						
5.2	身份认证						
5.3	防病毒软件						
5.4	终端安全管理软件						
5.5	漏洞扫描工具						
	……						
6	智能化设备						
	……						
7	自动化设备						
	……						
8	视图智能分析设备						
8.1	视图智能接入解析设备						
8.2	视图接入解析设备						
	……						
9	边缘计算设备						
	……						
10	合计						

注：1. 如果计算相关定额的，在表格中自行插入定额计算的列。

2. 如果价格为设备综合单价的，不用单独进行定额计算。

3. 如有相关价格依据的一并提供。参考品牌型号一般不少于 3 个。

（1）硬件设备的购置应以满足基本功能需要为前提，选用性价比高的通用产品，不得购置性能远超需求的产品、与应用场景不相符合的产品或非常规参数产品。

（2）硬件设备购置费用不得超过相关文件规定的标准。

（3）安装定额以广西壮族自治区相关定额为准；广西壮族自治区无相关定额的参考其他相关推荐标准；国家标准有强制性规定的，按照国家标准执行。

（4）LED 显示屏预算支出标准（见表 5－108）。

表 5－108　　LED 显示屏配备标准表

类型	配备标准	备注
室内 LED 显示屏	不高于 P1.5	像素灯中心点距≥1.5mm
室外 LED 显示屏	不高于 P4	像素灯中心点距≥4mm

LED 显示屏：一种平板显示器，由多个小的 LED 模块面板组成，用来显示文字、图像视频信号等各种信息的设备。小间距 LED 显示屏：显示像素灯中心点间距在 2.5mm（P2.5）及以下的室内 LED 显示屏和 6.0mm（P6.0）及以下的室外 LED 显示屏。LED 显示屏的配置应与应用场景相匹配，不得超标准配备。

1.2.7 视频图像智能化建设项目预算标准

为保障安全，应重点采用技术可靠、性能高效、安全可控的国产化设备。其中视图智能分析服务器优先采用较为通用性的 CPU 和国产 AI 分析卡的全国产化组合，坚持开放兼容原则，避免封闭式架构造成软件平台选型单一性问题。国产化操作系统优先采用通用性强的主流操作系统。

视频图像智能化建设已经趋于成熟，建设内容具有一定的通用性，综合考虑项目历年经费保障水平、市场价格变化和专家经验，单独制定相关预算费用标准如表 5－109 所示，该表用于测算各内容所需的预算上限，所含费用包括实现该功能所需的软件等费用。除此之外的特性需求，可根据本文其他相关支出标准编制（见表 5－110）。

表 5-109　　对象解析预算标准

序号	名称及类别	数据规模（路）	规格参数	预算标准（元/路）	说明
1	视频流人脸解析	0—2000	小于400万像素	1800	通过对采集的视频流进行对象解析，对视频流中的人脸进行检测、识别、特征提取
			400万—800万像素	1950	
			大于800万像素	2100	
		2000—5000	小于400万像素	1700	
			400万—800万像素	1850	
			大于800万像素	2000	
2	视频流机动车解析	0—2000	小于400万像素	2050	通过对采集的视频流进行对象解析，对视频流中的机动车进行检测、识别、特征提取
			400万—800万像素	2200	
			大于800万像素	2350	
		2000—5000	小于400万像素	1950	
			400万—800万像素	2150	
			大于800万像素	2350	
3	视频流人脸人体解析	0—2000	小于400万像素	2250	通过对采集的视频流进行对象解析，对视频流中的人脸与人体进行检测、识别、特征提取，并构建人脸与人体的关联关系
			400万—800万像素	2450	
			大于800万像素	2650	
		2000—5000	小于400万像素	2150	
			400万—800万像素	2350	
			大于800万像素	2550	
4	视频流结构化解析	0—2000	小于400万像素	2600	通过对采集的视频流进行对象解析，对视频流中的人体、机动车、非机动车进行检测、识别、特征提取
			400万—800万像素	2850	
			大于800万像素	3050	
		2000—5000	小于400万像素	2500	
			400万—800万像素	2700	
			大于800万像素	2900	
5	视频流全结构化解析	0—2000	小于400万像素	3100	通过对采集的视频流进行对象解析，对视频流中的人脸、人体、机动车、非机动车进行检测、识别、特征提取
			400万—800万像素	3350	
			大于800万像素	3550	
		2000—5000	小于400万像素	3000	
			400万—800万像素	3250	
			大于800万像素	3450	

续表

<table>
<tr><th>序号</th><th>名称及类别</th><th>数据规模（路）</th><th>规格参数</th><th>预算标准（元/路）</th><th>说明</th></tr>
<tr><td rowspan="9">6</td><td rowspan="9">图片流人脸解析</td><td rowspan="3">0—10000</td><td>小于 400 万像素</td><td>130</td><td rowspan="9">通过对采集的图片流进行对象解析，对图片中的人脸进行检测、识别、特征提取</td></tr>
<tr><td>400 万—800 万像素</td><td>150</td></tr>
<tr><td>大于 800 万像素</td><td>160</td></tr>
<tr><td rowspan="3">10000—20000</td><td>小于 400 万像素</td><td>120</td></tr>
<tr><td>400 万—800 万像素</td><td>140</td></tr>
<tr><td>大于 800 万像素</td><td>150</td></tr>
<tr><td rowspan="3">20000—50000</td><td>小于 400 万像素</td><td>100</td></tr>
<tr><td>400 万—800 万像素</td><td>120</td></tr>
<tr><td>大于 800 万像素</td><td>130</td></tr>
<tr><td rowspan="9">7</td><td rowspan="9">图片流机动车解析</td><td rowspan="3">0—10000</td><td>小于 400 万像素</td><td>950</td><td rowspan="9">通过对采集的图片流进行对象解析，对图片中的车辆进行检测、识别、特征提取</td></tr>
<tr><td>400 万—800 万像素</td><td>1100</td></tr>
<tr><td>大于 800 万像素</td><td>1250</td></tr>
<tr><td rowspan="3">10000—20000</td><td>小于 400 万像素</td><td>850</td></tr>
<tr><td>400 万—800 万像素</td><td>1000</td></tr>
<tr><td>大于 800 万像素</td><td>1150</td></tr>
<tr><td rowspan="3">20000—50000</td><td>小于 400 万像素</td><td>750</td></tr>
<tr><td>400 万—800 万像素</td><td>900</td></tr>
<tr><td>大于 800 万像素</td><td>1050</td></tr>
<tr><td rowspan="9">8</td><td rowspan="9">图片流人脸人体解析</td><td rowspan="3">0—10000</td><td>小于 400 万像素</td><td>190</td><td rowspan="9">通过对采集的人脸场景大图进行对象解析，对图片中的人脸与人体进行检测、识别、特征提取，并构建人脸与人体的关联关系</td></tr>
<tr><td>400 万—800 万像素</td><td>210</td></tr>
<tr><td>大于 800 万像素</td><td>230</td></tr>
<tr><td rowspan="3">10000—20000</td><td>小于 400 万像素</td><td>180</td></tr>
<tr><td>400 万—800 万像素</td><td>200</td></tr>
<tr><td>大于 800 万像素</td><td>220</td></tr>
<tr><td rowspan="3">20000—50000</td><td>小于 400 万像素</td><td>160</td></tr>
<tr><td>400 万—800 万像素</td><td>180</td></tr>
<tr><td>大于 800 万像素</td><td>200</td></tr>
<tr><td rowspan="3">9</td><td rowspan="3">图片流人脸车辆解析</td><td rowspan="3">0—10000</td><td>小于 400 万像素</td><td>1150</td><td rowspan="3">通过对采集的车辆场景大图进行对象解析，</td></tr>
<tr><td>400 万—800 万像素</td><td>1300</td></tr>
<tr><td>大于 800 万像素</td><td>1450</td></tr>
</table>

续表

序号	名称及类别	数据规模（路）	规格参数	预算标准（元/路）	说明
9	图片流人脸车辆解析	10000—20000	小于400万像素	1050	对图片中的人脸与车辆进行检测、识别、特征提取，并构建人脸与车辆的关联关系
			400万—800万像素	1200	
			大于800万像素	1350	
		20000—50000	小于400万像素	950	
			400万—800万像素	1100	
			大于800万像素	1250	
10	图片流小图结构化解析	0—10000	小于400万像素	1150	通过对采集的结构化摄像机抓拍人脸、人体、车辆、非机动车小图进行对象分析、识别、特征提取
			400万—800万像素	1350	
			大于800万像素	1550	
		10000—20000	小于400万像素	1050	
			400万—800万像素	1250	
			大于800万像素	1450	
		20000—50000	小于400万像素	950	
			400万—800万像素	1150	
			大于800万像素	1350	
11	图片流大图结构化解析	0—10000	小于400万像素	2050	通过对采集的结构化摄像机抓拍场景大图进行对象分析，对图片中的人脸、人体、车辆、非机动车进行检测、识别、特征提取
			400万—800万像素	2200	
			大于800万像素	2350	
		10000—20000	小于400万像素	1950	
			400万—800万像素	2100	
			大于800万像素	2250	
		20000—50000	小于400万像素	1850	
			400万—800万像素	2000	
			大于800万像素	2150	

注：1. 上述为纯软件解析平台预算表，平台所需基础环境（例如操作系统、数据库等）、基础设施（服务器、存储、网络设备等）参见本文相关章节说明。

2. 视图分析所需专用硬件设备，参见硬件设备购置费说明，根据硬件设备购置预算支出表填写，未在视图智能分析设备现有类别中的需逐项列出并详细说明用途。

3. 本表仅列出解析预算标准，其他特性功能可纳入业务平台预算章节测算。

4. 该表仅供公安系统试用，本表中组成内容以及价格受技术方案和市场变化影响较大，预算标准实行动态调整，该标准不得直接作为结算价使用。

表 5－110　　业务平台预算标准

序号	名称及类别		预算标准	说明
1	数据检索	人脸数据检索	30000 元	对抓拍的人脸时空数据进行查询过滤
		人体数据检索	30000 元	对抓拍的人体时空数据进行查询过滤
		机动车数据检索	30000 元	对抓拍的机动车时空数据进行查询过滤
		非机动车数据检索	30000 元	对抓拍的非机动车时空数据进行查询过滤
2	智能布控	布控库库容小于 100 万	150000 元	按库容大小测算
		布控库库容 100 万—200 万	300000 元	
		布控库库容大于 200 万	500000 元	
3	以图搜图		100000 元	
4	全息档案	全息档案管理	150000 元	
5	聚类归档	人脸聚类归档	500000 元	用于进行人脸数据聚类归档服务
		人脸人体聚类归档	600000 元	用于进行人脸人体数据聚类归档服务
		车辆聚类归档	450000 元	用于进行车辆数据聚类归档服务
6	技战法	人像技战法	30000 元/个	按技战法个数测算
		车辆技战法	30000 元/个	
7	其他特性功能			根据各部门不同需求而开发的功能模块，按内容进行软件开发费用测算确定

注：1. 上述为纯软业务平台预算表，平台所需基础环境（例如操作系统、数据库等）、基础设施（服务器、存储、网络设备等）参见本文相关章节说明；

2. 视图应用所需专用硬件设备，参见硬件设备购置费说明，根据硬件设备购置预算支出表填写，未在视图智能分析设备现有类别中的需逐项列出并详细说明用途；

3. 本章节仅列出通用性功能，其他特性功能需要在此基础上根据实际项目需求逐项列出，并根据软件开发费用测算确定。

4. 本表仅供公安系统试用，表中组成内容以及价格受技术方案和市场变化影响较大，预算标准实行动态调整，该标准不得直接作为结算价使用。

1.2.8 系统集成费

将各个独立的系统集成后，整体的各部分之间能彼此有机地和协调地工作，解决多厂商、多协议、多应用系统以及协调沟通好整个项目的组织管理，人员配备等问题，保证项目顺利完成所产生的费用。主要是指成品软件或者软硬件相结合的项目建设过程中产生必要的系统集成开发费用。商品（成品）软件按照相关定额已包含安装、调试等费用的，不再单独计列系统集成费用；软件开发内容应按照实际开发工作量计列软件开发费用，不重复单独计列系统集成费用。

相关的取费费率参考表5－111。

表5－111　　信息系统集成费用预算支出标准

采购总额	取费费率	备注
软硬件集成（施工地点较为集中的项目）	3%—6%	具体费率根据系统规模、系统复杂度、设备数量、部署难度而定
软硬件集成（施工地点较为分散的项目）	4%—8%	高速公路、全区性的且施工地点较为分散的项目

注：1. 采购总额是采购的需要进行集成的软硬件设备费用总和。

2. 软硬件系统集成工作包括系统部署方案设计、设备采购、安装上架、系统配置、关联系统集成、调试、测试等工作。计取系统集成费后，相关软硬件设备购置不再重复计取安装定额。

3. 采购总额提高，取费费率相应降低。

对于临时追加或短期的系统集成服务工作，可按人工费用计取，参考表5－112。

表5－112　　信息系统集成人员临时工作费用预算支出标准

人员类型	单价元/（人天）	人员类型说明
专家人员	2000	产品技术专家，原厂专家支持
集成专业技术人员	1000	指集成阶段的技术人员，如网络工程师、软件系统集成工程师

注：1. 该费用为临时短期的专业技术人员费用。

2. 工作时间≥10天或者项目计划内的工作不适用该标准。

1.2.9 其他费用

其他费用主要包括设计费、工程监理费、第三方软件测试（测评）费、网络安全等级保护测评费、信息安全风险评估费、密码应用安全评估费等，依据建设项目的规模、难易程度等因素分项确定，其他费用取费比例之和不得超过预算总额的10%。

1.2.9.1 设计费（咨询服务费）

建设项目设计（咨询服务）费是指在项目前期工作管理中，由建设单位自身或者委托专业咨询机构通过对项目的初步调研与分析，根据政务信息化项目相关管理办法要求编制项目建议书、可行性研究报告、初步设计方案、密码应用方案、评审等工作所需的费用。

取费标准：根据项目投资规模及建设方案设计深度，分档分项目类型计费方法取费，如表5－113所示。

表5－113　建设项目设计费（咨询服务费）预算支出标准

序号	计费额（万元）	收费基价占计费额百分比	收费基价（万元）	项目类型调整系统数			
				机房建设	软件开发	系统集成	综合类
1	1000	2.4%	24	1.2	1.0	0.8	0.9
2	2000	2.2%	44				
3	5000	2.0%	100				
4	10000	1.6%	160				
5	>10000	≤1.5%					

注：1. 该取费内容为信息化项目咨询和设计的总费用控制标准，含咨询、设计和预算编制等项目前期工作。

2. 计费额为工程建设费用（不含其他费用）。

3. 费用在相对应的区间采用内插法进行计算，费用总额＝根据计费额采用内插法计算出的数值乘以相应项目类型调整系数。计算举例：

如某信息系统建设项目工程建设费用为4000万元，项目类型为机房建设，则该项目前期咨询费＝｛44＋［（4000－2000）÷（5000－2000）］×（100－44）｝×1.2＝97.6（万元）。

4. 机房建设类项目是指新建/改扩建机房的工程，购置机房内软硬件设备属于系统集成内容；系统集成类项目是指主要为软硬件设备购置（基础软硬件、智能化等）需进行集成工作的项目。例如：IT基础设施、成品/半成品商业软件购置、智能化基础设施等；综合类项目是指系统集成内容外还包含软件开发的部分内容。

1.2.9.2 工程监理费

工程监理费适用于信息化建设项目施工阶段的质量、进度、费用控制管理和安全、合同、信息等方面协调管理服务，以及勘察、设计、保修等阶段的相关工程服务。工程监理费按表5-114计算。

表5-114　　工程监理费预算支出标准

序号	计费额（万元）	监理费基价硬件系统（万元）	工程类型调整系数		监理费支出标准平均基价（万元）
			软件开发	综合类	
1	200	5	1.2	1.1	5.5
2	500	12	1.2	1.1	13.2
3	1000	20	1.2	1.1	22
4	2000	30	1.2	1.1	33
5	3000	36	1.2	1.1	39.6
6	4000	40	1.2	1.1	44
7	5000	42	1.2	1.1	46.2

注：1. 监理费平均基价=［监理费基价（硬件系统）+监理费基价（软件开发）+监理费基价（综合类））］÷3。

2. 计费额为工程建设费用（不含其他费用）。

3. 工程类型分为软件开发、硬件系统及综合类项目，其中综合类项目指项目总金额中软件开发费用在30%以上的项目。

4. 本表采用直线内插法确定监理收费基价。

5. 计费额小于200万元的，以计费额乘以不高于3%的收费率计算收费基价；计费额大于5000万元的，以计费额乘以不高于0.84%的收费率计算收费基价；具体基价根据市场化价格确定。

1.2.9.3 测试（测评/检测）费

测试费（测评/检测）是指委托权威专业的第三方检测机构对工程进行检测验收所需的费用，包括系统检测（功能检测、性能检测和源代码安全审查）、设备检测（硬件设备、软件产品查验）等。

取费标准：按照所需检测的工程项目建设费分档计费方法计算，如表5-115所示。

表 5-115　　第三方测试（测评/检测）费预算支出标准

<table>
<tr><th rowspan="2">序号</th><th rowspan="2">计费额
（万元）</th><th rowspan="2">费率
（%）</th><th rowspan="2">支出标准基价
（万元）</th><th colspan="2">项目类型调整系数</th></tr>
<tr><th>软件开发
（以软件开发为主）</th><th>系统集成、IT 基础设施和智能化等内容</th></tr>
<tr><td>1</td><td>≤200</td><td>2.5%</td><td>5</td><td rowspan="7">0.6—1.2</td><td rowspan="7">0.5—0.8</td></tr>
<tr><td>2</td><td>500</td><td>2.0%</td><td>10</td></tr>
<tr><td>3</td><td>1000</td><td>1.5%</td><td>15</td></tr>
<tr><td>4</td><td>2000</td><td>1.0%</td><td>20</td></tr>
<tr><td>5</td><td>5000</td><td>0.5%</td><td>25</td></tr>
<tr><td>6</td><td>10000</td><td>0.4%</td><td>40</td></tr>
<tr><td>7</td><td>>10000</td><td>≤0.2%</td><td></td></tr>
</table>

注：1. 计费额以所需检测的工程项目建设费为标准，购置的成品软件费用根据检测（测试）内容一般不计入计费额。

2. 本表采用直线内插法确定基本计费，乘以项目类型调整系数确定最终费用。

3. 计费额大于10000 万元的，以计费额乘以不高于0.2%的费率计算基本计费，具体根据市场化确定。

4. 应根据软件开发实际需求选取检测（测试）内容；减少检测（测试）内容的，相应降低检测费用。

1.2.9.4 网络安全等级保护测评费

等级保护测评费是项目单位依据国家网络安全等级保护制度规定，委托符合资质的第三方机构，按照有关规范和技术标准，对信息系统安全等级保护情况进行检测评估活动所收取的费用。

网络安全等级保护测评费用：等保第二级系统测评费用 6 万元/系统、等保第三级系统测评费用按 8 万元/系统的上限值控制，等保第四级、五级测评费用根据实际情况核定。

1.2.9.5 风险评估费

信息安全风险评估是参照风险评估标准和管理规范，对信息系统的资产价值、潜在威胁、薄弱环节、已采取的防护措施等进行分析，判断安全事件发生的概率以及可能造成的损失，提出风险管理措施的过程。

风险评估包括：漏洞扫描、人工审计、渗透性测试等目前普遍采用国际标准的BS7799（ISO/IEC17799）、国家标准《计算机信息系统安全保护等级划分准则》（GB 17859—1999）等标准、方法，充分体现以资产为出发点、以威胁 – 36 – 为触发因素、以技术/管理/运行等方面存在的脆弱性为诱因的信息安全风险评估综合方法及操作模型。

（1）已申请网络安全等级保护测评费用的，除自治区相关文件有明确要求的外，该项目当年不再重复安排风险评估费用。

（2）如果项目当年仅申请安全风险评估费的，其取费标准应不高于相应网络安全等级保护测评费。等保四级、五级系统的风险评估费用根据实际情况核定。

1.2.9.6 商用密码应用安全性评估费和密改费用

商用密码应用安全性评估费是指在采用商用密码技术、产品和服务集成建设的网络或信息系统中，自行或者委托商用密码检测机构对其密码应用的合规性、正确性和有效性等进行评估的费用，包含密码应用方案评估与系统密码应用安全性评估等。商用密码应用安全性评估、关键信息基础设施安全检测评估、网络安全等级测评应当加强衔接，避免重复评估、测评。

如果仅申报商用密码应用安全性评估费用（无等保测评或风险评估）以等保第二级信息系统密评费用 7 万元/系统、等保第三级信息系统密评费用 8 万元/系统为上限值控制。

应用系统密改费用。按照具体整改内容，如需要购置成品软硬件密码产品的，按照购置费计算；存在系统软件开发的，按照本标准中软件开发工作量或者功能点来评估。

1.2.9.7 重复内容的费用计算

软件测评（测试）、风险评估、网络安全等级保护测评、密码测评等工作中存在重复工作内容的，在预算支出中重复部分只计算一次费用。

（1）自治区有明确要求需同时进行信息系统安全风险评估与网络

安全等级保护测评等服务内容时，应考虑复用工作给出风险评估与等保测评的整体收费标准，等保二级系统风险评估与等保测评费用合计按9万元/系统、等保三级系统风险评估与等保测评费用合计按11万元/系统。

（2）如果同时申报安全等级测评费用（或风险评估费用）和商用密码应用安全性评估费用，则第二级信息系统密评费用5万元/系统、第三级信息系统密评费用6万元/系统。

1.2.9.8 专家评审费

专家评审费由建设单位支出的，按照自治区财政厅相关专家评审费的文件标准执行。

项目聘请第三方进行咨询（设计）的，专家评审费用已包含在咨询设计费中，在咨询（设计）的各环节不再重复计算专家评审费。

1.2.9.9 审计费

（1）竣工结算审计费。信息化项目一般按货物或服务形式实施招标，以总价合同形式出现的，不计列该项费用。如非总价合同且约定最终结算金额以第三方审计结果为准的项目，可计列竣工结算审计费用。

（2）财务决算审计费。如有文件明确需要第三方进行财务决算审计的可计列该费用。审计费根据送审项目的投资总额，按以下费率计算（累进费率法），费用不足3000元按3000元计取，单个项目财务决算审计费按50万元封顶，超过50万元按50万元计取。

5000万元（含5000万元）以下1‰；

5000万—10000万元（含10000万元）0.6‰；

10000万元以上0.15‰。

1.2.9.10 培训费

项目合同内的培训内容，费用应由项目开发公司承担。由建设单位支出的培训费，按照自治区财政厅有关培训费的文件标准执行。

1.2.10 预备费

预备费是指在项目立项阶段、可行性研究阶段、初步设计阶段中难以事先预料，而在建设期间可能发生的费用。

预备费按照建设工程项目建设费的2%作为上限值，根据项目实际需要计取，信息化项目预备费不得在招投标环节直接作为工程建设费进行使用。

2. 租赁、购买（或采购）服务方式实施信息化项目

2.1 租赁或购买（采购）服务依据

采取购买（采购）服务、租赁方式实施的项目应符合相关文件规定。

2.2 租赁或购买（采购）服务原则

从项目的自主性、可控性、形成固定资产以及资产延寿节约财政资金等方面考虑，信息化项目如能自行建设的，一般不采用租赁或购买（或采购）服务的方式实施，确需租赁、购买（或采购）服务的应进行必要性论证，以及财政资金投入产出与自行建设需要的财政资金进行效费比分析，没有优势的不应采取租赁、购买（或采购）服务的方式。党委或政府有明确采用租赁、购买（或采购）服务要求，且已形成文件的除外。

2.3 租赁或购买（采购）服务项目数据迁移、安全等费用

采取租赁方式或者购买（采购）服务等方式实施的项目，应对项目运行中产生的数据进行安全性分析论证，以及项目合同期满后数据向新的服务提供商进行数据迁移所需费用进行分析，数据迁移费用很大从而导致财政资金浪费的项目不应采取租赁或者购买（采购）服务方式。

2.4 云资源租赁和互联网服务费用

表5－116为租赁“两地三中心”私有云资源的预算价格（即：含同城和异地灾备中心基础设施的费用分摊），表5－117为租赁单中心私有云资源预算价格。相关价格作为预算上限，不得直接作为结算价格使用。

表 5－116　　　云资源租赁和互联网服务（“两地三中心”）

序号	服务分类	服务子类	规格	计价单位	单价（元）
1	计算服务	云主机服务	vcpu2 核，内存 4GB	台/年	1039.32
2			vcpu2 核，内存 8GB	台/年	1275.00
3			vcpu2 核，内存 16GB	台/年	1746.36
4			vcpu4 核，内存 8GB	台/年	2078.76
5			vcpu4 核，内存 16GB	台/年	2550.12
6			vcpu4 核，内存 24GB	台/年	3021.12
7			vcpu4 核，内存 32GB	台/年	3492.96
8			vcpu8 核，内存 16GB	台/年	4157.40
9			vcpu8 核，内存 24GB	台/年	4628.88
10			vcpu8 核，内存 32GB	台/年	5100.24
11			vcpu8 核，内存 48GB	台/年	6040.20
12			vcpu8 核，内存 64GB	台/年	6985.92
13			vcpu16 核，内存 32GB	台/年	8314.92
14			vcpu16 核，内存 48GB	台/年	9258.24
15			vcpu16 核，内存 64GB	台/年	10200.36
16			vcpu16 核，内存 96GB	台/年	12086.76
17			vcpu16 核，内存 128GB	台/年	13973.16
18			vcpu32 核，内存 64GB	台/年	16629.72
19			vcpu32 核，内存 96GB	台/年	18514.44
20			vcpu32 核，内存 128GB	台/年	20400.84
21		裸金属服务	CPU ≥ 2 * 14 核，主频 ≥ 2.2Ghz，256GB 内存，硬盘≥2 * 600GBSAS 盘	台/年	31757.16
22			CPU ≥ 2 * 14 核，主频 ≥ 2.2Ghz，384GB 内存，硬盘≥2 * 600GBSAS 盘	台/年	34170.72
23			CPU ≥ 2 * 14 核，主频 ≥ 2.2Ghz，512GB 内存，硬盘≥2 * 600GBSAS 盘	台/年	35949.12
24			CPU ≥ 4 * 16 核，主频 ≥ 2.6Ghz，384GB 内存，硬盘≥2 * 600GBSAS 盘	台/年	54431.88
25			CPU ≥ 4 * 16 核，主频 ≥ 2.6Ghz，512GB 内存，硬盘≥2 * 600GBSAS 盘	台/年	56210.28

续表

序号	服务分类	服务子类	规格	计价单位	单价（元）
26	计算服务	裸金属服务	CPU ≥ 2 * 14 核，主频 ≥ 2.2Ghz，256GB 内存，硬盘≥2 * 480GBSSD	台/年	33535.56
27			CPU ≥ 2 * 14 核，主频 ≥ 2.2Ghz，384GB 内存，硬盘≥2 * 480GBSSD	台/年	35949.12
28			CPU ≥ 2 * 14 核，主频 ≥ 2.2Ghz，512GB 内存，硬盘≥2 * 480GBSSD	台/年	37791.12
29			CPU ≥ 4 * 16 核，主频 ≥ 2.6Ghz，384GB 内存，硬盘≥2 * 480GBSSD	台/年	58052.16
30			CPU ≥ 4 * 16 核，主频 ≥ 2.6Ghz，512GB 内存，硬盘≥2 * 480GBSSD	台/年	59830.56
31		GPU 服务	TeslaT4	片/年	6796.08
32			TeslaV100/V100S	片/年	26040.96
33	存储服务	分布式普通性能块存储		GB/年	0.60
34		分布式高性能块存储	全 SSD 盘或者单盘 >3000IOPS	GB/年	1.56
35		集中式普通性能块存储	控制器冗余设计	GB/年	0.36
36		集中式高性能块存储	控制器冗余设计，全 SSD 盘或者单盘 >3000IOPS	GB/年	0.96
37		NAS 存储		GB/年	0.48
38		对象存储	提供对象存储服务，使用 RESTfulAPI 可在互联网任意位置存储和访问，采用数据冗余机制将数据分散存放提升数据可靠性以更低地时延响应热点数据的访问满足客户低延迟海量数据存储需求	GB/年	0.36
39	安全服务	云防火墙（含 IPS 功能）	以虚拟化设备形态为核心的应用安全服务为租户内部不同安全域（东西向）跨租户互访提供虚拟防火墙 IPS 服务等功能，防护带宽≥100M	台/年	2403.12

续表

序号	服务分类	服务子类	规格	计价单位	单价（元）
40	安全服务	云防火墙（含IPS功能）	以虚拟化设备形态为核心的应用安全服务为租户内部不同安全域（东西向）跨租户互访提供虚拟防火墙IPS服务等功能，防护带宽≥500M	台/年	7285.20
41			以虚拟化设备形态为核心的应用安全服务为租户内部不同安全域（东西向）跨租户互访提供虚拟防火墙IPS服务等功能，防护带宽≥1G	台/年	9660.72
42		云WAF	以虚拟化设备形态为核心的应用安全服务全面防护租户部署在云上的Web业务可以对租户的网站进行SQL注入、跨站脚本等OWASPTOP10攻击进行防护，配置8个域名授权，新建性能1600/秒，并发性能10500/秒，防护带宽≥100M	台/年	2954.64
43			以虚拟化设备形态为核心的应用安全服务全面防护租户部署在云上的Web业务可以对租户的网站进行SQL注入、跨站脚本等OWASPTOP10攻击进行防护，配置8个域名授权，新建性能1600/秒，并发性能10500/秒，防护带宽≥500M	台/年	9462.84
44			以虚拟化设备形态为核心的应用安全服务全面防护租户部署在云上的Web业务可以对租户的网站进行SQL注入、跨站脚本等OWASPTOP10攻击进行防护，配置8个域名授权，新建性能1600/秒，并发性能10500/秒，防护带宽≥1G	台/年	17737.80

续表

序号	服务分类	服务子类	规格	计价单位	单价（元）
45	安全服务	云数据库审计	以虚拟化设备形态为核心的应用安全服务峰值处理能力≥30000（条/秒）日志存储数量≥4 亿条	实例/年	2284.92
46		云日志审计	以虚拟化设备形态为核心的应用安全服务能对网络设备安全设备中间件数据库等多种类型系统进行日志收集，并提供分析、查询服务，配置 5 个日志源授权	台/年	1181.88
47			以虚拟化设备形态为核心的应用安全服务能对网络设备安全设备中间件数据库等多种类型系统进行日志收集，并提供分析、查询服务，配置 20 个日志源授权	台/年	6295.32
48			以虚拟化设备形态为核心的应用安全服务能对网络设备安全设备中间件数据库等多种类型系统进行日志收集，并提供分析、查询服务，配置 100 个日志源授权	台/年	16945.92
49		网页防篡改	采用系统底层文件过滤驱动技术拦截与分析文件增删改操作实现对网页文件的完整性检查和保护；支持 windows/Linux 系统 1 套支持 1 个 OS 的网页防篡改能力	台/年	1583.76
50		云主机杀毒	提供云主机防病毒和深度防护功能	台/年	196.92
51		堡垒机	虚拟运维审计系统支持统一账户管理角色授权实时监控运维安全管理监控和记录运维人员对租户云主机虚拟网络安全设备数据库等操作行为集中报警及时处理及审计定责，并严格控制各角色人员操作权限	资产/年	195.00

续表

序号	服务分类	服务子类	规格	计价单位	单价（元）
52	密码服务	统一密码服务	以 RESTful 应用接口形式统一提供密钥管理服务基于数字证书的身份认证服务数据加解密服务数据签验服务基于数字证书的数据签验服务时间戳服务等支持 RSA 算法和 SM2/3/4 国产密码算法。实现对各类密码服务的统一封装，为业务应用提供全面、规范和高效的密码安全服务提供对称密钥和非对称密钥的产生更新停用启用失信查询等密钥全生命周期的密钥管理服务提供对称密钥加解密消息鉴别码产生和验证数据摘要随机数生成非对称加解密非对称签名等密钥级密码计算服务提供基于数字证书的数字签名验证签名等安全服务接口通过该服务实现不同算法不同类型不同方式的数据签名和验证接口服务提供基于数字证书的身份认证服务类安全接口通过该服务实现检验用户身份的有效性认证服务包括数字证书身份认证和对称密钥认证服务实现检验对应数字证书身份或对应对称密钥身份的有效性	项/年	34178.40
53		独立云密码机	独立使用以虚拟化设备形态云密码机云密码机提供密钥管理数据加解密签名验证服务。密钥生成与管理：采用国家密码管理局批准的 WNG－9 硬件物理噪声源生成真正随机数随机数质量高，支持通过物理噪声源生成 256 位 SM2 密钥对和 1024/2048/3072/4096 位 RSA 密钥对；对称加解密：	台/年	26901.72

续表

序号	服务分类	服务子类	规格	计价单位	单价（元）
53		独立云密码机	支持 SM1SM4SM7 国密算法和 3DESAES 国际算法的数据加密和解密运算；消息鉴别码的产生和验证：支持基于 SM4 算法 SM1 算法的 MAC 产生及验证；数据摘要的产生和验证：支持 SM3SHA1SHA256 杂凑算法；数字签名的产生和验证可以根据需要使用内部存储的 RSA/SM2 私钥或外部 RSA/SM2 私钥进行数字签名和验签；随机数的产生：采用由国家密码管理局批准的双物理噪声源生成随机数		
54	密码服务	独立云数字签名资源	独立使用以虚拟化设备形态云数字签名设备由云数字签名设备提供基于数字证书的签名及签名验证服务可单独管理本单位身份的数字证书非对称算法 SM2RSA 算法摘要算。 法 SM3MD5SHA1SHA256SHA224SHA384SHA512 加密算法 SM43DESAESDES 支持任务管理功能可以制作数字签名支持数据原文制作数字签名签名结构符合 PKCS#7 标准支持针对大数据量（至少 1GB 以上）的数字签名方法可以验证数字签名支持验证标准的 PKCS#7 签名结果，验证签名过程中，对制作签名证书进行完整验证，包括信任域有效期、证书状态；提供 PKCS#1/PKCS#7Attach/PKCS#7Detach 等多种格式的数字签名和验证功能实现对各类电子数据的数据加密功能支持非对称加密对称加密以及数字信封加密；提供证书吊销列表（CRL）下载功能和证书有效性验证功能，自动完成按 CRL 发布时间和定时更新等多种方式进行 CRL 更新	台/年	26460.72

续表

序号	服务分类	服务子类	规格	计价单位	单价（元）
55	密码服务	独立云时间戳服务资源	独立使用以虚拟化设备形态云数字签名设备提供可信时间戳的申请和验证服务可单独管理本单独时间戳证书。支持 RSASM2SM3 等算法 RSA 加密位数不低于 2048 位 SM2 加密算法不低于 256 位；时间戳签发：接收来自应用系统的时间戳签发请求；验证时间戳请求的有效性将签发的时间戳返回应用系统支持从国家授时中心及标准时间源获取时间可以签发符合 RFC3161 和 RFC2630 结构的时间戳标准；提供时间戳的签发及验证功能：接收来自应用系统的时间戳签发请求验证时间戳请求的有效性将签发的时间戳返回应用系统	台/年	30429. 84
56	密码服务	SSL 证书	提供 SSL 证书 ECCRSA 或国密算法的 DV 证书	个/年	3866. 64
57	密码服务	SSL 证书	提供 SSL 证书 ECCRSA 或国密算法的 OV 证书	个/年	5066. 64
58	密码服务	SSL 证书	提供 SSL 证书 ECCRSA 或国密算法的 EV 证书	个/年	11700. 00
59	网络服务	VPN	500 并发数不限访问目标支持 IPSec – VPNSSL – VPN 等多种 VPN 协议以满足不同客户业务使用场景	项/年	1979. 64
60	网络服务	VPN	1000 并发数，不限访问目标，支持 IPSec – VPNSSL – VPN 等多种 VPN 协议以满足不同客户业务使用场景	项/年	3959. 28
61	网络服务	VPN	2000 并发数，不限访问目标，支持 IPSec – VPNSSL – VPN 等多种 VPN 协议以满足不同客户业务使用场景	项/年	7918. 68
62	网络服务	VPN	5000 并发数，不限访问目标，支持 IPSec – VPNSSL – VPN 等多种 VPN 协议以满足不同客户业务使用场景	项/年	19796. 64

续表

序号	服务分类	服务子类	规格	计价单位	单价（元）
63	网络服务	互联网公有 IP 服务		个/年	600.00
64		互联网带宽（上下行速率对等的互联网专线）	提供 100M 带宽服务	项/年	36000.00
65			提供 200M 带宽服务	项/年	72000.00
66			提供 500M 带宽服务	项/年	102000.00
67			提供 800M 带宽服务	项/年	120000.00
68			提供 1000M 带宽服务	项/年	132000.00
69		短信服务	短信发送服务，每年 5000 万条（含）以下	条	0.034
70			短信发送服务，每年 5000 万条以上	条	0.031
71	网络服务	负载均衡	将访问流量自动分发到多台云服务器扩展应用系统对外的服务能力实现更高水平的应用容错（重新描述）	实例/年	1666.68
72	数据库服务	SQLServer 等国外数据库	SQLServer 标准版软件授权，提供激活、安装服务，不包含安装所需计算存储资源	套/年	3266.64
73		国产数据库	标准版软件授权提供安装激活服务支持打包容器镜像不包含安装所需计算存储资源	套/年	18866.64
74	备份服务	本地备份（GB）	包括整机备份、数据备份、文件备份等	GB/年	1.20
75		异地备份（GB）	应采用冗余的专用数字电路，端到端时延≤20ms，线路带宽应能满足峰值业务需求	GB/年	1.20
76	托管服务	机柜	双电源，单机柜功率不低于 5KW	架/年	48000.00

注：1. 所列金额均包含设备运行所需的电费等。

2. 表中所列云服务主机费用含 20% 的内存超配费用。

3. 机柜托管服务所需场地、电力、网络等由服务商提供。

4. “两地三中心”是指生产中心、同城容灾备份中心和异地容灾备份中心。

5. 本表服务费用已包含所有费用，在该费用之外不得再另外重复计列相关的运营费、运维费、人工费、管理费、税费、利润的费用。

表 5－117　　云资源租赁和互联网服务（单中心）

序号	服务分类	服务子类	规格	计价单位	单价（元）
1	计算服务	云主机服务	vcpu2 核，内存 4GB	台/年	976.56
2			vcpu2 核，内存 8GB	台/年	1198.08
3			vcpu2 核，内存 16GB	台/年	1640.88
4			vcpu4 核，内存 8GB	台/年	1953.24
5			vcpu4 核，内存 16GB	台/年	2396.16
6			vcpu4 核，内存 24GB	台/年	2838.72
7			vcpu4 核，内存 32GB	台/年	3282.00
8			vcpu8 核，内存 16GB	台/年	3906.36
9			vcpu8 核，内存 24GB	台/年	4349.40
10			vcpu8 核，内存 32GB	台/年	4792.20
11			vcpu8 核，内存 48GB	台/年	5675.52
12			vcpu8 核，内存 64GB	台/年	6564.12
13			vcpu16 核，内存 32GB	台/年	7812.72
14			vcpu16 核，内存 48GB	台/年	8699.28
15			vcpu16 核，内存 64GB	台/年	9584.52
16			vcpu16 核，内存 96GB	台/年	11356.92
17			vcpu16 核，内存 128GB	台/年	13129.44
18			vcpu32 核，内存 64GB	台/年	15625.44
19			vcpu32 核，内存 96GB	台/年	17396.40
20			vcpu32 核，内存 128GB	台/年	19168.92
21		裸金属服务	CPU ≥ 2 * 14 核，主频 ≥ 2.2Ghz，256GB 内存，硬盘≥2 * 600GBSAS 盘	台/年	29839.56
22			CPU ≥ 2 * 14 核，主频 ≥ 2.2Ghz，384GB 内存，硬盘≥2 * 600GBSAS 盘	台/年	32107.32
23			CPU ≥ 2 * 14 核，主频 ≥ 2.2Ghz，512GB 内存，硬盘≥2 * 600GBSAS 盘	台/年	33778.32
24			CPU ≥ 4 * 16 核，主频 ≥ 2.6Ghz，384GB 内存，硬盘≥2 * 600GBSAS 盘	台/年	51144.96
25			CPU ≥ 4 * 16 核，主频 ≥ 2.6Ghz，512GB 内存，硬盘≥2 * 600GBSAS 盘	台/年	52815.96
26			CPU ≥ 2 * 14 核，主频 ≥ 2.2Ghz，256GB 内存，硬盘≥2 * 480GBSSD	台/年	31510.56

续表

序号	服务分类	服务子类	规格	计价单位	单价（元）
27	计算服务	裸金属服务	CPU≥2＊14核，主频≥2.2Ghz，384GB内存，硬盘≥2＊480GBSSD	台/年	33778.32
28			CPU≥2＊14核，主频≥2.2Ghz，512GB内存，硬盘≥2＊480GBSSD	台/年	35509.08
29			CPU≥4＊16核，主频≥2.6Ghz，384GB内存，硬盘≥2＊480GBSSD	台/年	54546.72
30			CPU≥4＊16核，主频≥2.6Ghz，512GB内存，硬盘≥2＊480GBSSD	台/年	56217.72
31		GPU服务	TeslaT4	片/年	6385.68
32			TeslaV100/V100S	片/年	24468.48
33	存储服务	分布式普通性能块存储		GB/年	0.60
34		分布式高性能块存储	全SSD盘或者单盘>3000IOPS	GB/年	1.56
35		集中式普通性能块存储	控制器冗余设计	GB/年	0.36
36		集中式高性能块存储	控制器冗余设计，全SSD盘或者单盘>3000IOPS	GB/年	0.84
37		NAS存储		GB/年	0.36
38		对象存储	提供对象存储服务，使用RESTfulAPI可在互联网任意位置存储和访问，采用数据冗余机制将数据分散存放提升数据可靠性以更低地时延响应热点数据的访问满足客户低延迟海量数据存储需求	GB/年	0.36
39	安全服务	云防火墙（含IPS功能）	以虚拟化设备形态为核心的应用安全服务为租户内部不同安全域（东西向）跨租户互访提供虚拟防火墙IPS服务等功能，防护带宽≥100M	台/年	2341.20

续表

序号	服务分类	服务子类	规格	计价单位	单价（元）
40	安全服务	云防火墙（含IPS功能）	以虚拟化设备形态为核心的应用安全服务为租户内部不同安全域（东西向）跨租户互访提供虚拟防火墙IPS服务等功能，防护带宽≥500M	台/年	7097.28
41			以虚拟化设备形态为核心的应用安全服务为租户内部不同安全域（东西向）跨租户互访提供虚拟防火墙IPS服务等功能，防护带宽≥1G	台/年	9411.60
42		云WAF	以虚拟化设备形态为核心的应用安全服务全面防护租户部署在云上的Web业务可以对租户的网站进行SQL注入、跨站脚本等OWASPTOP10攻击进行防护，配置8个域名授权，新建性能1600/秒，并发性能10500/秒，防护带宽≥100M	台/年	2878.44
43			以虚拟化设备形态为核心的应用安全服务全面防护租户部署在云上的Web业务可以对租户的网站进行SQL注入、跨站脚本等OWASPTOP10攻击进行防护，配置8个域名授权，新建性能1600/秒，并发性能10500/秒，防护带宽≥500M	台/年	9218.76
44			以虚拟化设备形态为核心的应用安全服务全面防护租户部署在云上的Web业务可以对租户的网站进行SQL注入、跨站脚本等OWASPTOP10攻击进行防护，配置8个域名授权，新建性能1600/秒，并发性能10500/秒，防护带宽≥1G	台/年	17280.36

续表

序号	服务分类	服务子类	规格	计价单位	单价（元）
45	安全服务	云数据库审计	以虚拟化设备形态为核心的应用安全服务峰值处理能力≥30000（条/秒）日志存储数量≥4 亿条	实例/年	2226.00
46		云日志审计	以虚拟化设备形态为核心的应用安全服务能对网络设备安全设备中间件数据库等多种类型系统进行日志收集，并提供分析、查询服务，配置 5 个日志源授权	台/年	1151.40
47			以虚拟化设备形态为核心的应用安全服务能对网络设备安全设备中间件数据库等多种类型系统进行日志收集，并提供分析、查询服务，配置 20 个日志源授权	台/年	6132.96
48			以虚拟化设备形态为核心的应用安全服务能对网络设备安全设备中间件数据库等多种类型系统进行日志收集，并提供分析、查询服务，配置 100 个日志源授权	台/年	16508.88
49		网页防篡改	采用系统底层文件过滤驱动技术拦截与分析文件增删改操作实现对网页文件的完整性检查和保护；支持 windows/Linux 系统 1 套支持 1 个 OS 的网页防篡改能力	台/年	1542.84
50		云主机杀毒	提供云主机防病毒和深度防护功能	台/年	191.88
51		堡垒机	虚拟运维审计系统支持统一账户管理角色授权实时监控运维安全管理监控和记录运维人员对租户云主机虚拟网络安全设备数据库等操作行为集中报警及时处理及审计定责，并严格控制各角色人员操作权限	资产/年	189.96

续表

序号	服务分类	服务子类	规格	计价单位	单价（元）
52	密码服务	统一密码服务	以 RESTful 应用接口形式统一提供密钥管理服务基于数字证书的身份认证服务数据加解密服务数据签验服务基于数字证书的数据签验服务时间戳服务等支持 RSA 算法和 SM2/3/4 国产密码算法。实现对各类密码服务的统一封装，为业务应用提供全面、规范和高效的密码安全服务提供对称密钥和非对称密钥的产生更新停用启用失信查询等密钥全生命周期的密钥管理服务提供对称密钥加解密消息鉴别码产生和验证数据摘要随机数生成非对称加解密非对称签名等密钥级密码计算服务提供基于数字证书的数字签名验证签名等安全服务接口通过该服务实现不同算法不同类型不同方式的数据签名和验证接口服务提供基于数字证书的身份认证服务类安全接口通过该服务实现检验用户身份的有效性认证服务包括数字证书身份认证和对称密钥认证服务实现检验对应数字证书身份或对应对称密钥身份的有效性	项/年	33297.00
53		独立云密码机	独立使用以虚拟化设备形态云密码机云密码机提供密钥管理数据加解密签名验证服务。密钥生成与管理：采用国家密码管理局批准的 WNG－9 硬件物理噪声源生成真正随机数随机数质量高，支持通过物理噪声源生成 256 位 SM2 密钥对和 1024/2048/3072/4096 位 RSA 密钥对；对称加解密：	台/年	26208.00

续表

序号	服务分类	服务子类	规格	计价单位	单价（元）
53	密码服务	独立云密码机	支持 SM1SM4SM7 国密算法和 3DESAES 国际算法的数据加密和解密运算；消息鉴别码的产生和验证：支持基于 SM4 算法 SM1 算法的 MAC 产生及验证；数据摘要的产生和验证：支持 SM3SHA1SHA256 杂凑算法；数字签名的产生和验证可以根据需要使用内部存储的 RSA/SM2 私钥或外部 RSA/SM2 私钥进行数字签名和验签；随机数的产生：采用由国家密码管理局批准的双物理噪声源生成随机数		
54		独立云数字签名资源	独立使用以虚拟化设备形态云数字签名设备由云数字签名设备提供基于数字证书的签名及签名验证服务可单独管理本单位身份的数字证书非对称算法 SM2RSA 算法摘要算法：SM3、MD5、SHA1、SHA256、SHA224、SHA384、SHA512；加密算法：SM4、3DES、AES、DES；支持任务管理功能，可以制作数字签名，支持数据原文制作数字签名，签名结构符合 PKCS#7 标准支持针对大数据量（至少 1GB 以上）的数字签名方法可以验证数字签名支持验证标准的 PKCS#7 签名结果，验证签名过程中，对制作签名证书进行完整验证，包括信任域有效期、证书状态；提供 PKCS#1/PKCS#7Attach/PKCS#7Detach 等多种格式的数字签名和验证功能；实现对	台/年	25778.40

续表

序号	服务分类	服务子类	规格	计价单位	单价（元）
54	密码服务	独立云数字签名资源	各类电子数据的数据加密功能，支持非对称加密对称加密，以及数字信封加密；提供证书吊销列表（CRL）下载功能和证书有效性验证功能，自动完成按 CRL 发布时间和定时更新等多种方式进行 CRL 更新		
55	密码服务	独立云时间戳服务资源	独立使用以虚拟化设备形态云数字签名设备提供可信时间戳的申请和验证服务可单独管理本单独时间戳证书。支持 RSASM2SM3 等算法 RSA 加密位数不低于 2048 位 SM2 加密算法不低于 256 位；时间戳签发：接收来自应用系统的时间戳签发请求；验证时间戳请求的有效性将签发的时间戳返回应用系统支持从国家授时中心及标准时间源获取时间可以签发符合 RFC3161 和 RFC2630 结构的时间戳标准；提供时间戳的签发及验证功能：接收来自应用系统的时间戳签发请求验证时间戳请求的有效性将签发的时间戳返回应用系统	台/年	29645.04
56	密码服务	SSL 证书	提供 SSL 证书 ECCRSA 或国密算法的 DV 证书	个/年	3866.64
57	密码服务	SSL 证书	提供 SSL 证书 ECCRSA 或国密算法的 OV 证书	个/年	5066.64
58	密码服务	SSL 证书	提供 SSL 证书 ECCRSA 或国密算法的 EV 证书	个/年	11700.00
59	网络服务	VPN	500 并发数不限访问目标支持 IPSec - VPNSSL - VPN 等多种 VPN 协议以满足不同客户业务使用场景	项/年	1928.64

续表

序号	服务分类	服务子类	规格	计价单位	单价（元）
60	网络服务	VPN	1000并发数，不限访问目标，支持IPSec－VPNSSL－VPN等多种VPN协议以满足不同客户业务使用场景	项/年	3857.28
61			2000并发数，不限访问目标，支持IPSec－VPNSSL－VPN等多种VPN协议以满足不同客户业务使用场景	项/年	7714.44
62			5000并发数，不限访问目标，支持IPSec－VPNSSL－VPN等多种VPN协议以满足不同客户业使用场景	项/年	19286.16
63		互联网公有IP服务		个/年	600.00
64		互联网带宽（上下行速率对等的互联网专线）	提供100M带宽服务	项/年	36000.00
65			提供200M带宽服务	项/年	72000.00
66			提供500M带宽服务	项/年	102000.00
67			提供800M带宽服务	项/年	120000.00
68			提供1000M带宽服务	项/年	132000.00
69		短信服务	短信发送服务，每年5000万条（含）以下	条	0.034
70			短信发送服务，每年5000万条以上	条	0.031
71		负载均衡	将访问流量自动分发到多台云服务器扩展应用系统对外的服务能力实现更高水平的应用容错（重新描述）	实例/年	1666.68
72	数据库服务	SQlSERVER等国外数据库	SQLServer标准版软件授权，提供激活、安装服务，不包含安装所需计算存储资源	套/年	3266.64

续表

序号	服务分类	服务子类	规格	计价单位	单价（元）
73	数据库服务	国产数据库	标准版软件授权提供安装激活服务支持打包容器镜像不包含安装所需计算存储资源	套/年	18866.64
74	托管服务	机柜	双电源，单机柜功率不低于5KW	架/年	48000.00

注：1. 所列金额均包含设备运行所需的电费等。

2. 表中所列云服务主机费用含20%的内存超配费用。

3. 机柜托管服务所需场地、电力、网络等由服务商提供。

4. 本表服务费用已包含所有费用，在该费用之外不得再另外重复计列相关的运营费、运维费、人工费、管理费、税费、利润的费用。

2.5 移动办公（数据流量）租赁

单终端的计费流量不应大于40GB；相关设备租赁应以满足工作需要为标准从严控制。

3. 信息化项目运行维护预算支出标准

信息化项目运行维护是信息系统全生命周期中的重要工作内容，对信息系统（项目）提供维护和技术支持以及其他相关的支持和服务，包括对系统（软硬件）和服务的咨询评估、例行操作、响应支持和优化改善以及性能监视、事件和问题识别和分类，报告系统和服务的运行情况，并解决系统（项目）运行过程中出现的软硬件故障。

3.1 硬件运维预算支出标准

3.1.1 概述

所购买的硬件设备在保修期到期之后，厂家或者第三方以提供技术支持的形式（包括维护、替换损坏件等）保证设备的稳定运行。硬件基础运维是信息系统运营管理的重要内容，其核心在于保障系统的可用性、安全性，维护服务过程必须遵循信息技术服务相关标准。

3.1.2 成本度量

硬件运维服务成本 = 人工成本 + 材料成本；

硬件运维服务成本由人工成本、材料成本组成；其中人工成本由综合单价、工作量构成，材料成本由备件费、备件运维费、耗材成本和工具费构成；在计算人工成本时，考虑距离、服务级别、系统年限等因素。

3.1.3 预算支出标准

（1）一般项目运行维护费用标准。

按照项目建设期合同约定的质保期（不得低于国家和行业有关质保期的相关标准）满后发生运行维护费用。可按照以下两种方式计算费用：

①计算标准一

硬件运维费 = 设备采购费 ×5% × 调整系数

该费用包含驻厂人员费用、设备损坏维修（更换）等全部费用。调整系数一般为1。

含特征库更新、病毒库更新、资源库更新等服务的软硬一体硬件设备，超出特征库、病毒库、资源库等免费更新承诺期的，硬件运维费≤设备采购费 ×8%。

②计算标准二

硬件运维费 = 运维人员费用 + 设备损坏维修（更换）费用（或者备品备件购置费用）

一般情况按照①进行计算，在按照①进行计算运行维护费用的金额超出预算承载能力时，采取②的方式进行计算。

按照计算标准二进行运维费用计算的项目，运维人员费用按8.39万元/人年至12.59万元/人年之间控制，若存在7×24小时值守、重大节假日额外值班等服务要求（提供证明材料），可根据岗位工作量及工作难度适当提高运维人员费用。

（2）其他项目运行维护费用标准。

①少量设备运行维护费用标准采取人工费用 + 设备损坏替换费用。

②设备部署地点较为分散（自治区全区部署）运维费用 = 设备采

购费×8%。

（3）非政务信息系统硬件运维。

办公类计算机、打印机、扫描仪等与政务信息系统运行无关的设备运行维护费用，应按照其他标准通过单位公用经费解决。

3.2 软件运维预算支出标准

3.2.1 概述

软件运维指采用信息技术手段及方法，依据需求方提出的服务级别要求，对其所使用的信息系统运行环境、业务系统等提供的综合服务。软件运维的服务内容包括对软件（包括基础软件、支撑软件、应用软件等）的功能修改完善、性能调优，以及常规的例行检查和状态监控、响应支持等服务。软件运维预算支出即是对提供这些服务内容的成本制定预算。

3.2.2 规模度量

3.2.2.1 功能点计数

根据项目实际情况和预算编制要求，选用 IFPUG 方法或 NESMA 方法，IFPUG 方法参考《ISO/IEC20926 软件和系统工程－软件度量－IFPUG 功能规模度量方法 2009》，NESMA 方法参考《SJ/T11619－2016 软件工程功能规模测量 NESMA 方法》，按中等复杂度进行核算。关键参数参考政府部门公布的统计数据、权威研究机构和行业组织发布的统计数据、并结合行业实际核算。

3.2.2.2 套数计数

对于其他软件（包括但不限于基础软件、支撑软件），宜以软件套数为基础度量软件规模，公式如下：

软件规模＝软件套数×软件级别调整因子×软件类型调整因子

软件级别调整因子，可分为轻量级、中级和重量级。取值应以中级作为调整基线，确定其他级别的调整系数。

软件类型调整因子，可分为操作系统、中间件、数据库和开发平台。取值应以某一类型软件作为调整基线，确定其他类型软件的调整系数。

3.2.3 软件运维预算支出计算方式

3.2.3.1 依据工作量制定软件运维预算支出

在获得了工作量估算结果后，采用以下公式计算软件运维预算支出：

软件运维预算支出 $= \sum^{n}$（第 i 类软件运维工作量 × 第 i 类软件运维平均人力成本费率）+ 直接非人力成本

3.2.3.2 依据规模及规模单价制定软件运维预算支出

如果已经确定了运维功能点单价，可以根据运维功能点单价计算软件运维预算支出，采用以下公式：

软件运维预算支出 =（软件规模 × 运维功能点单价）× 运维级别要求调整因子 × 运维能力调整因子 × 运维系统及业务特征调整因子 + 直接非人力成本

3.2.3.3 直接非人力成本

软件运维服务预算支出的直接非人力成本包括：

差旅费：指运维服务人员临时到常驻地以外地区现场交付运维服务内容期间所发生的城市间交通费、住宿费、伙食费、差旅补贴等各项费用。差旅成本通常受企业差旅费管理制度控制，以成本合理支出为原则。当故障等级或 SLA（服务级别协议）级别较高时，为了保证到场时间，采用较快交通工具可能会提高差旅成本。

其他费用：包括通信线路租用费、短信费和网络空间租用费。

培训费：指为达到运维服务目标而安排的专门培训产生的费用。包括：住宿费、餐费、培训场地费、讲课费、培训资料费、交通费等。

成本计算原则：运维服务项目中实际发生的各项培训相关费用之和。

3.2.3.4 间接人力成本

软件运维服务预算支出的间接人力成本包括：

管理成本：指运维服务提供方用于运行维护整体需求的非项目组人

员的人力资源费用；包括运维部门负责人、项目管理办公室（PMO）人员、组织级质量保证人员等的基本工资、工资性补贴、职工福利费、劳动保护费等。

成本计算原则：以运维服务项目规模按比例分摊。

3.2.3.5 间接非人力成本

包括但不限于办公场地费、规费、日常办公费用分摊及各种办公设备的租赁、维修、折旧分摊等；间接非人力成本指运维服务提供方不为某个特定项目而产生。

成本计算原则：运维服务项目中实际发生的以上各项费用之和。

3.2.4 软件运维预算按人员计算标准

（1）项目实施地按广西壮族自治区标准较高的南宁市计算，参考2022中国软件行业基准数据（CSBMK－202210），根据软件运维成本度量以及广西壮族自治区范围内软件行业发展水平，根据不同的运维难度及内容，运维预算支出标准在8.39万元/人年至12.59万元/人年之间。一般项目按照1人/系统的标准配备运维人员。复杂项目按照实际运维内容进行工作量计算。

（2）若存在7×24小时值守、重大节假日额外值班等服务要求（提供证明材料），可根据岗位工作量及工作难度适当提高运维人员费用。

3.2.5 软件运维预算按实际运维工作量估算标准

3.2.5.1 工作量估算公式

测算工作量＝（软件规模×运维耗时率）×运维级别要求调整因子×运维能力调整因子×运维系统及业务特征调整因子

3.2.5.2 运维级别要求调整因子

运维级别要求调整因子包括：

（1）更新频率。指系统在一定时间内更新版本的次数。

调整基线及方式：应选取单位时间（如：每月、每季度）更新1次作为基线，根据实际更新时间及次数进行调整。

（2）技术支持方式。指产品公司为其产品用户提供技术服务的形式，主要分为现场方式、非现场方式和混合方式。

调整基线及方式：运维服务供方和需方通过双方约定，设定某一种技术支持方式作为调整基线，以及不同方式的调整系数。

（3）安全等级。指系统要求达到的基本安全要求。

调整基线及方式：应选取某一级别作为基线，根据实际情况进行调整。

（4）业务重要性。指系统对业务支持的重要程度。可划分为核心系统、一般系统和周边系统。

调整基线及方式：应选取某一级别的系统作为基线，根据实际情况进行调整。

（5）响应时效。指运维服务供方对服务请求或故障申报提供服务的响应程度。

调整基线及方式：应选取某一级别的故障响应时效作为基线，根据实际情况进行调整。

（6）软件完整性级别。指系统完整性级别在包含软件部分，或（仅）包含软件部件，或（仅）包含软件部件的子系统上的分配；软件完整性级别分为A、B、C、D四个等级，确定的方法见《信息技术系统及软件完整性级别》（GB/T 18492—2001）第7章。

调整基线及方式：应选取某一级别作为基线，根据实际情况进行调整。

3.2.5.3 运维能力要求调整因子

运维能力要求调整因子包括：

（1）运维团队经验。指团队成员为本行业或本项目运维的工作经验。例如，可以分为为本行业做过类似的项目、为其他行业做过类似的项目、为本行业做过不同但相关的项目、没有同类项目经验。

调整基线及方式：应选取某一类型的运维经验作为基线，根据实际情况进行调整。

（2）自动化程度。指运维工作中自动化操作的程度。可划分为自动化、半自动化和无自动化。

调整基线及方式：应选取某一级别的自动化程度作为基线，根据实际情况进行调整。

3.2.5.4 运维系统及业务特征调整因子

运维系统及业务特征调整因子包括：

（1）部署方式。主要分为集中式部署和分布式部署。

集中式部署：将数据集中的存储在同一建筑物内的一个或者若干个机器设备上。

分布式部署：将数据分散的存储在空间独立的多个建筑物的多台机器设备上。

调整基线及方式：运维服务供方和需方通过双方约定，应选取某一种部署方式作为基线，根据实际情况进行调整。

（2）用户规模。指运维系统用户的数量级。例如，可划分为百级、千级、万级等。

调整基线及方式：应选取某一级别的用户规模数量作为基线，根据实际情况进行调整。

（3）系统关联性。指运维系统与其他系统的关联程度。例如，可划分为与其他1—5个系统关联、与其他5—10个系统关联等。

调整基线及方式：应选取某一级别的系统关联性作为基线，根据实际情况调整。

（4）业务单元数。指典型用户分类数。

示例：某系统的主要用户类别包括超级管理员、系统用户、普通用户，则业务单元数为3。

调整基线及方式：应根据业务单元数划分原则选取调整基线，确定调整方式。

4. 数据治理项目预算支出标准

本文所指的数据治理，是指现阶段各部门（单位）履行职责过程中依据相关标准所采集、存储、处理、传输、共享和销毁的数据进行资产化管理、质量保证、安全保护和分析挖掘，以提高数据的规范性、可用性和安全性的技术服务性工作，通常可以划分为前期工作、项目实施和项目运维三个大的阶段。实施阶段的主要工作包括以下几个方面：数据资产管理、数据质量管理、数据安全保护、数据分析挖掘、其他。

运维阶段的主要工作包括以下几个方面：数据体系维护和更新、数据质量监控和改进、数据性能优化和资源管理、数据运维报表和审计、数据用户支持和培训、其他。

（1）数据治理项目的建设方应具有数据的持有权或管理权，无效数据或者无关联数据不应列入数据治理范围。

（2）数据治理项目完成后，其中涉及的软件开发成果和购置的软件产品，在终验通过后至少提供1年的免费维护服务，国家相关规定或者行业通行做法中有大于1年免费维护服务规定的，从其规定。

（3）数据治理工作中所治理的数据范围必须经过科学论证并提供论证材料，聚焦于核心业务系统的实际需求，不得随意扩大范围，与核心业务系统实际需求非高度相关的无效数据治理工作不再计费。

4.1 术语定义

4.1.1 数据集

在本文中，数据集指一组相关的，具有特定意义和名称的数据集合。可以根据特定的标准或属性进行分类、组织和管理。数据集可以包含一个或多个数据目录、数据文件、数据表或数据记录。数据集按照数据量和常见的技术处理方式划分类别，如表5－118所示。

表5－118　数据集分类特征表

数据集分类	特征
小型数据集	1. 通常包含几千到几万条数据。 2. 在单个数据库表或文件中存储和管理

续表

数据集分类	特征
中型数据集	1. 通常包含几十万到几百万条数据。 2. 需要使用多个数据库表或文件进行存储和管理
大型数据集	1. 通常包含数百万到数十亿条数据。 2. 需要使用分布式存储系统或者大数据处理平台进行存储和管理

4.1.2 数据规模

在本文中，数据规模指由多个数据集构成的数据集群。根据数据集的数量多少和每个数据集的类型，分为小型规模数据、中型规模数据、大型规模数据，如表5－119所示。

表5－119　　数据规模分类

数据规模大类	数据规模小类	定义	特征
小型规模	小型	指数据集个数较少（<50个）且属于小型数据集数的情况	数据集之间的关联较少，数据量相对较小
中型规模	中型较小	指数据集个数适中且数据量适中的情况	中型较小数据规模通常包含数十个到数百个数据集。每个数据集的数据量较小属于小型数据集
	中型较大		通常包含数十个到数百个数据集每个数据集的数据量较大，属于中大型数据集
大型规模	大型较小	指数据集个数较多且数据集数据量较大的情况	通常包含数百个到数千个数据集每个数据集的数据量较小，属于小型数据集
	大型较大		通常包含数百个到数千个数据集每个数据集的数据量较大，属于大型数据集

4.1.3 工作难度系数

工作难度系数是根据数据集的分类，考虑工作的难度而设置的加权系数，具体系数如表5－120所示。

表5－120 工作难度系数对照

数据集分类	工作难度系数
小型数据集	0.8
中型数据集	1.0
大型数据集	1.4

4.1.4 复杂度系数

复杂度系数指根据数据治理技术服务处理的数据规模分类，考虑任务完成的复杂度设置的加权系数，具体系数如表5－121所示。

表5－121 任务复杂度系数对照

数据规模大类	数据规模小类	复杂度系数
小型规模	小型	0.8
中型规模	中型较小	1
	中型较大	1.2
大型规模	大型较小	1.5
	大型较大	1.8

4.2 项目分类

在本文中，数据治理项目作为技术服务类项目，应当体现整体性、针对性和延续性，避免同一类数据重复治理，可以按行业整体、单位整体、数据专题和专项工作等方向申报预算。

数据治理项目一般分为新立、优化（改进）和运维两类。原则上没有经历过新立的数据治理项目，不予以优化或运维为名义进行申请预算；已经申请治理过的数据专题或专项工作，或整体进行数据治理的行业或单位，不予以新立名义申报预算。

4.2.1 新立、优化（改进）数据治理项目

（1）新立数据治理项目指的是从零开始建立数据治理体系或解决

方案的项目。在新立项目中，单位将制定和实施数据治理策略、建设数据治理框架、建立数据质量管理体系、构建数据集成过程等。该类项目旨在形成数据治理的基础，并为单位提供数据治理的成果。

（2）优化（改进）类数据治理项目，一般指针对上一期新立的数据治理项目，在本期因数据集增加、数据规模扩大、管理要求、质量要求、安全要求或分析挖掘要求而产生增加工作内容，改进上一期治理形成的工作框架、体系、流程、管理方法、质量标准、分析模型需要的情况的项目，旨在提高数据治理的效能和成熟度，进一步满足单位的需求。

（3）按照本文所约定的治理内容，新立和优化类的数据治理项目参考表5－122进行分类，尚无法归类的，均纳入“其他新立或优化类”。

表5－122　新立和优化数据治理项目分类

序号	治理项目大类	治理项目小类	主要内容
1	数据资产管理	数据目录体系管理	数据识别和收集、数据清理和整理、数据目录设计、元数据管理、数据分类分级、数据目录实施和发布
2		数据集成服务	数据源识别、数据源管理、数据接入（结构化数据接入、半结构化数据接入、非结构化数据接入、API数据接入、CDC实时接入）、数据共享交换、数据对账、主数据管理、工作流管理、数据映射、数据转换、数据加载、数据集成后的优化等
3		数据迁移服务	迁移数据源识别和评估、数据迁移目标定义数据映射、数据迁移计划编制、数据迁移实施、迁移后数据验证、迁移后数据测试和优化等
4		数据架构和模型管理	数据架构设计、数据模型创建和设计（逻辑模型和物理模型）、表管理、数据层级管理、数据主题域管理、数据字典管理、数据标准制定、数据模型和架构的维护、数据架构和模型的文档编制等

续表

序号	治理项目大类	治理项目小类	主要内容
5	数据质量管理	数据质量标准管理	数据质量需求分析、数据质量审查、数据质量标准制定、数据质量标准的实施和推广、数据质量标准的监控和维护措施设计、数据质量标准的持续改进措施设计、数据质量度量和评估方法设计、数据质量标准的验证、不同数据质量标准的整合和协调
		数据清洗服务	清洗数据识别和审核、数据清洗规则制定、数据清洗执行与监控、数据验证、数据清洗报告编制、数据清洗后的持续性管理规则制定等
6		数据质量审计和监控服务	根据数据质量标准和质量度量和评估方法开展质量审计、建立和落实数据质量监控机制，编制数据质量审计报告、数据质量改进建议报告和数据质量监控的持续改进措施建议报告等
7		数据校验服务	数据格式校验、数据完整性校验、数据一致性校验、数据逻辑校验、数据唯一性校验、数据引用完整性校验、数据范围和合理性校验、数据质量度量校验
8	数据安全保护	数据安全分级和访问控制管理	根据数据分类，以及数据的敏感性、保密性和重要性确定数据的安全分级；制定数据访问权限规划和控制规则；建立身份验证和授权管理机制；访问控制策略的技术实施；数据安全审计和监控访问活动策略的技术实施
9		身份认证和授权管理	身份验证机制设计、用户账号管理、角色和权限管理访问控制策略制定权限审批和授权会话管理、日志记录和审计、身份管理工具和技术实施
10		数据加密和脱敏服务	敏感数据识别和分类、数据加密策略制定、数据加密实施、密钥管理和保护、数据脱敏策略制定数据脱敏实施加密和脱敏的性能优化数据加密和脱敏的验证和测试、加密和脱敏的监控和审计等
11		数据安全事件监测和响应管理	安全事件的实时监测、安全事件的分类和优先级划分、安全事件的响应和处置、安全事件的调查和分析、安全事件的报告和通知、安全事件的恢复和修复、安全事件的后续分析和改进等

续表

序号	治理项目大类	治理项目小类	主要内容
12	数据安全保护	数据备份和恢复管理	数据备份策略制定、备份工具选择和实施、备份数据的存储和管理备份数据的加密和压缩数据备份策略的实施、数据恢复计划制定、备份数据恢复能力测试、备份数据的安全保护灾难恢复计划的制定和演练备份、数据恢复的实施、数据恢复过程的监控和审计等
13		数据安全审计服务	安全审计计划制定、审计准备和数据收集、安全控制和政策的审查、安全事件和违规行为的调查、安全控制的测试和评估等
14	数据分析挖掘	数据仓库和数据湖管理	数据湖和数据仓库建设需求分析、数据模型设计数据抽取转换和加载（ETL）方案制定和技术实施、数据存储和管理方案制定和技术实施、数据质量保证策略制定、数据安全和权限管理（参考数据安全保护）、数据查询和分析工具开发（属于软件开发）等
15		数据挖掘和机器学习服务	数据问题定义和目标设定、挖掘和分析数据准备和预处理、数据特征工程、算法选择和模型构建、模型训练和调优、模型对齐、模型评估和验证、模型部署和应用等
16		数据可视化服务	数据可视化需求分析、数据准备和预处理、可视化设计、可视化开发、交互功能开发、数据驱动的故事叙述、用户测试和可视化产品交付等
17		大数据处理和分析	需求分析和数据收集、数据采集和存储、数据预处理和清洗、特征工程、大数据分析算法选择和实施、分布式计算和并行处理、可视化和报告、模型评估和优化、持续改进和优化等
18		实时数据处理和分析	实时数据处理和分析的需求调研，实时数据流采集和传输、实时数据处理和转换、实时数据分析和挖掘等工作的方案制定和技术实施，实时数据可视化技术实施和相关报告编制、实时决策支持技术实施、传输和处理性能优化和技术实施等
19		人工智能模型构建和应用	人工智能模型构建和应用需求分析、数据准备和预处理、数据特征工程、模型选择和构建模型训练和调优、模型评估和验证、模型部署和应用等
20	其他新立、优化	其他	

4.2.2 数据治理项目运行维护

（1）数据治理项目运行维护是数据治理全生命周期中的重要内容，当新立或优化的数据治理项目已经完成了相关工作，并且达到了预期的目标和要求，必要的资产管理、质量管理、安全保护、分析挖掘等工作已经得到有效实施；形成的数据治理体系和框架，并经过实际运行验证，具备了相对稳定的运行能力；相关流程、制度和工具已经得到有效落地后，转入运维阶段，目的在于保障治理体系的正常运行，并持续提供高质量的数据治理服务。

（2）数据治理项目运维的主要工作内容参考表 5 – 123 进行分类，尚无法归类的，均纳入“其他类”。

表 5 – 123　　数据治理项目运行维护工作内容

序号	项目大类	项目小类	工作内容
1	数据体系维护和更新	数据资源目录维护和更新	根据数据申请和共享的需求对数据资源目录体系进行维护针对共性的需求提炼满足各类用户的不同需求
2		数据集成维护和更新	根据数据汇聚的情况维护并调整集成方案，实现对运维期内数据的进一步集成
3		数据迁移	结合已有数据资源和业务系统数据，迁移至统一的数据平台
4		数据模型维护和更新	根据业务要求，对已有数据模型进行维护和更新
5		数据标准维护和更新	结合数据标准推广和应用效果，对已有数据标准进行维护和更新
6	数据质量监控和改进	数据质量指标维护和更新	根据数据汇聚的情况，对数据质量检验的指标信息进行管理维护和更新
7		数据质量检验	根据数据质量评估要求，按照预先定义好的数据质量检核规则，对数据进行多维度的质量探查
8		数据质量报告	提供质量报告查看数据质量及规范落地执行情况，及时发现数据质量和业务异常
9		问题跟踪处理	根据数据质量检核报告和业务反馈信息，实现数据质量问题的发现及反馈，并跟踪数据质量问题的处置情况

续表

序号	项目大类	项目小类	工作内容
10	数据性能优化和资源管理	数据性能优化	结合系统运行的情况，定期评估性能和资源利用情况，优化软硬件配置和资源分配，提高系统的性能和效率
11		数据资源生命周期管理	根据数据资源生命周期管理要求，定期对数据进行不同层面的备份和维护
12	数据运维报表和升级	数据运维报表	根据客户实际需求，建立数据资源报表、数据对账报表、数据利用率报表等，满足日常工作需要
13		数据日志审计	对数据日志信息进行管理维护，分析异常日志，建立数据审计分析报告
14	数据用户支持和培训	用户支持	提供及时的用户支持，解答用户对数据目录、数据集成、数据迁移以及数据架构和模型的使用和操作问题
15		用户培训	开展培训活动，提供培训材料和文档，帮助用户更好地理解和使用数据
16	其他类	其他类	

4.3 数据治理项目编制

数据治理项目编制应包含的内容：

（1）项目立项的相关依据。

（2）项目单位数据治理的情况，主要包括：

①综述项目单位所拥有的数据资源总体情况，主要包括数据情况，主要数据类型、数据量、数据来源、数据质量、主要的数据系统、采用的存储设施和数据管理工具（产品）等基本信息。

②本单位现有的数据治理情况，主要描述项目单位目前的数据治理状况，包括已有的数据治理体系、数据治理流程、数据治理工具和技术等。指出现有的问题和挑战，以及对数据治理改进的需求等。

③项目单位前期开展的数据治理专项情况，主要包括：围绕本单位的数据情况简述前期开展过的数据治理项目，如无可不写。

（3）本项目数据治理的目标、数据规模、项目周期、建设内容。

①本项目数据治理目标：阐述本期数据治理的数据对象，例如国土空间规划类数据；数据治理目标，包括开展数据资产管理、改善数据质

量、提高数据可用性、增强数据安全性、实现数据集成与共享，或者是提升数据分析和决策能力等一个或多个方面的需求。

如非新立项目，则需说明本项目数据治理目标与前期数据治理项目的对应关系。

②参考表5－118自评本项目的数据规模：小型规模、中型规模、大型规模。

③本项目数据治理的计划周期。

④本数据治理项目拟开展的主要内容。

（4）需求分析

①社会服务需求或政务目标分析

结合本部门职能进行需求分析，提出拟通过本数据治理项目实现的职能（政务）或社会服务目标。

②数据治理需求

数据治理需求可以参考本试行办法所规定的数据治理项目分类及其对应工作内容，结合项目涉及的数据量和数据规模，分析项目的治理需求，例如数据资产管理中的目录体系管理、数据集成服务、数据迁移服务、数据架构和模型管理等的治理要求描述，涉及的具体工作阶段和主要内容等。

（5）数据治理方案

①总体设计

阐述数据治理的总体目标、数据架构、数据治理的范围，包括数据资产管理、数据质量管理、数据安全保护、数据分析挖掘等一个或者多个方面，计划采用的总体技术路线等。如涉及分期治理的，应分别阐述总体治理内容和本期数据治理内容，以及其他分期的规划。如与其他信息化项目或数据治理项目有关系的，需界定本项目与其他相关项目的边界。

如属于优化或运维类的数据治理项目应当说明与原新立的数据治理项目的成果、技术、系统等对接的设计方案，并在相关分项设计中进行阐述。

②分项设计

根据总体设计中规划的数据治理的总体目标、数据架构、数据治理的范围，按照表5－121、表5－122的数据治理项目大类和小类，分项设计本期项目的治理内容，工作阶段或主要工作内容。

（6）资金预算

资金预算包括以下内容：

①按治理项目类别划分的数据治理各工作内容的费用，提供数据治理工作量明细；

②配套应用或工具软件开发的软件开发费；

③采购成品软件（包括通用的、标准化的程序算法、智能模型等）和硬件设备的软件产品购置费和硬件设备购置费；

④咨询服务费；

⑤其他费用。

4.4 预算编制及支出标准

数据治理工作费用按照实际需求及任务量（数据集个数），综合考虑工作难度和复杂度，采用工作量估算法计算，治理周期一般不超过3年。

预算按治理项目大类的类型划分子项目，如“数据资产管理子项目”“数据质量管理子项目”“数据安全保护子项目”等。

各子项目内部按“治理项目小类”的类型划分工作任务，工作任务中的具体工作根据“治理项目小类”中对应的“工作内容”按需进行选取，分别计算所需要的工作量，并进行费用计算。

工作量包含人力和时间，同时考虑工作难度和复杂度进行综合测算，一般用人天、人月的形式来计算。分别参照表5－124、表5－125、表5－126和表5－127格式和计算公式进行测算，并在表5－127中进行汇总。

表5－124　　数据治理工作费用汇总

序号	子项目名称	子项目费用（万元）	备注
1	数据资产管理		
2	数据质量管理		
3	数据安全保护		
4	数据分析挖掘		
5	其他		
合计			

表 5－125　资产管理工作量测算

序号	子项目名称	工作任务	具体工作	单项工作量	单项工作难度系数	人员类型	单价（万元/人月）	单项工作费用	复杂度系数	工作任务费用合计	备注
	数据资产管理	数据目录体系管理	需求分析								
			数据识别和收集								
			数据清理和整理								
			数据目录设计								
			元数据管理								
			数据目录实施和发布								
			数据分类分级								
			……								
		数据集成服务	需求分析								
			数据源接入和管理								
			数据源识别和配置								
			主数据管理								
			数据映射和配置								
			数据转换和配置								
			数据加载和配置								
			数据集成后的优化								
			数据共享交换								
			……								

续表

序号	子项目名称	工作任务	具体工作	单项工作量	单项工作难度系数	人员类型	单价（万元/人月）	单项工作费用	复杂度系数	工作任务费用合计	备注
		数据迁移服务	需求分析								
			数据源识别和评估								
			数据迁移目标定义								
			数据映射和配置								
			数据迁移计划编制								
			数据迁移实施								
			迁移数据验证								
			数据迁移后的优化								
			……								
		数据架构和模型管理	数据架构设计								
			数据模型创建								
			数据字典管理								
			元数据管理								
			数据模型管理标准制定								
			数据模型和架构调优								
			数据架构和模型文档化								
			……								
	总计										

注：1. 单项工作费用（万元）=单项工作量（人月）×人员单价（万元/人月）×工作难度系数。

2. 工作任务费用合计（万元）=所有单项工作费用合计（万元）×复杂度系数。

3. 总计=单项工作量之和。

表 5－126　　质量管理工作量测算

序号	子项目名称	工作任务	具体工作	单项工作量	单项工作难度系数	人员类型	单价（万元/人月）	单项工作费用	复杂度系数	工作任务费用合计	备注
	数据质量管理	数据质量标准管理	质量需求分析								
			数据质量审查								
			质量标准制定								
			质量标准验证								
			质量标准实施服务								
			标准运行情况监控								
			标准的持续改进								
			数据质量指标度量和评估方法设计								
			不同数据质量标准整合协调								
			……								
		数据清洗服务	数据识别与审核								
			数据清洗规则制定								
			数据清洗执行与监控								
			数据验证								
			数据清洗报告编制								
			数据清洗持续性管理								
			……								

续表

序号	子项目名称	工作任务	具体工作	单项工作量	单项工作难度系数	人员类型	单价（万元/人月）	单项工作费用	复杂度系数	工作任务费用合计	备注
		数据质量审计和监控服务	数据质量审计								
			建立质量监控机制								
			数据质量审计报告								
			质量改进建议报告								
			数据质量监控持续改进计划制定								
			……								
		数据校验服务	定义校验规则								
			数据完整性校验								
			数据一致性校验								
			数据逻辑校验								
			数据唯一性校验								
			引用完整性校验								
			范围和合理性校验								
			数据质量度量校验								
			数据错误处理								
			数据校验报告								
			……								
	总计										

注：1. 单项工作费用（万元）＝单项工作量（人月）×人员单价（万元/人月）×工作难度系数。

2. 工作任务费用合计（万元）＝所有单项工作费用合计（万元）×复杂度系数。

3. 总计＝单项工作量之和。

表 5－127　　安全防护工作量测算

序号	子项目名称	工作任务	具体工作	单项工作量	单项工作难度系数	人员类型	单价（万元/人月）	单项工作费用	复杂度系数	工作任务费用合计	备注
	数据安全保护	数据安全分级和访问控制	数据的安全分级规划								
			制定数据访问权限规划和控制规则								
			建立身份验证和授权管理机制								
			访问控制策略的技术实施								
			数据安全审计和监控访问活动策略的技术实施								
			……								
		身份认证和授权管理	身份验证机制设计								
			用户账号管理								
			角色和权限管理								
			访问控制策略制定								
			权限审批和授权								
			会话管理								
			日志记录和审计								
			身份管理工具和技术实施								
			……								

续表

序号	子项目名称	工作任务	具体工作	单项工作量	单项工作难度系数	人员类型	单价（万元/人月）	单项工作费用	复杂度系数	工作任务费用合计	备注
		数据加密和脱敏	敏感数据识别和分类								
			数据加密策略制定								
			数据加密实施								
			密钥管理和保护策略								
			数据脱敏策略制定								
			数据脱敏实施								
			加密和脱敏的性能优化								
			数据加密和脱敏的验证和测试								
			加密和脱敏的监控和审计								
			……								
		数据安全事件监测和响应	安全事件的实时监测								
			安全事件的分类和优先级划分								
			安全事件的响应和处置								
			安全事件的调查和分析								
			安全事件的报告和通知								

续表

序号	子项目名称	工作任务	具体工作	单项工作量	单项工作难度系数	人员类型	单价（万元/人月）	单项工作费用	复杂度系数	工作任务费用合计	备注
			安全事件的恢复和修复								
			安全事件的后续分析和改进								
			……								
		数据备份和恢复管理	数据备份策略制定								
			备份工具选择和实施								
			备份数据的存储和管理								
			备份数据的加密和压缩								
			数据备份策略的实施								
			数据恢复计划制定								
			备份数据恢复能力测试								
			备份数据安全保护策略								
			数据灾备计划演练								
			数据恢复能力实施								
			数据恢复和备份过程审计								
			……								

续表

序号	子项目名称	工作任务	具体工作	单项工作量	单项工作难度系数	人员类型	单价（万元/人月）	单项工作费用	复杂度系数	工作任务费用合计	备注
		数据安全审计	安全审计计划制定和数据准备								
			安全控制和策略审查								
			安全事件调查								
			安全控制测试和评估								
			……								
	总计										

表 5－128　　数据分析挖掘分项预算表

序号	子项目名称	工作任务	具体工作	单项工作量	单项工作难度系数	人员类型	单价（万元/人月）	单项工作费用	复杂度系数	工作任务费用合计	备注
	数据分析挖掘	数据仓库和数据湖	需求分析								
			数据模型设计								
			数据抽取								
			转换和加载（ETL）方案制定和技术实施								
			数据存储和管理方案制定和技术实施								
			数据质量保证策略制定								
			数据安全和权限管理								
			数据查询和分析工具开发								
			……								
		数据挖掘和机器学习	数据问题定义和目标设定								
			挖掘和分析数据准备和预处理								
			数据特征工程								
			算法选择和模型构建								
			模型训练和调优								
			模型对齐								

续表

序号	子项目名称	工作任务	具体工作	单项工作量	单项工作难度系数	人员类型	单价（万元/人月）	单项工作费用	复杂度系数	工作任务费用合计	备注
			模型评估和验证								
			模型部署和应用								
			……								
		数据可视化建设	需求分析								
			数据准备和预处理								
			可视化设计								
			可视化开发								
			交互功能开发								
			数据驱动的故事叙述								
			用户测试和可视化产品交付								
			……								
		大数据处理和分析	需求分析和数据收集								
			数据采集和存储								
			数据预处理和清洗								
			特征工程								
			大数据分析算法选择和实施								

续表

序号	子项目名称	工作任务	具体工作	单项工作量	单项工作难度系数	人员类型	单价（万元/人月）	单项工作费用	复杂度系数	工作任务费用合计	备注
			分布式计算和并行处理								
			可视化和报告								
			模型评估和开发阶段优化								
			……								
		实时数据处理和分析	需求调研								
			实时数据流采集和传输								
			实时数据处理和转换								
			实时数据分析和挖掘等工作的方案制定和技术实施								
			实时数据可视化技术实施和相关报告编制								
			实时决策支持技术实施								
			传输和处理性能优化和技术实施								
			……								

续表

序号	子项目名称	工作任务	具体工作	单项工作量	单项工作难度系数	人员类型	单价（万元/人月）	单项工作费用	复杂度系数	工作任务费用合计	备注
		人工智能模型构建和应用	需求分析								
			数据准备和预处理								
			数据特征工程								
			模型选择和构建								
			模型训练和调优								
			模型评估和验证								
			模型部署和应用								
			……								
	总计										

注：1. 单项工作费用（万元）=单项工作量（人月）×人员单价（万元/人月）×工作难度系数。

2. 工作任务费用合计（万元）=所有单项工作费用合计（万元）×复杂度系数。

3. 总计=单项工作量之和。

在测算之前，请以清单形式详细说明各子项目所需要处理的数据集数量、数据集类型和数据规模，并在“附件材料”章节提供，用于工作难度系数和复杂度系数的评定，相关系数值见“总体说明”的“术语定义”。

4.4.1 数据治理工作预算标准

数据治理工作人工成本（单价），根据不同的人员类型予以区分，含税费以及所有直接和间接成本，如表5－129所示。

表5－129　　数据治理人员分类及人工成本

序号	人员类别（子类）	人工成本（万元/人月）	备注
1	数据资产管理工程师	1.45	
2	数据集成/迁移工程师	1.35	
3	数据架构工程师	1.90	
4	数据仓库管理工程师	1.90	
5	数据质量工程师	1.50	
6	数据安全工程师	1.50	
7	数据分析工程师	1.60	
8	数据挖掘工程师	1.55	
9	数据可视化工程师	1.25	
10	机器学习和人工智能算法工程师	1.90	
11	数据运维工程师	1.04	

4.4.2 数据治理软件开发费用

按照本文“软件开发费”的有关规定执行。

4.4.3 数据治理工具费用

涉及前序章节未列出的，包括通用的、标准化打包封装的程序算法、智能模型、数据管理平台、数据集成工具、数据质量工具、数据安全工具、数据可视化工具、数据分析工具、大数据平台和工具、数据仓库管理系统和数据湖平台等在内的数据治理商业软件按照表5－130列出预算支出明细。

4.4.4 数据治理运维费用

按照表5－131进行计算。

表 5－130 数据治理工具费用

序号	分项名称	参考型号或品牌	指标参数	数量	单价（万元）	金额（万元）	备注
1	标准化程序功能组件						
1.1	标准功能组件 1						
1.2	标准功能组件 2						
	……						
2	智能算法模型						
2.1	智能算法模型 1						
2.2	智能算法模型 2						
	……						
3	数据资产管理软件						
3.1	数据目录管理工具						
3.2	数据字典管理工具						
	……						
4	数据集成工具						
4.1	ETL 工具						
4.2	数据同步工具						
	……						
5	数据质量工具						
5.1	数据验证工具						
5.2	数据匹配和去重工具						
	……						

续表

序号	分项名称	参考型号或品牌	指标参数	数量	单价（万元）	金额（万元）	备注
6	数据可视化工具						
6. 1	可视化设计工具						
6. 2	数据可视化库						
	……						
7	数据分析工具						
7. 1	统计分析软件						
7. 2	商业智能工具						
	……						
8	大数据平台和工具						
8. 1	数据流处理平台						
8. 2	实时数据处理工具						
	……						
9	数据仓库管理系统						
	……						
10	数据湖平台						
	……						
合计							

表 5－131　　数据治理运维费用清单表

序号	子项目名称	工作任务	具体工作	单项工作量	单项工作难度系数	人员类型	单价（万元/人月）	单项工作费用	复杂度系数	工作任务费用合计	备注
	数据治理体系运行维护	数据体系维护和更新	数据资源目录维护和更新								
			数据集成维护和更新								
			数据迁移								
			数据模型维护和更新								
			数据标准维护和更新								
			……								
		数据质量监控和改进	数据质量指标维护和更新								
			数据质量检验								
			数据质量报告								
			问题跟踪处理								
			……								
		数据性能优化和资源管理	数据性能优化								
			数据资源生命周期管理								
			……								
		数据运维报表和升级	数据运维报表								
			数据日志审计								
			……								
		数据用户支持和培训	用户支持								
			用户培训								
			……								
		其他类	其他类								
总计											

(三) 河南省《关于省级政务信息化建设项目支出预算标准的规定(试行)》解读

1. 预算构成

项目支出预算由应用系统定制开发费和其他费用构成。具体内容如下:

1.1 应用系统定制开发费

主要指根据用户需求定制开发软件系统所需发生的各项费用总和,包括从明确项目需求、编码、部署实施到质保期内修改完善软件的费用。

1.2 其他费用

主要包括项目设计费、工程监理费、安全等级保护测评费、第三方软件测试费等。

2. 费用标准

2.1 应用系统定制开发费

2.1.1 应用系统定制开发分类

应用系统定制开发分为统一开发分级部署,基于成熟产品定制开发,基于统一平台或云平台的软件开发,大型行业软件开发,接口类软件开发,数据分析、加工及迁移,简单业务软件开发等七类,如表5-132所示。

表5-132　　应用系统定制开发说明

名称	内容说明
统一开发分级部署	根据业务需要,上级部门统一规划、设计、开发软件,下级部门部署应用。其特点是:统一开发可能包含产品软件购置、大型行业软件开发等部分
基于成熟产品定制开发	商品软件可以满足建设方的主要业务需求,通过简单定制开发可满足其特殊需求

续表

名称	内容说明
基于统一平台或云平台的软件开发	包含支撑平台软件开发、应用软件开发两部分。以统一规划、标准规范为前提，采用开发平台的开发手段和方法，对多种复杂业务、数据中心等统一设计开发和运行维护，实现应用、数据共享共用的大型软件系统。其特点是：一是需求范围界定相对明确，多系统交互融合，可以较为准确地分析每个模块的功能点和工作量；二是各系统之间的关联清晰明确，可以采用加权系数确定系统之间的工作量；三是利用具有较强复用性的技术平台进行软件开发，可以节约开发工作量
大型行业软件开发	有较为明确的系统建设标准规范，并要求在国家、省、市以行业为主线多级覆盖，复用性较高的大型软件系统。其特点是：一是行业特征明显，需求范围界定明确，可以准确地分析每个模块的功能点和工作量；二是各系统之间的关联清晰明确，可以采用加权系数确定系统之间的工作量；三是软件企业具有基础软件开发平台，具有较强的复用性，可以节约开发工作量
接口类软件开发	两个或多个应用系统之间进行业务对接、数据交换的软件开发。其特点是：一是对接、需求界定清晰，功能明确，可以准确地分析开发工作量；二是软件开发环节较少，无须采用加权系数；三是软件开发相对简单
数据分析、加工及迁移	对历史积累的纸质数据、非结构化数据和已有信息系统数据进行筛选、加工、分析、迁移等处理。其特点是：一是简单重复工作量比较大；二是技术难度要求不高
简单业务软件开发	业务流程相对单一的业务系统。其特点是：一是需求范围界定明确，可以准确地分析每个模块功能点和工作量；二是各模块之间的关系清晰明确，可以采用加权系数确定模块之间的工作量

2.1.2 应用系统定制开发预算标准

本标准规定了应用系统定制开发费用测算的方法及过程。其中，工作量的测算采用识别数据功能从而确定预估功能点的方法，具体可参考《ISO/IEC20926 软件和系统工程—软件度量—IFPUG 功能规模度量方法 2009》。

2.2 术语及定义

2.2.1 功能点

功能点是描述软件功能规模大小的一种标准单元，使用功能点描述软件规模，可以推算软件开发工期、软件开发费用和软件维护费用。功能点计数项分为数据功能和事务功能两类，本标准中工作量测算采用预估功能点方法，仅需识别数据功能。

2.2.1.1 功能点测算

一种基于软件功能计数来评估软件规模的测算法。

2.2.1.2 数据功能

数据功能是系统提供给用户的满足产品内部和外部数据需求的功能，即本系统管理或使用哪些业务数据（业务对象），包括内部逻辑文件（ILF）、外部接口文件（EIF）。ILF 和 EIF 所指的“文件”不是传统数据处理意义上的文件，而是指一组用户可识别的、逻辑上相互关联的数据或者控制信息。

2.2.1.3 内部逻辑文件（ILF）

软件内部需要维护（如增删改查）的数据。

2.2.1.4 外部接口文件（EIF）

在其他系统中维护但本软件需要调用的数据。

2.2.2 工作量计算

工作量 =（功能点数合计 × 功能点耗时率）× 规模变更因子 × 应用领域调整因子/人月折算系数

公式中：

功能点数合计，即 35 × ILF 总数 + 15 × EIF 总数。按照 IF - PUG 功能规模度量方法相关规定，每个内部逻辑文件（ILF）功能点权值为 35，每个外部接口文件（EIF）功能点权值为 15。

功能点耗时率，指每个功能点所消耗的人时数，单位为人时/功能点。参考《中国软件行业基准数据》（CSBMKO，以下简称《软件行业基准数据》），按照全行业软件开发生产率中间值 P50 对应数值计取，若当年未公布，则以上一年度数据为准，如2019年功能点耗时率取值为7.1小时/功能点。

规模变更因子，指在规模估算的不同阶段，应考虑规模蔓延对项目范围的影响。参考《软件行业基准数据》，按照预算阶段的规模调整因子数值计取，若当年未公布，则以上一年度数据为准，如2019年规模变更因子取值为1.39。

应用领域调整因子，根据不同应用类型进行取值，如表5－133所示。

表5－133　　应用领域调整因子取值标准

应用类型	调整因子	范围
业务处理	1.0	OA、公文，人事、会计、工资、销售等经营管理及业务处理用软件
科技、应用集成	1.2	科学计算、模拟、空白表格程序，统计，CAE（计算机辅助工程）等；企业服务总线、应用集成等
多媒体	1.3	图标，影像，声音等多媒体应用领域，地理信息系统，教育和媒体应用等
智能信息	1.7	自然语言处理，人工智能，专家系统等
系统	1.7	操作系统，语言处理程序，DBMS，人与机器的接口，窗口系统，CASE，实用程序等
通信控制	1.9	通信协议，仿真，交换机软件，GPS等
流程控制	2.0	生产管理，CAM（计算机辅助制造），CIM（计算机集成制造），仪器控制，机器人控制，实时控制，内置性软件等
指挥管制	2.2	军队，警察等需要管制军备和人力的软件

人月折算系数，单位为人时/每人月。本标准中取值为176（按照每天工作8小时，每月工作22天计算）。

2.2.3 人月费用

人月费用指软件企业一个月的所有成本开销均摊到单个软件开发人员的费用，包括人员基本工资、“五险”、住房公积金、职工福利费、企业管理成本、利润和税金等。针对不同软件类别，人月费用在基准人月费用基础上进行调整，详见表2-3。

基准人月费用=人员基本工资×综合调整系数

人员基本工资以河南省统计局当年公布的“信息传输、软件和信息技术服务业”从业人员平均工资为准，若当年未公布，则以上一年度数据为准。根据软件行业一般算法和河南省实际，综合调整系数按照2.736计取。如2019年基准人月费用=6700元/月。

（省统计局公布的从业人员平均工资）×2.736=18331（元/月）

2.2.4 应用系统定制开发预算

标准如表5-134所示。

表5-134　　应用系统定制开发预算标准

序号	软件类别	商品软件购置费用（元）	人工费用（元/人月）	工作量（人月）	计算方法
1	统一开发分级部署	商品软件按政府采购价或市场单价	基准人月费用	统一开发的大型行业软件，按功能点核定的工作量	政府采购价格（或市场单价）×数量+2（人月费用×工作量）+分级部署费
2	基于成熟产品定制开发	商品软件按政府采购价或市场单价	基准人月费用	定制开发按功能点核定的工作量	政府采购价（或市场单价）×数量+2（人月费用×工作量）
3	基于统一平台或云平台的软件开发		基准人月费用	按功能点核定的工作量	2（人月费用×工作量）
4	大型行业软件开发		基准人月费用上浮10%	按功能点核定的工作量	2（人月费用×工作量）
5	接口类软件开发		基准人月费用	按功能点核定的工作量	2（人月费用×工作量）
6	数据分析、加工及迁移		基准人月费用下浮20%	按整体数据分析、加工及迁移核定的工作量	2（人月费用×工作量）

续表

序号	软件类别	商品软件购置费用（元）	人工费用（元/人月）	工作量（人月）	计算方法
7	简单业务软件开发		基准人月费用下浮10%	按功能点核定的工作量	2（人月费用×工作量）

3. 其他费用

3.1 设计费

指编制项目建议书、可行性研究报告、初步设计方案、项目实施方案等费用，按表5－135计取。

表5－135　　设计费预算标准

应用系统定制开发费（万元）	费率（%）	备注
X≤300	1.925	预算标准按照超额累进方法计算，如应用系统定制开发费400万元，则设计费预算标准为：300×1.925%＋100×1.68%＝7.455万元
300＜X≤500	1.68	
500＜X≤1000	1.47	
1000＜X≤2000	1.12	
X＞2000	0.77	

3.2 工程监理费

指项目实施过程中的质量、进度、费用控制管理和合同、信息等方面协调管理服务，以及保修等阶段的相关服务费用，按表5－136计取。

表5－136　　工程监理费预算标准

应用系统定制开发费（万元）	费率（%）	备注
X≤500	1.98	预算标准参考设计费，采用超额累进方法计算
500＜X≤1000	1.8	
1000＜X≤3000	1.56	
3000＜X≤5000	1.44	
X＞5000	1.32	

3.3 安全等级保护测评费

指测评机构受项目单位委托，依据国家信息安全等级保护制度规定，按照有关规范和技术标准，对信息系统安全等级保护现状进行检测评估活动所发生的费用。

非涉密系统安全等级保护测评费用，等保二级预算标准为5万元/系统，等保三级预算标准为10万元/系统。等保四级及以上测评费用根据批准的项目方案，结合市场情况编报。

3.4 第三方软件测试费

指项目完成后，项目单位委托第三方软件专业测试机构，对项目进行验收测试、性能测试等所发生的费用，按表5－137费率计取。

表5－137　第三方软件测试费预算标准

应用系统定制开发费（万元）	费率（%）	备注
X≤200	2.0	预算标准参考设计费，采用超额累进方法计算
200＜X≤500	1.2	
500＜X≤1000	1.0	
1000＜X≤2000	0.8	
2000＜X≤5000	0.6	
5000＜X≤10000	0.4	
X＞10000	0.2	

第三节　预算支出标准管理有关规定

本小节提供了项目支出定额标准的管理暂行规定，对于建立标准的方式方法、应用和动态更新完善提供了借鉴参考，对于各职能部门、各业务条件以及各级财政部门完善预算支出标准体系的管理制度提供了借鉴和参考。

中央本级项目支出定额标准管理暂行办法

1. 总则

第一条　为规范项目支出定额标准管理，提高预算管理的科学化精细化水平，根据国家预算管理有关规定，制定本办法。

第二条　本办法适用于中央本级项目支出定额标准（以下简称项目定额标准）管理的全过程，主要包括立项、编制、发布和实施、复审和修订等环节的管理。

第三条　本办法所称的项目定额标准，是指为满足项目支出预算管理需要，在对预算项目进行合理分类的基础上，结合经济社会发展水平，以项目的资产配置量、资产消耗量或业务工作内容为主要对象确定的预算支出标准。

第四条　项目定额标准管理遵循以下原则：

（一）统筹规划。统一项目定额标准体系建设规划，优化标准体系整体结构，注重项目定额标准之间的相互衔接，发挥标准体系的整体功能。

（二）突出重点。按照项目定额标准管理规律，优先选择与部门核心职能最相关的、以及部门最急需的业务工作开展项目定额标准管理。

（三）动态优化。在保持标准相对稳定的前提下，结合经济社会发展和技术水平变化，对标准实施动态优化。

2. 项目定额标准的分类和内容

第五条　项目定额标准分为财政部标准和部门内部标准。财政部标准是指由财政部（或会同中央部门）发布或认可的项目定额标准；部门内部标准是指由中央部门自行发布的项目定额标准。

第六条　财政部标准分为通用定额标准和专用定额标准。通用定额标准是指适用于所有或大多数部门的、共性的项目定额标准，具有普遍适用性；专用定额标准是指适用于特定部门、特定活动或特定项目的定额标准，具有特定的适用范围。

第七条　项目定额标准原则上应涵盖项目的全部支出内容，主要包括：项目支出范围、资产配置标准、资产耗费标准、业务工作内容标准、取费标准等。项目定额标准可根据业务特点，分类分级制定。

3. 项目定额标准的管理职责

第八条 项目定额标准管理实行“统一领导，分工负责”的管理体制，由财政部统一领导，财政部和中央部门分工负责。

第九条 财政部的职责是：

（一）制定中央本级项目定额标准管理规章制度；

（二）组织编制项目定额标准体系建设的总体规划及年度计划；

（三）管理通用定额标准和专用定额标准；

（四）指导中央部门的项目定额标准管理工作；

（五）组织、监督、检查项目定额标准的实施；

（六）协调和处理项目定额标准管理其他事宜。

第十条 中央部门的职责是：

（一）制定部门项目定额标准管理规章制度；

（二）组织编制部门项目定额标准体系建设总体规划及年度计划；

（三）具体管理专用定额标准；

（四）管理部门内部标准；

（五）负责部门项目定额标准管理其他相关工作。

4. 项目定额标准的立项

第十一条 项目定额标准实行年度立项制度，每年按职责分工由中央部门编制本部门项目定额标准建设年度计划，于每年 3 月 15 日前以书面形式报送财政部。

第十二条 申请立项的项目支出定额标准应当符合以下条件：

（一）符合项目支出预算管理实际工作的需要；

（二）没有现行项目定额标准，或现行的标准应予以修改；

（三）属于项目定额标准体系管理的范围。

第十三条 对于拟制定或修订的财政部标准，需逐项填写《项目支出定额标准立项申请表》，随同项目定额标准建设年度计划一并报送。

第十四条　中央部门已自行发布的项目定额标准属于部门内部标准。如需上升为财政部标准，则视同需修订的财政部标准，需填写《项目支出定额标准立项申请表》。

第十五条　财政部对中央部门提交的标准立项申请进行汇总研究，经批准后下达中央本级项目定额标准建设年度计划。部门内部标准由财政部备案，不随年度计划下达。

第十六条　项目定额标准建设年度计划应当明确定额标准的名称、主编部门、完成时间等。

第十七条　标准建设年度计划应严格执行。确有特殊原因需要在年中调整立项的，经审批后可调整列入年度计划。

5. 项目定额标准的编制

第十八条　项目定额标准编制的依据是：

（一）国家预算财务管理法律法规和规章制度；

（二）相关已发布的定额标准及其规程规范；

（三）相关行业、部门发展规划；

（四）相关市场公允价格；

（五）其他相关资料。

第十九条　项目定额标准编制遵循以下原则：

（一）统一公正。定额标准要一视同仁，不同部门的同一事项采用相同的定额标准，保持定额标准的统一性和公正性。

（二）简便易行。定额标准要满足项目支出预算管理的实际需要，紧密结合部门职能活动，充分利用已有定额标准，突出标准的可操作性和稳定性。

（三）经济节约。坚持量力而行，充分考虑我国经济社会实际发展水平和财力可能，注重经济节约。

第二十条　项目定额标准编制的方法主要包括专家意见法、类比法、数理统计法、技术测定法等。主编部门可结合实际工作需要，采取一种或多种方法，测定支出定额标准。

（一）专家意见法。专家意见法也称德尔菲法，指由行业中知识渊博、经验丰富的专家来估算定额。一般做法为：先成立一个专家小组，由每个专家独立估计定额的大小，然后把这个结果及理由告诉每个专家，再由每个专家参考别人的数据，分析产生差异的原因，再修正自己的预测。这样反复几次，直到大家取得一致意见，得出最后的定额标准。

（二）类比法。类比法也称典型推算定额法，是以已实施的与本次定额十分相关的行业典型定额项目为基准，通过分析比较，确定出与之相同或相似的项目定额的方法。

（三）数理统计法。指通过广泛的调查研究，获取各种历史统计数据，根据现实的生产技术、组织状况、物价水平等条件，运用一定的数理统计方法来确定各种费用项目的单位定额标准。

（四）技术测定法。指对一定的生产技术组织条件进行分析研究，设计合理的工艺和操作标准，在一定的条件下以实际的测定结果作为定额标准。

第二十一条　项目定额标准编制的程序一般分为五个阶段：准备阶段、起草阶段、征求意见阶段、试点阶段、审批阶段。

（一）准备阶段。主要工作包括成立标准工作小组、拟定项目定额标准编制方案等。

1. 主编部门牵头成立标准工作小组，由标准工作小组具体负责定额标准编制工作。工作小组成员应具备胜任相关工作的专业知识和技能。

2. 项目定额标准编制方案应主要包括编制的指导思想和原则、调研重点、编写大纲、编制进度安排、具体分工等。编制方案拟定后，应报财政部备案。

（二）起草阶段。项目定额标准编制应在深入调查研究、总结实践经验、进行科学论证的基础上，广泛听取有关单位和专家的意见，形成项目定额标准征求意见稿。

（三）征求意见阶段。项目定额标准征求意见的范围应包括标准相关的利益各方。征求意见结束后，主编部门应将反馈意见汇总成表进行分析，提出修改处理意见，形成项目定额标准试点稿，报财政部备案。

（四）试点阶段。为确保项目定额标准的可操作性，项目定额标准一般要提前进行试点，试点期一般为1—2年。

（五）审批阶段。试点结束后，主编部门要根据试点情况完善项目定额标准，形成项目定额标准报批稿，连同标准编制说明（见附录C）及其他必要的材料一起报送财政部。财政部标准由财政部审批；部门内部标准由部门自行审批，报财政部备案。

6. 项目定额标准的发布和实施

第二十二条　通用定额标准由财政部发布实施，专用定额标准由财政部和中央部门共同发布实施。

第二十三条　部门内部标准由中央部门根据自身加强管理的需要自行编制并发布，但不得与财政部标准相抵触。

第二十四条　项目定额标准一般应以单独文件形式发布；如有必要，也可作为其他预算管理文件的组成部分，以其他预算管理文件形式发布。

第二十五条　财政部标准发布实施后，中央本级项目支出预算申报、审核、安排均以此为依据。

第二十六条　部门内部标准可作为中央部门内部管理和预算编制的依据，也可作为财政部预算审核和经费安排的参考依据。

第二十七条　行业主管部门制定的行业定额标准，经财政部认定、发布后，视同财政部标准，可作为预算申报、审核、安排的依据。

7. 项目定额标准的复审和修订

第二十八条　项目定额标准实施后，编制部门应根据需要适时进行复审。项目定额标准复审周期一般不超过五年。

第二十九条　项目定额标准在复审后按三种情况分别处理：

（一）不需修订的标准被确认继续有效，保持标准的原状；

（二）需修订的标准列入下一年度计划；

（三）已无存在必要的标准，予以废止。

第三十条　出现下列情况时，相关的项目定额标准应当废止：

（一）项目定额标准的适用环境或者条件已不复存在；

（二）新的项目定额标准已经发布；

（三）与新发布的法律、法规、规章制度相违背；

（四）其他应废止的情况。

8. 附则

第三十一条　本办法由财政部负责解释。中央部门可根据本办法制定本部门项目定额标准管理规定。

第三十二条　本办法自发布之日起施行。

后　记

党的二十届三中全会明确提出，要深化零基预算改革。目前各地区各部门都在积极贯彻落实中央精神，推进这项改革。在外出调研及撰写相关决策咨询报告过程中，我们深感相关部门推进改革的热情及推进改革的不易，也感觉有必要编写一本介绍和阐释零基预算基本概念与理论、相关实践与制度的专业知识普及读物，服务实践需要。2024 年 9 月，与中国财政经济出版社的有关同志沟通了编书意向之后，我们就立即组织财政与国家治理中心的有关同志着手编写。

书稿撰写工作的分工如下：中国财政科学研究院财政与国家治理研究中心赵福昌主任负责书稿结构整体设计和内容总纂，前言部分由赵福昌执笔，第一章“零基预算的相关概念”和第二章“零基预算改革的实践逻辑”由林颖同志执笔，第三章“零基预算编制流程与技术方法”由侯海波同志执笔，第四章“国外零基预算改革实践”由孙维同志执笔，第五章“预算支出标准及其建设管理有关规定”由侯海波同志整理和执笔。中国财政科学研究院党委书记、院长杨志勇对本书的编写出版工作给予充分肯定和大力支持，在百忙中对书稿内容提出了许多中肯而重要的修改意见，并为本书撰写了序言。本书的编写和出版工作，得到中国财政经济出版社的大力支持，高进水副总编和吕小军编审为本书的编写和出版做了许多有价值的工作。中国财政科学研究院研究生郭紫阳、肖博亚、王石、吴京乔为本书搜集整理了相关资料。在此，一并表示感谢！

因时间仓促及编写人员能力和水平所限，书中难免有疏漏和讹误，敬请读者和专家不吝批评指正。

本书编写组

2025 年 2 月